奩史

㊂

［清］王初桐 纂述

陳晓東 整理

文物出版社

奩史卷五十三

東吴王初桐于陽纂述
婁東弟之霖雨潤校刊

音樂門一

音律

仁惠夫人許氏，名新月，雅善音律。文穆王後庭樂部，悉命夫人掌焉。《吴越備史》

思陵朝，掖庭有菊夫人者，善歌舞，妙音律，爲仙韶院之冠，宫中號爲「菊部頭」。陳思《菊部頭傳》

單州營妓教頭葛大姐，善音律，撰新聲曲，即名「葛大姐」，後訛爲「喝馱子」。《碧雞漫志》引《洞微志》

于頔令客彈琴，其嫂知音，曰：「三分中，一分筝聲，二分琵琶，全無琴韻。」《粧樓記》

元順帝才人凝香兒，洞曉音律。《元氏掖庭記》

般般醜，姓馬氏，字素卿，善詞翰，達音律。《青樓集》

琵琶峽婦人皆曉音律。《方輿紀要》

李秋蓉，吳江徐公子寵姬也。有慧性，妙解音律。嘗言：「一韻之音，亦有不同。如東鍾韻，東字聲長，終字聲短，風字聲扁，宮字聲圓。江陽韻，江字聲闊，臧字聲狹，堂字聲粗，將字聲細。」《諧鐸》

桀之時，女樂三萬人。《管子》

夏桀求四方美女積之後宮，有俳優、侏儒善爲戲者，取至房中，作爛漫之樂。《列女傳》

西王母奏環天之樂。環天者，鈞天也。《拾遺記》

晉獻公欲伐虞，遺以女樂二八。《事物紀原》《韓子》作「欲伐虢」。

秦穆公之時，戎強，穆公遺之女樂二八。《墨子》

馬融列女樂。《後漢書》

夏后惇征孫權還，賜妓樂、名倡。《釵小志》

曹洪置酒用女樂。《魏志》

石虎自襄至鄴，每四十里置一宮，宮中各美女數十人，悉通音樂，一夫人主之。《鄴中記》

皇后房中樂，悉令女奴肄習。《隨遺録》

貞觀五年，新羅獻女樂二。《唐會要》

開元中，骨咄獻女樂。《玉海》

河間元王孝恭賜女樂二部。《孔帖》

五品以上女樂不得過三人。《唐六典》

楊氏子弟以大車載女樂遊春，豪貴爭效之。《唐雜事》

宮人沈阿翹奏《凉州曲》，音韻清越，上謂之天上樂，乃選內人與何翹爲弟子。《杜陽雜編》

姑舒泉，昔有舒女析薪於此，因坐，牽挽不動，女母曰：「吾女好音樂。」乃作弦歌，泉湧回流。《搜神後記》

有繿縷道人，腰間出一軸畫，掛於柱上，繪仙女十二人，各執樂器。道人呼便下，累累列於前。兩女執幢幡以導，餘女奏樂。皆玉肌花貌，麗態嬌音，頂七寶冠，衣六銖衣，金珂玉佩，轉動珊然。曲終，顧諸女曰：「可去矣。」遂皆復上畫軸。繿縷道人即洞賓也。《蒙齋筆談》

宋太祖置女官，有樂使。太宗改爲仙韶使。《文獻通考》

遼統和中，高麗進妓樂。《續文獻通考》

燕山景，田眼睛光之妻也，夫婦樂藝皆妙。宋六嫂，小字同壽，與其夫合樂，妙入神品。《青樓集》

楊廉夫畜四妾，名草枝、柳枝、桃枝、杏花，皆善音樂。每乘畫舫，恣意所之。《七修類稿》

朝鮮止用女樂，無男樂。《朝鮮紀事》

周昉有《內人按樂圖》。《莊靖先生集》

周文矩有《合樂士女圖》。《宣和畫譜》

伏太妃禊於洛水，鼓吹震耀洛濱。《晉書》

皇太子納妃，前後鼓吹各一部。《東宮舊事》

寵姬荀昭華居鳳華柏殿，置白鷺鼓吹二部。《齊書》

平阳公主葬，特給鼓吹。《唐書》

中朝公主有鼓吹。徐廣《車服注》

石虎有女鼓吹。《鄴中記》

奩史卷五十四

東吳王初桐于陽纂述
磁州張寳成西秩校刊

音樂門二

樂器

鄒屠氏，帝嚳妃，以碧瑤之梓爲琴，飾以瑘琈寳玉，故名「瑘琈」。《古琴疏》

素女播都廣之琴，溫風冬飄，素雪夏零，鸞鳥自鳴，鳳鳥自舞，靈壽自花。《琴史》

李園女弟女環鼓琴，春申君悦之，遂留情。《越絶書》

秦王爲荆軻所持，王乞聽琴而死。琴女名漏月，彈音曰：「羅縠單衣，可製而絶。三尺屏風，可超而越。鹿盧之劍，可負而拔。」王如其言，遂斬荆軻。《燕丹子》

張敬叔姊善鼓琴，高祖召爲美人。《史記》

漢武帝時，有雙白鵠變爲二神女，舞於樓上。握鳳管之簫，鼓落霞之琴，歌清吳春波之曲。《洞冥記》

趙后彈琴，弦忽斷，后悲曰：「凶兆也。」帝以外國所進鸞血膠續之，終日彈不斷。《初學記》

趙后有寶琴曰「鳳凰」，皆以金玉隱起，爲龍虎螭鸞、古賢列女之象，亦善爲歸風送遠之操。《西京雜記》

趙后思赤鳳，因名其琴曰「鳳凰」。《古琴疏》

秦王有琴女，號文馨。《琴苑要録》

神女禹章彈琴，一絃五音並奏，聲聞數里。《馬明生別傳》

蔡邕女文姬，年六歲，邕夜鼓琴，絃絶，女曰：「第二絃。」邕故斷一絃，問之，女曰：「第四絃。」邕曰：「偶中耳。」女曰：「季札觀風，知列國之興亡；師曠吹律，識南風之不競。由此言之，何云不知。」《蔡文姬別傳》

有寡女獨宿，私傍壁孔中，視隣家蠶離箔。明日繭成，隱然似愁女。蔡邕市歸，繅絲製琴絃，彈之有憂愁哀動之聲。問女文姬，女曰：「此寡女絲也。」《賈子説林》

秦嘉爲郡掾，其妻徐淑寢疾還家，不獲面別。嘉遺之書，兼以素琴一張贈之，淑答書云：「昔詩人有飛蓬之感，班婕妤有誰榮之嘆。素琴之作，當須君歸。」《藝文類聚》

華山毛女，獵者常見其居巖彈琴。《列仙傳》

落霞，仙人莊女琴名。《琴苑須知》

建康小吏曹著見廬山夫人，夫人命女婉與著相見，婉欣然，命婢瓊枝取琴出，婉撫琴而歌。《補侍兒小名録》

句章人東野暮還，見路傍小屋燈火，因投宿。有一小女彈琴。至曉，此人謝去，問其姓氏，女不答，彈琴而歌曰：「連綿葛上藤，一緩復一絙。欲知我名姓，姓陳名阿登。」及明，至東郭外，有賣食母在市中。此人寄坐，因説昨所見，母驚曰：「是我女也，近死，葬於郭外。」《幽明録》

女丸以黎洞寶香爲琴，以崑山碧玉爲絃，故曰「碧絃琴」。《女紅餘志》

沈滿願有寶琴，蛇腹斷紋，銘曰「深松候月」，鳳鳥大篆書。女紅小間，未嘗離手。嘗有詩曰：「逶迤起塵唱，宛轉繞梁聲。調絃可以進，蛾眉畫不成。」《古琴疏》

謝涓於江淮遇一女，抱緑綺琴，歌清江引。《雜志》

孫鳳有一琴，名「吐綬」。有人唱曲，則琴絃自鳴。《玉臺清照》

莊氏女精於女紅，好弄琴。有琴一張，名曰「駐電」。每弄《梅花曲》，聞者皆云有暗香。遂籍籍稱女曰「莊暗香」，女更以「暗香」名琴。《嫏嬛記》

莊暗香暗中彈琴，右手指有金花照爛几案，因自造《金花》之曲。《真率齋筆記》

崔鶯鶯甚工刀札，善屬文。藝必窮極，而貌若不知；言則敏辨，而寡於酬對。待張生意甚厚，然未嘗以詞繼之。愁豔幽邃，恒若不識。異時獨夜操琴，愁弄悽惻，生求之，則終不復鼓。

以是愈惑之。《女世說》

李汧公妾名七七，善琴與箏。《因話録》

琴客，柳宜城之愛妾也，善撫琴瑟。《麗情集》

恭懿夫人吴氏，名漢月，善鼓琴。《吴越備史》

張先見杭妓有彈琴者，忽撫掌曰：「異哉！此箏不見許時，乃爾黑瘦耶！」《東坡題跋》

李氏女方年十六歲，頗能詩，有《彈琴》詩云：「昔年剛笑卓文君，豈信絲桐解誤身。今日未彈心已亂，此心元自不由人。」雖有情致，非女子所宜。《墨客揮犀》

淳熙十一年六月，納涼，命內侍宣張婉容至清心堂撫琴。《乾淳起居注》

黄子由夫人胡氏，於琴弈、寫竹等藝俱精。《齊東野語》

安西張家女，國色也。嘗晝寢，夢至一處，見少女十許人，皆花容綽約，釵鈿照耀。有頃，尚書王公來，於是群女旋進絲竹。王公見張氏而屬意焉，謂曰：「汝習何技？」對曰：「未嘗學。」使與之琴，辭不能，曰：「第操之。」乃撫之而成曲。予之箏亦然，琵琶亦然，皆生平所不習也。王公曰：「其歸辭父母，異日復來。」忽驚啼而寤，因泣曰：「殆將死乎？」母曰：「汝作魘耳！」後數日卒。《虛谷閑抄》

陳淑真，富州陳璧之女。七歲能誦詩、鼓琴。陳友諒寇龍興，淑真將投東湖死，乃取琴坐牖下，彈之曲終，泫然流涕曰：「吾絶絃於斯乎！」《女世說》

王少君，名曼容，白皙而莊，清揚巧笑，殊有閨閣風。能字，能詩，能琴，爭以文雅相尚。《曲中志》

田妃善鼓琴，上疑妃爲琴師所授，妃曰：「母所教。」上遣黄門召入，賜坐，歌《朝天》一曲。《霜猿集》

姚娟娟五歲而孤，依外家讀書。九歲，外家喪亡，遂轉徙流落狹斜。教以歌舞，謝弗爲。乃學琴，通十五闋。每當清風明月，鼓一再行，凄然泣下。《西堂雜俎》

蔡烷妻楊氏，幼學琴，初布指，便入精勝。《漳浦志》

張幼量侍兒燕子，善彈琴。劉孔和有《聽燕子彈琴》詩云：「班姬淚秋殿，箕子傷離宫。瀟湘渺雲水，星月寒魚龍。」曲盡其妙。《閑適劇談》王阮亭《聽琴》詩同此四句。

葉小鸞善琴。《啓禎野乘》

頓文，字少文，琵琶頓老孫女。授以琵琶，不屑學。學鼓琴，故又字琴心。《板橋雜記》

卞敏，秦淮名妓玉京之妹。善鼓琴，對客爲鼓一再行，即推琴斂手，面發赬。《板橋雜記》

卞玉京善彈琴，琴中述弘光選后徐氏。程迓亭《盤悦卮談》

馬文玉善琴。《歷代詩選》

有妓能詩，善鼓琴，以月琴自號。陸世明過其家，妓求室中聯，即書云：「半窗花影人初起，一曲桐音月正中。」妓言：「中字恐不如高字。」《操縵録》

劉公戫受琴於王生，即自以指法授諸侍姬。一日，攜姬遊郊外。經王墓，命姬各操一曲而去。《秋錦山房集》

建武十一年，蓋國女主遣使獻五絃琴。《古琴疏》

素娥者，武三思姬人也。三思初幸喬氏窈娘，善歌舞，未幾沉於洛水。左右有舉素娥者，曰：「桐州宋媪女，善彈五絃，世之殊色。」三思乃往聘焉。《甘澤謠》

金鶴雲寓招提寺，每夜聞歌。一夕，歌漸近，乃好女子。排户共榻，遲明惜别，鶴雲贈以百金。後修寺，於牆陰得匣，藏古琴，繫百金焉。《填詞名解》參用《嘉興府志》

東坡宿靈隱山房，夜間，窗外有女子歌云：「音音音，你負心。你真負心。辜負俺到如今。記得當初，低低唱，淺淺斟，一曲直千金。如今抛我在古牆陰，秋風荒草白雲深。斷橋流水何處尋，凄凄切切，冷冷清清。」坡推窗，見女子冉冉没於牆下。明日掘出，得古琴一張。《解頤新語》

劉改之赴省試，到建昌，有美人執拍來唱一曲侑酒，劉與之偕至臨安。道士熊若水謂之曰：「隨車孃子非人也。今夕並枕，吾於門外作法，君當緊抱之，勿令擸逸。」劉如所戒，擁之，乃一琴耳。《詞苑叢談》

宋玉《諷賦》曰：「主人女爲蘭房奥室，止臣其中。有鳴琴焉，臣援琴而歌之，爲《秋竹》、《積雪》之曲。」《古文苑》

王建《宫詞》：「縫着五絃琴繡袋，宜春院裏按歌回。」

《白雪》者，素女所鼓琴曲名也。《博物志》

《騶虞操》，邵國女作。《伐檀操》，魏國女作。《大周正樂》

《思歸引》者，衛女之所作也。衛有賢女，郡王聞其賢，請聘之。未至，王薨，太子留之，拘於深宫。思歸不得歸，援琴而歌。曲終，自縊而死。《樂府解題》

《伯姬引》者，保母之所作也。伯姬，魯女也，爲宋共公夫人。宋宫災，伯姬曰：「吾聞婦人夜出，不見傅母不下堂。」遂死。傅母傷之，援琴而歌。《琴操》

《鵲橋操》，邵女製。《正女引》，衛女製。《列女引》，樊姬製。《湘妃怨》，女英製。《楚妃嘆》，息嬀製。《沉湘怨》，屈原妻製。《琴曲譜録》《渚宫舊事》：樊姬琴歌曰：「忠信言兮從正不邪，衆妾進兮繼嗣多。」

《雉朝飛操》者，衛女傅母之作也。衛侯女嫁於齊太子，太子死，傅母取女所自操琴，於冢上鼓之，忽二雉飛出墓中，傅母悲痛，作《雉朝飛操》。《琴清英》

《貞女引》者，魯處女之所作也。《琴苑要録》

《處女吟》，亦名《貞女引》。《琴集》

《貞女引》、《雙思引》，一曲二名，即今《梅花琴曲》也。《女紅餘志》

蔡文姬善琴，能爲《離鸞别鶴之操》。劉商《胡笳曲序》

《烏夜啼》者，何晏之女所作也。《琴説》

王彦伯秉燭理琴，有一女子披帷而進，二女從焉。先施錦席於東榻，乃取琴坐而調之，聲甚哀。彦伯問何曲？答曰：「此《楚明光》也。」彦伯請受，女曰：「此作非豔俗所宜，惟嚴棲谷隱可以自娱耳。」鼓琴且歌。歌畢，止於東榻，遲明辭去。《睽車志》

天寶中，潁陽李氏處女，年十五六，遭疾魂飛，冥冥如昇上景。在雲霧中，女仙人授以《清風弄》等五十琴曲。玄宗聞，度爲女道士，賜琴三面，留内供奉。《琴書》

喬夫人善琴，善鼓《風入松》。《遺仙集》

素女鼓五十絃瑟而悲，泰帝破爲二十五絃。《世本》《漢·郊祀志》「泰帝」，師古曰：「泰昊也。」《史記·封禪書》注同。

素女鼓五十絃，其瑟長七尺二寸。《大晟樂書》

西王母樂器，有員山静瑟。員山有大林，雖疾風震地而林木不動。以其木爲瑟，故曰「静瑟」。《拾遺記》

石奮姊能鼓瑟，高祖召爲美人。《漢書》

慎夫人鼓瑟，上倚瑟而歌。《漢書》

高帝戚夫人善鼓瑟，帝擁夫人，倚瑟而絃歌。畢，每泣下流漣。《西京雜記》

楊惲書婦，趙女也，雅善鼓瑟。《漢書》

元順帝才人凝香兒善鼓瑟。《元氏掖庭記》

葛餘芳，金陵角妓也，善鼓瑟，小字雲和，號鳳竹。爲人修潔自好，所適非其志，遂除一室奉佛終。《曲中志》

傅玄詩：「小婦無所爲，挾瑟上高堂。」《傅鶉觚集》

武夷君命絃師謝英妃撫長離。長離，箏也。《武夷山志》

五女山，五女葬此，天昏晦，每聞箏笛之聲。《郡國志》

沈僧榮夜設女樂，忽有一女在户外，沈問之，答云：「是杜青州彈箏妓采芝也。願坐上一妓見伴。」沈戲指下坐琵琶妓，妓啼曰：「何以賜鬼？」言訖，心痛而死。氣纔絶，魂神已復人形，在采芝側。《古今五行記》

陶融妻陳氏作《箏賦》。《玉臺文苑》

薛瓊瓊，開元中第一箏手。清明日，上令宫妓踏青，狂生崔懷寶竊窺瓊瓊，作詞曰：「平生願，願作樂中箏。得近玉人纖手子，砑羅裙上放嬌聲，便死也爲榮。」夜之内樂供奉楊羔潛待之。後崔爲河南司隸，瓊瓊理箏，爲吏所詰，收赴闕，明皇因以贈之。《麗情集》

賈人女裴玉娥善箏，與黄損有婚姻約，損贈詞云云。後爲吕用之劫歸第，賴胡僧神術，尋復歸損。《月下閑談》《詩餘廣選》曰：「損詞内七言二句，本唐崔懷寶詩。」

郭曖宴客，有婢鏡兒善彈箏，姿色絶代，李端在坐，時竊寓目，屬意甚深。曖覺之，曰：

「李生能以彈箏爲題，賦詩娱客，吾當不惜此女。」李即席口占曰：「鳴箏金粟柱，素手玉房前。欲得周郎顧，時時誤拂絃。」曖大稱善，以鏡兒贈李。《虚樓續本事詩》

樊彦琛妻魏氏有志操。彦琛卒，值徐敬業難，陷兵中，聞其知音，令鼓箏，魏引刀斷其指。《九朝談纂》

李青青，彈箏妙手也。《樂府雜録》

王綸家有神下降，乃好女子。有雲氣擁之，善鼓箏，音調凄惋，聽者忘倦。《傳疑録》

廣陵倡崔氏，性酷嗜音，常以絃歌自娱。有女弟莒奴，善鼓箏，年十七，未嫁而卒。崔氏有二女，幼女已傳其藝，長女莫究其妙，忽夜夢姨曰：「當成汝之願。」翌日，乃灑掃一室，執箏就坐，閉目彈之，隨指有得，一日獲十曲。曲名有《迎君樂》、《斛林嘆》、《秦王賞金歌》、《廣陵散》、《行路難》、《上江虹》、《晉城仙》、《絲竹賞金歌》、《紅窗影》，皆搶摋可聽。母令小女再拜，求傳十曲，亦備得之。《冥音録》

韋宥家箏妓得新絲箏絃，將之，蜿蜒摇動。妓驚曰：「得非龍乎？」投之江，風浪大作，有白龍長百丈昇天。《集異録》

蔡箏娘，名嬑，字倩娘，小名次心，善奏箏。父母以其與彭氏女，名嫌，更字曰箏娘。《夷堅志》

懿德皇后善彈箏，爲當時第一。《焚椒録》

金鶯兒，山東名姝也。美姿色，善搊箏。賈伯堅與之甚昵，後除西臺御史。不能忘情，作《醉高歌紅繡鞋》曲以寄之。曰：「樂心兒比目連枝，肯意兒新婚燕爾。畫舡開，抛閃的人獨自。遥望關西店兒，黄河水流不盡心事，中條山隔不斷相思。常記得，夜深沉，人静悄，自來時。來時節三兩句話，去時節一篇詩。記在人心窩兒裏直到死。」《青樓集》

王山遊東海，值吴女盈盈來，年方十六，善歌舞，尤工彈箏。姿容都冶，瑩潔如玉。而摛詞染翰，灑然出群。府守召使侍宴，山預賓列，相得於樽俎之間，從之驩處累月。山辭歸，盈垂泣悲啼，不能自止。明年，寄《傷春曲》示山，山作長歌答之。及再如山東，盈已死，王通判謂山曰：「子去後，盈夢紅裳美人手執一紙書，告曰：『玉女命汝掌奏牘。』及覺，泣而白母云：『兒不復久居人間矣。異日，當訪我於碧霞峰頭。』其日竟卒。」山作詩吊之。又五年，山登岱嶽。至玉女池，追思盈盈，徘徊不忍去。及歸就次，其夕有女奴來召。至一溪洞門，碧衣短鬟者出迎。入宫殿，一女子長眸皓容，玉冠黄帔，衣絳綃衣，雲幢寶扇，環列於旁，山不敢仰視。俄女使持一簡授山，上書一詩曰：「絳闕琳宫鎖亂霞，長生未晚棄年華。斷無方朔人間信，遠阻麻姑洞裏家。歷劫遥翻滄海水，濃春難謝碧桃花。紫臺樹隱瑶池闊，鳳懶龍嬌日又斜。」山趨拜，女遽起止之，揖升階。少選，盈與二女偕至，微笑曰：「爲雨爲雲到處飛，何乃尤人如此也？」遂命進酒，各有賦詠。夜既深，二女曰：「盈盈便可就寢。」聞雞聲起，復置酒珍重語别。山悦然出洞，但蒼崖古木，非向所歷，感愴而返。《筆奩録》

武宗時，東院梁三姑彈箏獨妙。年九十餘，教坊樂部皆湮廢，三姑箏塵久矣。予同劉君過之，三姑爲奏一曲，恍若風霧煙雨共泠泠也。《因樹屋書影》

田玉環以善箏名。《鐵船集》

何元朗小鬟李節善箏，爲教坊第一。《静志居詩話》

盧綸《姚美人搊箏歌》注：美人曾在禁中。《唐詩類苑》

顧況歌：「鄭女八歲能彈箏。」《唐詩類苑》

釋皎然《觀李中丞美人軋箏歌》：「軋用蜀竹絃楚絲。」《全唐詩》

李遠《贈箏妓伍卿》詩：「輕輕没後更無箏，玉腕紅紗到伍卿。座客滿筵都不語，一行哀雁十三聲。」《郡閣雅談》

懿德皇后《回心院》詞：「張鳴箏，待君聽。」《焚椒録》

孫蕡《驪山老妓行》云：「唐姬搊箏妙無比。」《西庵集》

妓女以鹿角琢爲爪以彈箏，曰「繫爪」。梁簡文帝《聽彈箏》詩：「停絃時繫爪。」《藝林伐山》

羊侃侍兒有彈箏人陸太喜，著鹿角爪，長七寸。《何氏語林》

李商隱詩：「十二學彈箏，銀甲不曾卸。」銀甲，彈箏所用，又曰「義甲」。劉言史詩：「却送玻瓈義甲聲。」《丹鉛録》

琵琶始自烏孫公主造，馬上彈之。《樂府雜録》

傅玄《琵琶賦序》曰：「漢送烏孫公主嫁昆彌，恐其行道思慕，使知音者於馬上奏之。」石崇《明君吟》亦曰：「匈奴請婚於漢元帝，以後宫良家子配焉。昔公主嫁烏孫，令琵琶馬上作樂，以慰其道路之思。其送明君，亦必爾也。」則知彈琵琶者，乃從行之人，非行者之自彈也。今人畫《明妃出塞圖》，作馬上自彈琵琶，而賦詞者又述其自鼓琵琶之意矣。魯直《竹枝詞》注引傳序，以爲馬上奏琵琶乃烏孫公主事，非明妃也。黄蓋未考石崇《明君詞》耳。《野客叢書》

王昭君年十七，儀容絶麗，以獻元帝，元帝造次不能别房帷，昭君恚焉。會呼韓邪單于入朝，帝令宫人裝出，曰：「欲至單于者起。」昭容喟然，越席而起。及出見單于，丰容靚飾，光明漢宫。顧影徘徊，竦動左右。帝大驚，重難改更，遂與匈奴，提一琵琶出塞而去。《女世説》

高文惠與婦書曰：「今致琵琶一枚，音甚亮。」《楊氏六帖補》

武夷君命絃師吕阿香戛圓腹。圓腹，琵琶也。《武夷山志》

馮小憐能彈琵琶，善歌舞，後主寵之。齊亡，小憐爲代王達所取，感琵琶弦斷，作詩曰：「雖蒙今日寵，猶憶昔時憐。欲知心斷絶，應看膝上弦。」《詩紀》

孔貴嬪琵琶名懷風。《南部煙花記》

楊貴妃琵琶，其槽邏皆杪檀爲之，溫潤如玉，光耀可鑒，有金縷紅紋影成雙鳳。妃每抱是琵琶奏於梨園，音韻凄清，飄如雲外。諸貴主洎虢國已下，競爲貴妃琵琶弟子。每受曲畢，皆廣有

進獻。《譚賓録》

張均妓多麗，彈琵琶曲，頂上有高麗絲結。趙詩爭奪，致傷二指。《辨音集》

楊志之姑善琵琶。姑本宣微弟子，後放出宫，於永穆觀中住。自惜其藝，常畏人聞，每至夜方彈。志懇求教授，堅不允。乃賂觀主，求宿於觀，竊聽其姑彈弄，遂得一兩曲調。明日，攜樂器詣姑，姑大驚異。志即告其事，姑意乃回，盡傳其能矣。《樂府雜録》

有女巫善琵琶，授康崑崙一品絃調。《樂府雜録》

韓退之晚年有二侍女，合彈琵琶、箏。《孔毅夫雜説》《後山詩話》曰：「二侍女，絳桃、柳枝也。」

白居易送客湓浦口，夜聞鄰舟琵琶聲。問之，乃長安老妓也，爲作《琵琶行》。後人於此建琵琶亭。《潯陽志》《徐氏筆精》曰：「琵琶故事，烏孫公主、王昭君、潯陽商婦，皆婦人也。」

楊虞卿有妓工琵琶，虞卿死，妓遂去。樂天《哭虞卿》詩云：「誰家收得琵琶妓。」《唐詩紀事》

荆南仙女者，王保義女也，善琵琶。一夕，夢涉水登山顛，見金銀宫闕，中有仙人，披羽服，自稱麻姑，傳以樂曲。自是每夕輒夢，歲得百餘調，都非人間所曾有。其尤者名「獨指商」，以一指彈一曲，更爲擅奇。已而適文獻王子，復夢麻姑至，曰：「即當相邀。」明日，聞雲鶴音樂，仙女奄然而逝。《江陵志》

後主昭惠后周氏，小名娥皇，通書史，善歌舞，又工琵琶。嘗爲壽元宗前，元宗嘆其工，以燒槽琵琶賜之。故唐盛時《霓裳羽衣》最爲大曲，亂離之後，絶不復傳。后得殘譜，以琵琶奏之，於是開元天寶之遺音復傳於世。未幾，后臥疾，取元宗所賜燒槽琵琶，及平時約臂玉環爲後主別。乃沐浴粧澤，卒於瑤光殿。後主哀甚，以后所愛金屑檀槽琵琶與后同葬。陸游《南唐書》

流珠，後主嬪御也。性通慧，工琵琶。昭惠后所製《邀醉舞破》、《恨來遲破》，流傳既久，樂籍多忘之。後主追念昭惠后，理其舊曲，流珠獨能追憶無失。胡恢《南唐書》

范德孺有琵琶、箏二婢。每就枕，即便雜奏於前，至熟寢乃去。《蔣氏日鈔》

京師倡家東、西院籍隸教坊，猶是唐宜春院遺意。東院以瑟〔一〕，西院以琵琶。《舊京遺事》

秀奴，李汧公妓，善琵琶。《韻府群玉》

楊彥采遊蓮塘，泊舟假寐，尋聞鄰船有琵琶聲。躡而窺之，見燈下一姬自弄絃索。詢其所由，答曰：「妾大都樂籍供奉女也。」彥采見姬舉止閑雅，姿色嬌麗，稍挑謔之，姬不爲嫌，求其歌以侑觴。乃歌曰：「家是紅羅亭上仙，謫來塵世已多年。君心既逐東流水，錯把無緣當有緣。」歌竟，掀篷躍入水中。《琵琶故事》

〔一〕「東院以瑟」，原作「東院以色」，而史玄《舊京遺事》原作「東苑以琴」，今據《宸垣識略》卷五「內城一」改。

韓師俠家妓輕盈，善彈琵琶。《琴趣外篇》

趙崇善家有琵琶妓，甚工。《石湖居士集》

遼聖宗仁德皇后，善琵琶。法天后耨斤誣其與琵琶工燕文顯、李文福通，投書聖宗寢帳，聖宗不之信。其後竟爲耨斤所殺。《契丹國志》

懿德皇后琵琶爲當時第一。《焚椒録》

李宫人善琵琶，以良家子入宫，得幸，上比之昭君。比以足疾，賜歸侍母，給内俸如故。《秋宜集》

袁桷有《李宫人琵琶行》。《清容居士集》

徐妓楚蘭，以琵琶度曲，名《鄰雲臺》。《玉山草堂集》

正統六年，賜淮王也克妃琵琶。《弇山堂别集·賞賚考》

趙王琵琶妓賈愛歌謝茂秦《竹枝詞》。萬曆癸酉，茂秦過關中，王宴之便殿。酒行，王命妓奏琵琶，謂茂秦曰：「此先生所製《竹枝詞》也。譜其聲，不識其人，可乎？」命諸妓擁賈姬出拜，光華射人。勸茂秦酒，茂秦老不勝酒，醉臥山亭下。王命姬以袵代薦，承之以肱。明日，即盛禮而歸賈於邸舍，茂秦載以遊燕趙。逾二年，茂秦卒於大名，姬每夜操琵琶一曲，歌茂秦《竹枝詞》，必慟哭而罷。已，乃自破樂器，歸老於闤闠間。《亘史》

明懷宗玉熙宫中内才人有鏤金曲柄琵琶，乃于闐所進。内才人善彈《清商側調》。《梅村集》

屯溪胡氏酒館有二女，皆殊色，工琵琶。每遇客投宿，二女匿笑帷中，時於燈後閃露雪面，又摘琵琶絃唱蔡郎詞。斷續窈嬝，爲眩亂之計。《篷櫳夜話》

娼女劉寒鴻工琵琶，傳得劉公嚴律吕。《酸鹹勾肆餘音》

史癡翁妻樂清道人朱，妾白雲道人何玉仙。玉仙善琵琶，翁每自製曲，命玉仙被之絃索。《静志居詩話》

金陵卜者，好女子也，挾琵琶漫遊宇内。一日，吳江急足者遇諸塗。時積雨乍晴，潦水没踝。見女子飛浮水面，衣無沾漬。急足大驚，跪請曰：「願從夫人仙去。」女子笑曰：「今夜令若獲金一斤。」遂去，行若迅電。急足歸，果獲金一斤，因再往伺之。忽聞女子曰：「令汝更得金一鎰。」是夜果有金一鎰，並一匕首擲地。急足惶怖，不敢復往。有朝貴者知其事，艷之，必欲羅致。忽夜半所居四壁皆琵琶聲，舉家驚悸。日出忽大聲，砰然起空中。一琵琶落枕上，分裂爲二，内得書一札。大略責其貪得，至末云：「妾雖女子，能斷公首。」朝貴惶悚，不久，他事下獄棄市。《曠園雜志》

蒲州于孝廉有愛姬曰紅桃，美容止，善談謔，尤擅名琵琶。北地閨闈多嫺此技，而紅桃之技特異，故才一發聲，聞者即知爲于家琵琶也。《觚賸》

《鉅鹿公主歌辭》：「車前女子年十五，手彈琵琶玉節舞。」郭茂倩《樂府詩集》

蘇軾詞：「小蓮初上琵琶絃，彈破碧雲天。」《東坡詞》

周憲王《元宮詞》：「琵琶聲裏撥當當。」《誠齋新録》

毛奇齡《贈妓順郎》詩：「順郎十四學琵琶。」《西河集》

琵琶舊製四絃，李宮人最擅此技。王繼學詩所謂「一曲六幺天上譜」也。元制，歲貢高麗貢美女。楊廉夫《元宮詞》云：「北幸和林幄殿寬，句麗女侍婕妤官。君王自賦昭君曲，敕賜琵琶馬上彈。」按《高麗史》載：「琵琶絃五則婕妤所彈。」斯五絃矣。蓋琵琶有五絃、六絃、七絃、八絃、七十二絃。《韞光樓雜志》

琵琶四絃，陳妓雙彈合調，謂之「陳家八條絃」。《東谷所見》

吳逆有愛姬善琵琶。所御琵琶，以暖玉爲牙柱，抱之，一室生溫。《三藩逸事》

楊貴妃琵琶，有逤邏檀龍香柏爲撥者。《津陽門詩注》

李龜年至岐王宅，聞琴聲，曰：「此秦聲。」良久又曰：「此楚聲。」主人入問之，則前彈者隴西沈妍，後彈者揚州薛滿。二妓大服，乃贈之破紅綃蟾酥麨。龜年強取妍秦音琵琶，捍撥而去。《辨音集》

王建《宮詞》：「紅鸞捍撥帖胸前。」

劉禹錫《和揚師皋傷小姬英英》詩：「撚絃花下呈新曲，放撥燈前謝改名。」《劉賓客集》

蘇軾詞：「願作龍香雙鳳撥，輕攏，長在環兒白雪胸。」

渾不似，制如琵琶。相傳王昭君琵琶壞，使胡人重造之。造而其形小，昭君笑曰：「渾不似。」遂以名。或訛爲「火撥思」。《長安客話》《席上腐談》作「渾撥四」。《續文獻通考》作「火不思」。

正統八年，賜可汗妃琵琶、火撥思、胡琴等器。《弇山堂别集·賞賚考》

程洛賓善彈胡琴，爲李華侍兒。自安史之亂，分飛南北。華後爲江州牧，登庾樓，見中流泝

棹，有鼓胡琴者，問之，乃洛賓也。《補侍兒小名録》

朱史君有一妓善胡琴，忽亡，追悼詩云：「魂飛寥廓魄歸煙。只在人間十八年。昨日施僧裙

帶上，斷腸猶繫琵琶絃。」《芥隱筆記》

高從誨好彈胡琴，女樂數十，皆擅其技。王仁裕使荆渚，從誨出十輩彈胡琴。仁裕詩有「紅

粧齊抱紫檀槽，一抹朱絃四十條」之句。《天下大定録》

東坡有胡琴婢，作《濩索凉州》，凜然有水車鐵馬之聲。《卧遊録》

楊愛愛幼學胡琴，遂能緣其聲以通他調。《侍兒小名録拾遺》

王敬宏宴客，有侍妓善胡琴，請其度曲，辭以樂器非妙，須常御者彈之。時中漏已傳，求之

不及。頃之，小僕以繡囊將琵琶至。敬宏驚曰：「汝殆俠士耶！」《劍俠傳》

吴泰伯廟，凡市肆祈福，多圖女子以獻。有金銀行以輕絹畫美人捧胡琴，貌出舊繪者，名美

人曰「勝兒」。有劉景復醉臥廟東，夢紫衣使者曰：「三讓王奉屈。」劉遂至廟，王語曰：「適

納一胡琴妓，藝甚精，而色姝麗，願子作《胡琴篇》以寵之。」劉因作歌獻王，王召勝兒受之。

勝兒怒形於面，生恃酒以金如意擊勝兒破，血淋襟袖，生乃驚起。明日視繪像，果有損痕。《松亭晤語》

《箜篌引》者，朝鮮津卒霍里子高妻麗玉所作也。子高晨起刺舟，有一狂夫亂流而渡，其妻止之不及，遂墮河而死。其妻援箜篌而歌，聲甚悽愴，曲終亦投河而死。子高還，以語麗玉，麗玉傷之，乃引箜篌而寫其聲，曰：「公無渡河，公竟渡河，墮河而死，當奈公何？」聞者莫不墮淚。麗玉以其曲傳鄰女麗容。崔豹《古今注》

晉鈕滔母孫氏有《箜篌賦》，甚美麗。《白氏六帖》

陳緒妾姓奚，善彈箜篌。《甄異傳》

永嘉中，有神姬號成夫人，好音，能彈箜篌。《搜神記》

趙文韶月夜坐清溪中橋，唱《西夜烏飛》。忽有女郎，年十八九，將青衣婢兩人自隨，謂文韶曰：「聞君歌聲，故來相詣。豈能爲一曲耶！」文韶即爲歌《草生盤石》。女顧謂婢子，還取箜篌。須臾至，乃令婢子歌《繁霜》，自解裙帶，繫箜篌腰，叩之以倚歌。歌曰：「日暮風吹，葉落依枝，丹心寸意，愁君未知。歌繁霜，侵曉幕。何意空相守，坐待繁霜落。」歌闋，遂相佇燕寢，四更別去。既明，文韶偶至清溪廟，見神座上箜篌帶縛如故。廟中惟女姑神像，青衣婢立在前。細視之，皆夜所見者。《續齊諧記》

武夷君命絃師董嬌娘彈坎篌。坎篌，箜篌也。《武夷山志》　司馬相如《凡將篇》作「坎篌」。

高陽王雍美人徐月華善彈箜篌，能爲《明妃出塞》之曲。雍薨後，與原士康爲側室。宅近青陽門，徐鼓箜篌而歌，哀聲入雲。行路聽者，俄而成市。《洛陽伽藍記》

有李生者，其舅姓盧，有道術。别久，忽相遇，邀生詣其居，曰：「求得一妓，善箜篌，令侍飲。」李生視箜篌，上有朱字云：「雲中辨江樹，天際識歸舟。」盧曰：「此人名家，莫要婚姻否？」李莫測而退。後娶陸長原女，乃所見於盧家者，問何能？曰：「善箜篌。」示之，朱字宛然。李生具説舊事，女亦曰往常夢至一處，亦記見生。《盧肇遺史》

太和中，季齊皋之女善箜篌，爲徐相姬。《樂府雜録》

女郎薛藴，彦辅之孫也。《贈鄭女郎》云：「能彈箜篌弄纖指，愁殺門外少年子。」《唐詩紀事》

天竺妓有鳳首箜篌一。《合璧事類》

遼王嗜宫商，自製詞曲。至今章華臺前老妓，半是流落宫人，猶能彈出箜篌絃上也。《遼邸記聞》

吴妓柳絲，色既傾國，伎善箜篌。十五歸李公子。閲月，公子楚遊，與其姨鮑少娘僦居西溪。巳日湔裙水上，有見之者，爲賦《西溪小姑曲》。《本事詩》

《古詩詠焦仲卿妻》云：「十五彈箜篌。」《玉臺新詠》

紅綫善彈阮咸。《紅綫傳》

代國公主，睿宗女也。箜篌、阮咸，有若天授。《金石史》

韓侂胄喜陸游附己，至出所愛四夫人擘阮琴起舞，索公爲詞，有「飛上錦裀紅縐」之語。《四朝見聞録》

太后到劉婉容位奉華堂聽摘阮，奏曲罷，婉容奏太后云：「本位近教得二女童，瓊華、緑華，並能琴阮、下棋、寫字、畫竹、背誦古文。」遂令各呈伎藝，並進自製阮譜三十曲。太后遂宣賜婉容宣和殿玉軸、沉香槽三峽流泉正阮一面、白玉九芝道冠、北珠緣領道氅、銀絹三百疋，賜瓊華、緑華一萬貫。《乾淳起居注》

孔千金善撥阮，能蔓詞，獨步於時。其兒婦王心奇亦善撥阮，兼善花旦，雜劇尤妙。《青樓集》

友諒愛姬茗華夫人善月琴。友諒出師，必以隨，呼爲「粧駕」。未幾物故，葬於右耳峰側，樹石月琴以表之。至今人名「月琴塚」。《雲蕉館紀談》

周昉畫《美人琴阮圖》，殊有宫禁富貴氣。《墨莊漫録》

舊院妓傅壽能絃索。《白門集》

柯九思《元宫詞》：「三絃彈處分明語。」《丹丘先生集》

張昱《宫詞》：「自劈龍頭十二絃。」《可閑老人集》

平人女以容色選入内者，教習琵琶、三絃、箜篌、箏等，謂之「搊彈家」。《教坊記》

銀花，高文虎婢，善雙韻，彈得六七十套。《癸辛雜識》

曼殊能歌不能彈，呼盲女街前琵琶，聽數曲，諦視其攏撚，遂能彈。《西河合集》

潘岳《笙賦》：「輟張女之哀彈。」吳均詩：「掩抑摧藏張女彈。」《藝林伐山》

女媧造簫。《事始》

秦穆公女弄玉善吹簫，以妻簫史。史教弄玉作《鳳凰鳴》，一旦，夫婦皆隨鳳凰飛去。秦人作鳳女祠於雍宮，世有簫聲云。《列仙傳》

武夷君命管師秀淡鳴洞簫。《武夷山志》

神林玉女賈屈廷吹鳳唳之簫。《南岳夫人傳》

巫山女子善吹簫。嫁時，衆女子吹簫送之。《益部談資》

陳公密侍兒素娘善歌《紫玉簫曲》。《東坡居士詞》

鄭思肖有《秦女吹簫圖》。《一百二十四圖詩集》

至順中，有王生者，船過渭塘，見一新肆，青旗出於檐外，朱欄曲檻，縹緲如畫。生泊舟沽酒，肆主亦富家，其女年一十八歲，而知音識字，態度不凡。見生在座，頻於幕間窺之。或出半面，或露全體，彼此目視久之。已而登舟。是夜，夢至肆中，入門數重，直抵女室。筆硯之類，皆極濟楚。架上横一碧玉簫，女所吹也。壁上貼金花詩箋四幅。女見生至，與之承迎。執手入室，遂相歡寢。是後歸家，無夕不夢。明歲，復過其處，肆翁甚喜。延入，以誠告之曰：「老拙維一女，未曾適人。去歲偶覩君子，遂染疾。長眠獨語，如醉如痴，餌藥無效。昨日忽曰：『明日郎君至矣。』今君子果涉吾地，真是天假其靈而賜之便也。」因問生曾婚娶否？生曰：「未也。」肆翁大喜，即握生手，入於內室，至女所居。女曰：「去歲自君去後，每夜夢中與君相會。」生曰：「我夢亦如之。」遂歷敘一年所夢，有吹簫之曲、繡鞋之事，無不吻合，彼此驚爲神契，遂與生同居偕老。《玉簫記》

李禎邂逅一遺姬於逆旅中，雖衰老，猶以紫簫自隨。訪其詳，蓋大都妓人，以才貌隸教坊供奉。陵遷谷變，將落髮爲尼，不果。轉嫁編氓，益淪落。因取簫吹數調，相與論疇昔繁華，輒復掩涕。《剪燈餘話》

明沿元制，歲責高麗貢美女。此孝陵有碽妃，長陵有權妃。權妃善吹簫，宮中爭效之。王司綵《宮詞》云：「贏得君王留步輦，玉簫吹徹月明中。」爲權妃作也。《静志居詩話》

弘治辛酉七夕，徐鏊吹簫自娛。忽聞異香酷烈，有女郎攜梅花燈循堦而上。分兩行，凡十六輩。後一美人，年可十八九，瑤冠鳳履，文犀帶，著方錦紗袍，袖廣幾二尺，若世所圖宮粧之狀。玉色瑩然，月光交映，真天人也。諸侍女服飾略同，貌亦非常。入門，各出籠中紅燭插銀臺上，一室朗然。室中羅設酒殽，若几席椸架之屬，不見有攜之者，而無不畢具。侍女喚鏊就坐，捧玉杯進酒，味醇洌，而肴極精腆。美人曰：「與卿宿緣，應得諧合，幸莫疑訝。昨聽簫聲，知卿興致非淺，身亦薄曉絲竹，願一聞之。」顧侍女取簫授鏊。吹罷，美人繼奏一曲，音調清越。

酒闌，侍女報曰：「夜向深也。」因拂榻促眠。美人低面微笑，乃相攜登榻。帳幃裀籍，窮極瑰麗，非復鼇向時所眠也。美人解衣，獨著紅綃裹肚一事，相與就枕交會。已而流丹浹藉，宛轉恇怯難勝。鼇於斯時，情志飛蕩，顛倒若狂矣。天明，美人先起揭帳，侍女十餘奉匜沃盥。良久，粧訖言別。自是鼇每舉念，則異香驟發，美人輒來。來則攜酒歡宴，頻頻説天上事，及諸仙變化。其言奇妙，非世所聞，竟莫測美人爲何等人也。《洞簫記》

太倉陸公應試南京，有女善吹簫，夜奔公寢，公辭以疾，女退，作詩云：「風清月白夜窗虛，有女來窺笑讀書。欲把琴心通一語，十年前已薄相如。」《臣鑒録》

張璧娘，閩縣良家女也，妖美絶倫。與林子真往來甚秘。子真省交臨清，璧娘感想而没。子真《感舊詩》云：「梅花歷亂奈愁何，夢裏朱樓掩淚過。記得去年今夜月，美人吹入玉簫多。」蓋璧娘好音，尤善吹簫。嘗潛詣子真烏石山房，倚梅花吹簫，故子真詩紀其事。《小窗清紀》

薛素素聞人誦詩詞，以簫應之，字字梅花飄落。《雙橋隨筆》

沙才美艷丰逸，善吹簫度曲。《板橋雜記》

王阮亭《秦淮雜詩》云：「傅壽清歌沙嫩簫。」沙嫩，沙才妹也。姊妹皆善吹簫。同遊吳郡，居虎丘之半塘，一時名噪，人皆以二喬目之。《續南窗紀談》

王瑤湘善吹洞簫，聽者有月笙雲璈之想。《都人談纂》

樂府詩：「玉女坐吹簫。」《北堂書鈔》

宋徽宗《宮詞》云：「夜蘭時按白牙簫。」《二家宮詞》

薩天錫《宮詞》：「月明偷弄紫雲簫。」《雁門集》

金蒴孫《天啓宮詞》：「素腕雙擎碧玉簫。」《鐵巖集》

謝仁祖妾阿紀善吹笛。《何氏語林》《世説》作「阿妃」。

石崇妓緑珠善吹笛。《金谷園記》

緑珠爲梁伯女，生而好音。伯嘗至山中，聞吹笛異於常聲，覓之弗得。忽聞空中語云：「汝女好音，欲傳一曲，遠歸乎？」伯以爲神，遂下拜。因語曰：「汝即歸，芟取西北方草，結一人形，被以袿服珠翠，設杯酒盂飯，命女呼我名曰『茵子』，至三更，我當至矣。」伯歸，如法，至時果至。空中吹笛，音極要眇。緑珠聽之，得十五曲，一字不差。因名笛曰「茵子」，又曰「遠歸」。《志奇》

緑珠有弟子宋禕，有國色，善吹笛，後入晉明帝宫中。《緑珠傳》《俗説》曰：「明帝患篤，以宋禕賜阮遙集。」

緑珠玉篴，土花斑駁如繡，蓋殉宫人宋禕者，自巢賊發陵出之。清夜聞歌，其篴每能自叫。《廣西通志》

王愷嘗置酒，女妓吹笛，小失聲韻，愷便令黄門毆殺之。一座改容。《敘小志》

明皇嘗賜梅妃白玉笛，作《驚鴻舞》，一座光輝。《梅妃舞》

梅妃有《鳳笛賦》。《梅妃傳》

明皇舊置五王帳，與兄弟同處。無何，妃子竊寧王紫玉笛吹之。故張祐詩云：「梨花院靜無人見，閑把寧王玉笛吹。」《百斛明珠》《野客叢書》曰：「張祐詩：虢國潛行韓國隨，宜春小院映花枝。金輿遠幸無人見，偷把郊王笛管吹。」謂虢國竊郊王笛，此説與《百斛明珠》不同。

范敏往鄆州，月夜遇一婦人，自稱唐莊宗内人樂部笛首，爲敏吹笛。敏問其曲，云：「名《清夜月》，莊宗自製也。」及明視之，乃一孤塚。《青瑣高議》

吕倩倩善吹笛。《逃禪詞》

劉伯壽居玉華峰下，有妾名萱草、芳草，皆秀麗而善音律。伯壽出入，乘牛吹鐵笛，二草以蘄笛和之，聲滿山谷。《風月堂詩話》

供奉藝流，有陳宣娘笛。《武林舊事》

王晉卿家姬昭華善吹笛，黄魯直贈以詩。《紫桃軒雜綴》

程才人一寧未得幸時，嘗於春夜登翠鸞樓，倚蘭弄玉龍之笛，吹一詞云：「蘭徑香銷玉輦踪，梨花不忍負春風。緑窗深鎖無人見，自碾朱砂養守宫。」帝忽於月下聞之，問宫人曰：「此何人吹也？」有知者對「程才人所吹」。帝雖知之，未召也。及後夜，帝復遊此，又聞吹一詞曰：「牙床錦被繡芙蓉，金鴨香銷寶帳重。竹葉羊車來别院，何人空聽景陽鍾。」又繼一詞曰：「淡月輕寒透碧紗，窗屏睡夢聽啼鴉，春風不管愁深淺，日日開門掃落花。」又吹《惜春詞》一曲曰：「春光欲去疾如梭，冷落長門苔蘚多。懶上粧臺脂蓋蠹，承恩難比雪兒歌。」歌中音語咽塞，情極悲愴。帝聞而悽愴，遂乘金根車至其所。寧見龍炬簇擁，遂趨出叩頭俯伏。帝親以手扶之，曰：「卿非玉笛中自道其意，朕安得至此！」攜手至柏香堂，命寶光天祿厨設開顏宴，進兔絲之膳，翠濤之酒，雪仙樂部坊奏《鴻韶》樂，列朱戚之舞，鳴睢之曲。笑謂寧曰：「今夕之夕，情圓氣聚。然玉笛，卿之三弄也，可封爲圓聚侯。」自是寵愛日隆。改樓爲奉御樓，堂爲天怡堂。《元氏掖庭記》

琵琶峽下婦女皆善吹笛。嫁時，諸女子相與吹笛，唱《竹枝》送之。《蜀道驛程記》

高皇頓兵康山，軍士乏食。有一老嫗騎牛吹笛，傾家助米。高皇繪其圖，題詩賜之。《千古奇聞》

女媧作笙簧。《世本》

西王母吹笙鼓簧。《穆天子傳》

秦穆公有女善吹笙，無和者。孟明薦簫史，女呼試之。一吹而清風生，再吹而彩雲迎，三吹而鳳凰來，女亦三吹，如史所感，遂嫁之。於是合宴西殿，笙簫間奏。曲未終，鳳凰忽下，二仙乘之而去。《盩厔縣志》

王母命侍女董雙成吹雪和之笙。《漢武帝傳》

武夷君命管師朱小娥運居巢。居巢，笙也。《武夷山志》

小劉妃善吹白玉笙《霓裳中序》。《浩然齋視聽鈔》

厲雲見一婦人屍，收葬之。夜夢吹笙聲，音韻縹緲，有美女在林下自詠云：「紫府參差竹，清宵次第聞。」及就試，得「緱山月夜聞王子晉吹笙」題，用夢中語，竟舉進士。時謂林下美女必所葬婦人魂也。《林下詩談》

王建《宮詞》：「沉香火底坐吹笙。」《三家宮詞》

西王母命侍女許飛瓊鼓震靈之簧。《漢武故事》

女媧氏命娀陵氏制都良之管，以一天下之音。《文獻通考》

西王母樂器，有岑華鏤管。岑華，山名也，在西海上，有象竹，截爲管，吹之爲群鳳之鳴。《拾遺記》

西王母獻舜白玉琯，吹之以正八風。《大戴禮》注

西王母昭華琯，蓋以白玉爲管也。《開元占經》

琯，舜所受西王母玉名也。《玉名記》

吕敬夫紅牙管，云是度廟老宮人所傳物。《東維子集》

吕倩倩善弄管。《逃禪詞》

河間王琛有婢朝雲，善吹篪，能爲《團扇歌》、《壟上聲》。琛爲秦州刺史，諸羌外叛，討之不降。琛令朝雲假爲貧嫗，吹篪而乞。諸羌聞之，悉皆流涕，相率歸降。秦民語曰：「快馬健

兒，不如老嫗吹篪。」《洛陽伽藍記》

武夷君命管師黄次姑操悲慄。悲慄，觱篥也。《武夷山志》

有士人陷冤獄，其妻配入掖庭。妻善吹觱篥，因撰曲記其哀情，曰《大郎神》，蓋取其良人行第也。畏人知，遂易名《悲切子》，又名《離別難》，終名《愁回鶻》。《樂府雜録》

李汧公二寵妓秀奴、七七，皆聰慧，善篳篥。《因話録》

溫庭筠有《李相妓女吹篳篥歌》。《溫飛卿詩集》

琴譜《胡笳曲》，昭君所撰。昭君見胡人捲蘆葉而吹之，感而製曲，凡十八拍。《紀異録》

王昭君有《胡笳三十六拍》。《宛委餘編》

《大胡笳十八拍》、《小胡笳十九拍》，並蔡文姬作。《琴集》

《胡笳十八拍》中雜唐調，非文姬筆也。《藝苑巵言》

今世所傳《胡笳十八拍》，乃後人撰以詠蔡文姬也，非文姬所撰。若王昭君，則未嘗有曲傳於世。《學林》

玄女製角以警衆。《黄帝內傳》

戚夫人在宫內時，十月十五日，共入靈女廟樂神，吹節擊筑，歌《上靈》之曲。既而相與連臂，蹋地爲節，歌《赤鳳凰來》。《西京雜記》

黄帝與蚩尤戰，玄女爲帝製夔牛鼓。《黄帝內傳》

陳豐氏之女制鞞鼓、鍾、磬、塤、篪。《中華古今注》
月蝕，后自擊鼓，宫人皆擊杵救之。《荆州占》
元樂舞，用婦女二十人，執牡丹花舞唱，次以婦女摇日月金鞚稍子鼓舞唱。《續文獻通考》
正統八年，賜可汗妃花框鼓、鞭鼓各一面。《弇山堂别集·賞賚考》
李大娘善打十番鼓。《板橋雜記》「番」，梅村作「反」。
古樂府：「七寳珠絡鼓，教郎拍復拍。」《詩林廣記》
金陵妓王感化，在元宗時繫樂部，爲鼓板色。《耆舊續聞》
供奉藝流，有蕭婆婆鼓板。《武林舊事》
宋開封之女善羯鼓，嫁鄭氏。今尊賢里鄭氏第有小樓，即宋夫人習鼓之所也。《羯鼓録》
江南李璟常於華林園試小妓羯鼓。《古今詩話》
樂部中，維杖鼓鮮有能工之者，京師官妓楊素娥最工。劉濬作詞贈之，素娥遂名振京師。《景祐廣樂記》
章獻皇后劉氏善播鼗。《東都事略》
西王母樂器，有咈澤雕鍾，以咈澤精銅爲之。《拾遺記》
青童命東華玉女煙景殊擊西盈之鍾。《南岳夫人傳》
澄清觀鍾，唐時常州澄清觀女冠王玉仙所造。《天中記》

女道士魯妙典仙去，遺古鍾一，形如偃月，在無爲觀中。《三洞珠囊》

王母命侍女范成君擊湘陰之磬。《漢武内傳》

西王母樂器，有浮瀛羽磬。浮瀛，即大瀛也，上有石，可爲磬。《拾遺記》

孟冬之月，北宫御女黑衣綵擊磬。《淮南子》

貴妃善擊磬，拊博之音，泠泠然多新聲。上命採藍田緑玉琢成磬。流蘇之屬，以金珠、翠鈿飾之。鑄金爲二獅子，以爲趺。綵繪縟麗，一時無比。《開天傳信記》

西僧掘理宗陵，得緑玉磬，楊貴妃物。《解酲語》

同昌公主葬，以紫尼女道士爲侍從引翼，擊歸天紫金之磬。《杜陽雜編》

王母命侍女石公子擊昆庭之金，婉陵華拊五靈之石，王子登彈八琅之璈。上元夫人自彈雲林之璈，歌步元之曲。王母命侍女四妃答歌。《漢武帝内傳》

北寒玉女朱聯娟彈九氣之璈。《南岳夫人傳》

沈翹翹，文宗時宫人。有白玉方響，上所賜也。以響犀爲槌，以紫檀爲架。文宗以翹翹配金吾判官秦誠。出宫之夕，官人伴送，花燭之恩，皆自天賜。數年後，誠使日本，久不歸。翹翹執白玉方響，登樓，自製曲以寄之，名《憶秦郎》，聲音凄愴。《麗情集》

宫娥沈阿翹，本吳元濟之妓，嘗自進元濟所與一白玉方響，光明潔冷，可照數十步，希世之寶也。《杜陽雜編》

尚樂十娘子，道君時掌樂宫人。每上膳，十娘子以方響引樂。《楓窗小牘》

平原寵妓善奏方響。《龍洲詞》

安南國進皇后方物，有金斯鑼五面、銀斯鑼十面、金度銅鐸七口。《天南行記》

武夷君命金師羅妙容揮鐐銚銅鈸。《武夷山志》

婚禮有合歡鈴，取其音聲和諧。杜氏《通典》

三素元君授夫人流金火鈴，使彈制萬魔。《南岳夫人傳》

靈昭李夫人握流光鈴。《登真隱訣》

宣宗令辛餶骴拍，不中，瞋目視之，憂懼而殞。《樂府雜録》

供奉藝流，有女流陳嘉生拍。《武林舊事》

宣和中，任氏酒肆有婦人唱法駕導引，右手執拍板，乃鐵爲之。《復齋漫録》

韓維喜聲樂。遇極暑，卧一塌，使婢執板緩歌，展轉徐聽，往往不復揮扇。《復齋閑記》

庚申八月，太子請兩殿賞芙蓉、木樨。韶部頭陳盻兒捧牙板，歌「尋尋覓覓」一句，上曰：「愁悶之詞，非所宜聽。可歌一即景快活《聲聲慢》。」李祉《陳盻兒傳》

舒信道秋夜讀書，忽見女子揭簾入，素衣淡粧，舉動嫵媚。俄一小青衣攜酒殽來，即促膝共飲。女舉手代拍，歌《燭影揺紅》詞。舒愛惑之，遂留共寢。《敝帚軒剩語》

查孝廉買美鬟十二，教之歌舞。每於良宵開讌，垂簾張燈，珠聲花貌，艷徹簾外。夫人亦妙

解音律，親爲家伎拍板。《觚賸》

柳永詞：「佳娘捧板花鈿簇。」《樂章集》

飛元玉女鮮于虛拊九合玉節。《南岳夫人傳》

步非煙善秦聲，尤工擊甌，其韻與絲竹合。《步非煙傳》

僰人女吹篾有凄楚聲。《峒谿纖志》

鼻簫、口琴，番中未嫁娶者吹之。男女聞而相悅，即引與同處。《使署閑情》

奩史卷五十五

東吳王初桐于陽纂述
皖城余鵬年伯扶校刊

音樂門三

歌舞

戚夫人善爲翹袖折腰之舞，歌《出塞》、《入塞》、《望歸》之曲，侍婢數百皆和之，齊首高唱，聲入雲霄。《西京雜記》

魏文帝宮人田尚衣善歌舞，一時冠絶。《古今注》

孫世有女曰瑣，年始九歲，夢與神通，寤而悲吟，哀聲激切。於今十五，厥狀甚美，素顔玄髮，皓齒丹脣。詳而問之，云善歌舞。於是提袂徐進，揚蛾微眺，芳聲清激，逸足横集。魏文帝《與繁欽書》

女巫章丹、陳珠二人，並有國色，妍姿冶媚，莊服甚麗，清歌妙舞，狀若飛仙。《夏仲舒别傳》

竇滔寵姬趙陽臺歌舞之妙，無出其右。《侍兒小名録》

高陽王雍有二美姬，一名修容，一名艷姿。修容能爲「緑水歌」，艷姿尤善「幺鳳舞」。《洛陽伽藍記》

趙麗妃本伎人，有才貌，善歌舞。《唐書》

《賈昌妻潘氏，以歌舞而得重幸於楊貴妃。《城東父老傳》

哥舒翰愛妾曰裴六郎，容範曠代，善歌舞。《通幽記》

蘇五奴妻張少娘，善歌舞。有邀迓者，五奴輒隨之前。人欲得其速醉，多勸酒，五奴曰：「但多與我錢，自醉，不煩酒也。」今呼鬻妻者爲「五奴」，自蘇始。《教坊記》

李後主妾薛九，善歌舞「嵇康」。嵇康，江南曲名也。建業破，零落江北。一日，於洛陽坊趙春舍歌「嵇康」，坐人皆泣。春舉酒請舞，曰：「老矣，腰腕衰硬，無復舊態。」乃强起小舞，曲終而罷。《補侍兒小名録》

湖中歌妓舞鬟，嚴粧以待招呼，謂之「水仙子」。《西湖志》

吳子雲家姬號愛菊，善歌舞。《山中白雲》

連枝秀，姓孫氏，京師角妓也。後爲女道士，浪遊湖海間。嘗引一髽髻女童，亦能歌舞。有招飲者，酒酣則自起舞，唱《青天歌》，女童亦舞而和之，真仙音也。《青樓集》

樊香哥，金陵名妓也。妙歌舞，善談謔，亦頗涉書史。死，葬南關。好事者春遊，必攜酒奠

其墓。《青樓集》

趙梅哥，張有才妻也。美姿色，善歌舞，而壽不永。張繼娶和當當，貌不揚而藝甚絶，歌調高如貫珠。《青樓集》

事事宜，姓劉氏，姿色、歌舞悉妙。《青樓集》

陳豐獨坐山齋，梁上二鼠忽墮，化爲二美女，長可五六寸，對舞同歌。歌聲清亮，歌詞云：「天地小如喉，紅輪自吞吐。多少世間人，都被紅輪誤。」歌畢，乃合爲一大鼠，向豐作拱而去。《晉安逸志》

嘉興妓顧娟娟，居蘇小小墓東北，短小穠粹，妙歌舞，雙鞾柔弱，胡旋燈前，觀者靡不嘆絶。《静志居詩話》

梅聖俞詩：「花娘十二能歌舞。」《宛陵集》

柳永詞：「心娘自小能歌舞，舉意動容皆濟楚。」《樂章集》

塗山之女令其妾往候禹於塗山之陽，女乃作歌曰「候人」，實始南音。《吕氏春秋》

有娀氏二佚女作歌，始爲北音。《古今樂録》

韓娥東之齊，匱糧，過雍門，鬻歌假食。既去，餘音繞梁，三日不絶。過逆旅，旅人辱之，娥因哀哭，一里老幼愁泣，遽追謝之。娥復長歌，一里老幼懽舞。《劉子》

天子觴西王母於瑤池之上，王母爲歌《白雲謡》。《穆天子傳》

漢武帝使董謁昇壇候王母。王母至，與宴，歌奏《春歸》之樂。謁聞王母歌聲而不見形，歌聲繞梁三匝乃止。壇旁草樹枝葉皆動，歌之感也。《洞冥記》

西王母命侍女段安香作九天之鈞安法、嬰歌《玄靈》之曲。《漢武帝內傳》

西王母歌《玉蘭》之曲，上元夫人歌《玉昭》。《漢武故事》

王母別漢武昇雲，命長裾歌《回風》之曲。《西江餘志》

武帝思李夫人，使女伶歌《落葉哀蟬》之曲。《拾遺記》

歌山，相傳昔有乘船從下過，見一女子汲，負水行歌，姿態甚妍，而莫知所由，故名歌山。《東陽記》

王珉與嫂婢謝芳姿通，情好甚篤。嫂垂撻婢過苦。芳姿素善歌，而珉好持白團扇。嫂令芳姿歌一曲，當赦之。芳姿歌曰：「白團扇，辛苦五流連，是郎眼所見。」珉問曰：「奈何遺却？」芳姿應聲又歌曰：「團扇復團扇，許持自遮面。顦顇非昔容，羞與郎相見。」《古今樂録》

絳樹一聲能歌兩曲，二人細聽，各聞一曲，一字不亂。人疑其一聲在鼻，竟不測其何術。《嫏嬛記》

《莫愁樂》者，石成女子莫愁善歌，因有此歌。《古今樂録》

《子夜歌》者，晉有女子名子夜，造此歌。《唐書·樂志》

夫人在王屋小有齋，龜山王母、三元夫人與衆仙並降，各命侍女陳《鈞成》之曲。王母繫節

而歌，三元夫人彈《雲璈》而答歌。《魏夫人傳》

文明太后恒與六宮遊戲青臺，因歌曰：「青臺雀，青臺雀，緑山綵花額頸著。」《大雅遺音》

咸陽王元禧恣極聲色，後以叛誅。宫人爲歌曰：「可憐咸陽王，奈何作事誤。金床玉几不能眠，夜踏霜與露。洛水湛湛彌岸長，行人那得渡？」其歌流傳江表，北人在南者，絃歌奏之，莫不灑泣。《女世説》

梁武帝製《江南弄》七曲，侍兒數百，皆口授之。《樂苑》

羊侃歌人王娥兒、屈偶之並妙盡奇曲，一時無對。《梁書》

雪兒者，李密之愛姬，能歌舞。每見賓僚文章有奇麗入意者，即付雪兒，叶音律以歌之。《北夢瑣言》

煬帝在揚州，每集童女鳴鼓吹簫，歌《龍女思玄》之曲。《南部煙花記》

隋末，有河間人者，每醉必毆擊其妻。妻美而善歌，每爲悲怨之聲，輒搖頓其身。好事者乃爲假面以寫其狀，呼爲「踏搖娘」。今謂之「談娘」。《劉賓客嘉話録》

劉三妹善歌，與白鶴秀才登西山高臺，爲三日歌。秀才歌《芝房》之曲，三妹答以《紫鳳》之歌。秀才復歌《桐生南嶽》，三妹以《蝶飛秋草》和之。秀才忽作變調，曰《朗陵花》，詞甚哀切。三妹歌《南山白石》，益悲激，若不任其聲者。歌竟，兩人皆化爲石。至今風月清夜猶彷彿聞歌聲。《唐世説》

內人許和子，本永新縣樂女，選入宮，即以「永新」名之。美慧善歌，遇高秋朗月，臺殿清虛，喉囀一聲，響連九陌。明皇嘗獨召李謨吹笛逐其歌，曲終管裂。又一日，試大酺於勤政樓，觀者數千，萬衆諠譁，莫得魚龍百戲之音。上欲罷宴，高力士請「命永新出樓歌一曲，必可止喧」。上從之。永新乃撩鬢舉袂，直奏曼聲，廣場寂寂，若無一人。《樂府雜録》

宮妓永新者善歌，最爲明皇寵愛，常謂左右曰：「此女歌直千金。」《開元天寶遺事》

婦人歌曲之妙，有永新婦、御史娘、柳青娘、張紅紅，皆一時之妙也。《盧氏雜説》

貴妃侍者紅桃善歌《凉州詞》，妃所製也。《明皇雜録》

先天中，正月十五作燈輪，簡長安年少婦女千餘人，衣服花釵，於燈輪下踏歌。《朝野僉載》

《舊唐書》作「出內人連袂踏歌」。

唐宣宗令禁中女伶衣珠翠緹繡，分行列隊，連袂而歌。《文獻通考》

大歷中，有張紅紅者，與其父歌於衢路丐食。過將軍韋青居，青以其歌音寥亮，仍有眉首，即納爲姬。穎悟絶倫。嘗有樂工自撰歌，即《古長命西河女》也，加減其節奏，頗有聲。未進聞，先侑歌於青，青召紅紅於屏風後聽之。紅紅乃以小紅豆數合，記其拍。樂工歌罷，青入問紅紅：「如何」？云：「已得矣。」青出云：「有女弟子，久曾歌此，非新曲也。」即令隔屏風歌之，一聲不失。樂工大驚異。紅紅復云：「此曲先有一聲未穩，今已正矣。」尋達上聽。召入宜春院，寵澤隆異，宮中號「記曲娘子」，尋爲才人。一日，內史奏韋青卒。上告紅紅，乃上前

嗚咽奏云：「妾本風塵丐者，一旦致身入内，恩自韋青，妾不忍忘其恩。」乃一慟而絶。上嘉嘆之，贈昭儀。《樂府雜録》

武宗疾篤，謂孟才人曰：「吾即不諱，爾何爲哉？」才人指笙囊泣曰：「請以此就縊。」上惻然，復曰：「妾嘗藝歌，請一歌以泄哀怨。」乃歌一聲《何滿子》，氣急立殞。上令醫候之，曰：「脉尚溫，而腸已絶，」帝崩，柩重不可舉。或曰：「非俟才人乎？」爰命才人櫬，至乃舉。《全唐詩話》

内妓與兩院婦女更代上舞臺唱歌。内妓歌，則黄幡綽贊揚之；兩院人歌，則幡綽輒訾詬之。有肥大年長者，即呼爲「屈突干阿姑」；貌稍胡者，即云「康太賓阿妹」。隨類名之，標弄百端。《教坊記》

麗雲善歌，聽之使人醉者醒，醒者醉，悲者樂，樂者悲。王銍《補侍兒小名録》

杭州吴二娘詞：「暮雨瀟瀟郎不歸。」白太傅詩云：「吴娘暮雨瀟瀟曲，自别江南久不聞。」《遠志齋詞衷》

李訥夜登越城樓，聞歌聲激切。召至，乃去籍之妓盛小藂也。曰：「汝歌何善乎？」曰：「小藂是梨園供奉南不嫌之女甥。所唱之曲，乃不嫌所授也。」《雲溪友議》

張好好，年十三始以善歌來樂籍中，後爲沈述師以雙鬟納之。《樊川外集》

商玲瓏，餘杭歌者，白樂天作《郡日賦》歌與之。時元微之在越，厚幣邀之，使盡歌所唱之

曲。《張君房脞說》

微之《贈樂天》詩：「休遺玲瓏唱我詩，我詩多是別君辭。」自注云：「樂人商玲瓏，能歌余數十詩。」《對床夜話》

白太傅妾樊素善歌。《古今詩話》

樂天寵姬楊柳枝，善唱《楊柳枝》歌，故名。《韻府群玉》

鈿蟬、金雁，皆歌妓名。溫庭筠《贈彈箏》詩：「鈿蟬金雁皆零落，一曲伊州淚萬行。」《蓬窗續録》

周德華，劉采春女也。雖《羅嗊》之曲不及其母，而《楊柳》之詞，采春莫及。崔郎中芻言寵愛之，將至京洛，豪門女弟子從其學者甚衆。所歌七八篇，乃賀知章、楊巨源、劉禹錫諸名流之詠。溫庭筠、裴諴所稱歌曲，請德華一陳音韻，以爲浮豔之美，德華終不取焉。二君深有愧色。《雲溪友議》

蜀妓洞雲善歌。《鑑戒録》

宋之遜性好唱歌。爲連州參軍時，刺史陳希古令其教婢歌。之遜母每日端笏立於庭中，呦呦而唱，其婢隔窗從而和之，聞者無不大笑。《朝野僉載》

紅兒善歌，羅虬爲絶句百篇，號《比紅兒詩》。《摭言》

女仙傅禮和善歌，歌則鳥獸飛集而聽聲焉。《茅山志》

有妓人善歌《鷓鴣》者，詞調清怨。《丁卯集》

尹氏女善歌。重陽，與群女戲登南山文峰。同輩命之歌，乃顰眉緩頰，怡然一曲，聲達數十里。故俗耆舊云：「尹氏之歌，聞於長安。」《江南野史》

吴越妓任秋娘善歌。《雲巢編》

殷七七與客飲，忽顧屏上畫婦人曰：「可歌《陽春曲》？」婦人應聲歌曰：「愁見唱陽春，令人離腸結。郎去未歸家，柳自飄香雪。」《詩史》

蜀宫人李玉簫善歌，聲音委婉，抑揚合度。《十國春秋》

錢思公後閣有白髮姬，乃鄧王歌鬟驚鴻也。《侍兒小名録》

汝陰有一妓，能盡歌歐陽永叔所爲歌詞。《叙小志》

王晉卿歌姬名囀春鶯，色藝兩絶。晉卿投南，春鶯爲勢家所得。晉卿南還，道中聞歌聲，曰：「此囀春鶯也。」訪之果然。賦詩曰：「幾年流落向天涯，萬里歸來兩鬢華。翠袖香殘空掩淚，青樓雲渺定誰家。佳人已屬沙叱利，義士今無古押衙。回首風光雖尚在，春鶯休囀沁園花。」《瑯琊代醉編》

東坡贈王定國歌兒柔紈詞云：「誰羡人間琢玉郎，天教分付點酥娘。」《東皋雜録》

子瞻在惠州，與朝雲閑坐，時青女初至，落木蕭蕭，悽然有悲秋之意。命朝雲把大白，唱《花褪殘紅》。朝雲歌喉將轉，淚滿衣襟。子瞻詰其故，答曰：「奴所不能歌，是『枝上柳綿吹又少，天涯何處無芳草』也。」子瞻大笑曰：「吾正悲秋，而汝又傷春矣。」遂罷。朝雲不久抱疾而卒，子瞻終身不復聽此詞。《林下詞談》

中吳車氏，號秀卿，樂部中之翹楚者。歌周美成曲，得其旨。杭州沈梅嬌亦能歌美成曲。《山中白雲》

依依，姓柳氏，字倚玉，揚州二十四橋人也，善歌《陽關三疊》。《陽關三疊圖譜》袁簡齋曰：「柳依依，乩仙也。」

趙松雪飲於萬柳堂。歌姬劉，名解語花，左手折荷花持獻，右手舉杯，歌《驟雨打新荷》之曲。松雪喜而賦詩。《樂全堂廣客譚》

一分兒，姓王氏，京師角妓也。歌舞絶倫，聰慧無比。丁指揮於江鄉園宴客，王氏佐樽。時有小姬歌云：「紅葉落火龍褪甲，青松枯怪蟒張牙。」丁曰：「此《沉醉春風》首句也。可足成之？」王應聲曰：「紅葉落火龍褪甲，青松枯怪蟒張牙。可詠題，堪描畫。喜觥籌，席上交雜。答剌蘇，頻斟入，禮厮麻，不醉呵休扶上馬。」一座嘆賞。《青樓集》

張怡雲能詩善歌。嘗佐貴人樽俎，姚牧庵在焉。姚偶言「暮秋時」三字，令怡雲續而歌之，張應聲歌曰：「暮秋時，菊殘猶有傲霜枝，西風了却黃花事。」貴人曰：「且止。」遂不成章。張之才亦敏矣。《青樓集》

聶檀香姿色嫵媚，歌韻清圓，東平侯甚愛之。《青樓集》

宜時秀爲教坊舊妓郭芳卿弟子，善歌。高啓有《聽芳卿弟子歌》詩。《本事詩》

滄州泰娘善倚歌，以和大忽雷。《東維子集》

李蘇蘇善歌，祖無擇贈以詩。《齊音》

李十娘，名湘真，字雪衣。在母腹中，聞琴歌聲則勃勃動。生而娉婷娟好，肌膚玉雪，能鼓琴清歌。《盤悅卮談》

吳門名妓陳圓圓，容辭閑雅，有林下風致。周嘉定伯以營葬歸蘇，出重貲購圓圓，載之以北，納之椒庭。是時，田妃擅寵，遂命遣還，故圓圓仍入周邸。延陵將軍奉詔出鎮，嘉定伯餞之，出女樂佐觴，圓圓亦在其列。輕鬟纖履，綽約凌雲。每至遲聲，則歌珠纍纍，與蘭馨併發。延陵流盼屬意，以千金爲聘。限迫即行，未及娶也。嘉定伯盛其奩媵，擇吉送其父襄家。未幾，闖賊陷京師，挾襄以招其子。家人潛至帳前約降，忽問：「陳娘何在？」使以籍入告，延陵聞之大怒，勒軍入關，殄賊過半。賊殺襄，悉屠其家。延陵正室亦遇害，而圓圓翻以籍入無恙。闖棄京出走，延陵追至山西，晝夜不息，尚未知圓圓之存亡也。其部將已於都城搜訪得之，飛騎傳送。延陵大喜，遂於玉帳結五采樓，備翟茀之服，從以香輦，列旌旃簫鼓三十里，親往迎迓。雖霧鬢風鬟不勝掩抑，而翠消紅泫，嬌態愈增，遂成匹合。《觚賸》

圓圓，玉峰歌妓也，聲色甲天下。嘉定伯已將圓圓進，未及召見，旋因出永巷宫人，貴妃遂

竄名籍中，出付妃父田弘遇家。而吳於田席上見之也。陸次雲《圓圓傳》〔一〕

圓圓，字畹芬，色藝擅一時。崇禎末年，戚畹武安侯劫置別室中。侯，武人也，圓圓若不自得者。李自成之亂，爲賊帥劉宗敏所得。陳其年《婦人集》

張麗人體貌瑩潔，性質明慧。其母吳倡也，善歌。麗人幼即能記歌曲。及笄，隨諸伶賽神作劇。夜宿水二王廟，夢王刻期聘之爲妃。醒以語其母，泫然淚下，拍板而歌，宛轉悲愴。及期，無疾而逝。《秋谷雜編》

李姬，名香，十三歲從周如松受歌《玉茗堂四傳奇》，盡得其音節。《壯悔堂集》

西粵男女婚媾，皆以歌辭相酬和。《粵風續九》

伎女張綺綺歌，宋玉環吹笙和之。《江湖載酒集》

司馬相如《美人賦》：「有女獨處，婉然在床。奇葩逸麗，素姿艷光。覩臣微笑而言曰：『上客何國之公子，所從來無乃遠乎？』遂設旨酒，進鳴琴。玉釵掛臣冠，羅袖拂臣衣。撫弦而爲《幽蘭玉女》之歌。歌曰：『獨處室兮憂無依，思佳人兮情傷悲。彼君子兮來何遲，日將暮兮華髮衰，願托身兮長自私。』」《古文苑》

〔一〕此條陸次雲《圓圓傳》未見。據吳偉業《吳詩集覽》卷七上「七言古詩四之上·圓圓曲」注載：此爲「馬孝升曰」，且按：此與「陸雲士《圓圓傳》與《觚賸》小異」。

白居易詩：「狗兒吹笛膽娘歌。」《香山集》

河間王夜飲，妓女謳歌一曲，下一金牌。席終，金牌盈座。《豐盈傳》

寧王宮有樂妓一人，美姿色，善謳唱。每宴外客，諸妓女盡在目前，惟此妓客莫得覩。詞客李白恃醉請之，王笑謂左右曰：「設七寶花障，召於障後歌之。」白起謝曰：「雖不許見面，聞聲亦幸矣。」《大唐補記》

馬淑，南康謳者，李卿納爲外婦。每操鳴弦爲新聲，撫節而歌，聞者感動。《柳州集》

金陵妓王感化善謳，聲韻悠揚，清振林木。元宗嘗乘醉命感化奏《水調》，感化惟歌「南朝天子愛風流」一句，如是者數四。元宗頓悟，由是有寵。《南唐書》

蓮、鴻、蘋、雲，善品清謳。《小山詞》

京師名倡李氏，居甘泉坊，善謳。《中山詩話》

馬文玉善謳。《小窗清紀》

麗娟於芝生殿唱《回風》之曲，庭中花皆翻落。《洞冥記》

侯貴和妾名麗音，善唱《行天》，有喉牙吐納之異。後改號方等。女亦傳其母伎。方等卒後，有郝三寶亦善歌《行天》。女隔簾聽之，發聲便笑。三寶怒，女曰：「上客所爲，殊有乖越，請一聽之。」始發一聲，便拜伏曰：「真方等聲也。」《辨音集》

蘧蒢三娘善唱《阿鵲鹽》曲。《植杖閑談》

一麗人胡二唱《何滿子》曲，清響激越。胡二，開元宮中歌娃也，出在民間，白秀才納之。《琵琶録》

趙真真、楊玉娥、秦玉蓮、秦小蓮善唱「諸宮調」，藝絶一時。真真唱張五牛所撰《雙漸小卿怨》，聽者魂銷。《青樓集》

陳婆惜善彈唱。女觀音奴亦得其彷佛。《青樓集》

于四姐，字慧卿，善琵琶、合唱。朱春兒亦得名。《青樓集》

羅桂林曼聲繞梁，酷有情致。嘗從别筵，繾綣間，唱至「要見他山長水長，待放他情長意長」，便大慟，坐客盡霑衣。《曲中志》

金陵陳大聲嘲北妓云：「開口便唱寃家的，歪腔。那裏有春風一曲杜韋娘？」《解醒語》《煙花説》曰：「寃家之説有六。」

姜夔詩：「小紅低唱我吹簫。」《白石集》

張昱《塞上謡》：「胡姬二八貌如花，留宿不問東西家。醉來拍手趁人舞，口中合唱阿刺刺。」《盧陵集》

小唱，蕭婆婆。《藝流供奉志》

銀花，高文虎婢，善小唱。《癸辛雜識》

李芝儀，維揚名妓也。工小唱，尤善慢詞。女童童善雜劇。次女多嬌，尤聰慧。《青樓集》

李心心、楊奈兒、袁當兒、于盼盼、于心心、吳女燕雪梅、元壽妻牛四姐，皆國初京師之小唱也。《青樓集》

小娥秀，姓邳氏，世傳邳三姐是也，善小唱。《青樓集》

唱京詞，蔣郎婦、吳郎婦。《藝流供奉志》

吳船女郎入市唱曲，號「唱楊花」。《曝書亭集》

説經女流，陸妙慧、陸妙靜。《太平清話》

演史，張小娘子、宋小娘子、陳小娘子。《藝流供奉志》

瞽女學彈琵琶，演説古今小説，以覓衣食。瞿存齋《汴梁詩》：「陌頭盲女無愁恨，能撥琵琶説趙家。」《詩話類編》

小説女流，史惠英。《太平清話》

時小童善調話，即世所謂小説者，如丸走阪，如水建瓴。女亦有舌辨，不能盡其母之伎矣。《青樓集》

彭孫遹詩：「女郎十五妙彈詞，近覺三弦最入時。」《金粟閨詞》

燕昭王二年，廣延國獻善舞者二人，一名旋娟，一名提嫫，並玉質凝膚，體輕氣馥。或行無跡影，或積年不飢。王登崇霞之臺，乃召二人來側。時香風欻起，二人徘徊翔轉，殆不自支。王以纓縷拂之。其舞一名《縈塵》，言其體輕與塵相亂；次曰《集羽》，言其婉轉若羽毛之從風；

末曲曰《旋懷》，言其支體纏蔓，若入懷袖也。乃設麟文之席，散荃蕪之香。使二女舞其上，彌日無跡，體輕故也。《拾遺記》

高帝戚夫人善爲翹袖折腰之舞。《西京雜記》

李夫人妙麗善舞。《漢書》

趙飛燕舞，腰宛轉若流風之回雪。《飛燕外傳》

石崇妾緑珠善舞，崇以《明妃曲》教之。《緑珠傳》

于競《大唐傳》：「湖州德清縣南前溪村，乃南朝集樂之處，今尚數百家習音樂。江南聲妓多自此出，所謂『舞出前溪』也。」《復齋漫録》言：「陳劉删詩：『山邊歌落日，池上舞前溪。』唐崔顥詩：『舞愛前溪妙，歌憐子夜長。』按《古今樂録》：『晉沈玩作《前溪歌》，而非舞也。』」蓋復齋不曾見《大唐傳》，故不知「舞出前溪」耳。《諸子瓊林》

沈約《白紵歌》五章，舞用五女，中間起舞，四角各奏一曲。至「翡翠群飛」以下，則合聲奏之，梁塵俱動，舞已，則舞者獨歌末曲以進酒。《女紅餘志》

貴妃善舞《霓裳羽衣》曲。《太真外傳》

于頔令女妓爲六佾舞，聲態莊妙，號「孫武順聖」樂。《唐書》

白太傅妾小蠻善舞。《古今詩話》

白樂天有姬善舞，名春草。《記事珠》

觀劉夢得集，《與樂天詩》注云：「春草，白君之舞妓也。」則知樂天姬侍又有本集不言者。《野客叢書》

試鶯自言能作獨自舞，宋選求其一舞而不可得，因呼爲「羊公鶴」。《真率齋筆記》

晁無咎小鬟招奴，善舞《梁州》。《侍兒小名録拾遺》

嘗見一善舞女童，貼地蛇行，驚躍數四，備極疾徐之妙，與金鼓相應。久之，忽於尻間出一頭，以兩足代手拱揖，反覆旋轉，首尾渾不可辨。花蕊夫人《宫詞》「兩頭娘子拜夫人」，亦豈謂此等耶？《紫桃軒雜綴》

吳中有小伎善舞《撲蝴蝶》。《癸辛雜識》

順帝以宫女三聖奴、妙樂奴、文殊奴等一十六人按舞，名爲「十六天魔」。首垂髮數辮，戴象牙佛冠，身被纓絡、大紅綃金長短裙、金雜襖、雲肩、合袖天衣、綬帶鞋襪。《元史》

壽星隊，婦女三十人，冠玉女冠、翠花鈿，服黄銷金寬袖衣，加雲肩、霞綬、玉佩，各執棕毛、日月扇舞。《續文獻通考》

凝香兒，本部下官妓也，以才藝選入宫，遂充才人。善爲翻冠飛履之舞。舞間，冠履皆翻覆飛空，尋如故，少頃復飛。一舞中，屢飛屢復，雖百試不差。帝嘗中秋夜泛舟禁池，香兒以小艇蕩漾於波中，舞婆娑之隊，歌《舞月》之曲。帝復置酒於天香亭，爲賞月飲。香兒趨亭前，執干，昂鸞縮鶴而舞，乃歌《香桂長秋》曲。帝笑曰：「才人可謂絳繒娥唱《小搖金》調者矣。」

《元氏掖庭記》

武帝與諸嬪妃泛舟於太液池，令宮女披羅曳縠，爲八展舞，歌《賀新涼》曲。《元氏掖庭記》

張小娥善舞。當夕，徐徐其行，前雙鬟導以明角燈二，後侍婢以二羽扇障之。望之，若洛川凌波，左明珠而右翠羽。有選，盤旋舞。薦間，又如天女散花。《曲中志》

徐驚鴻「觀音舞」、萬華兒「善才舞」，皆擅名一時。《傳獻簡佳話》

楊璆姬善舞，其體之所靡，何惜千金。《莝録》

魏道道善舞「鷓鴣」。《青樓集》

左思《嬌女詩》：「從容好趙舞，延袖像飛翮。」《玉臺新詠》

元稹詩：「嬾梳叢鬢舞曹婆。」《元氏長慶集》

高翥《題二小姬扇》云：「湘湘未識羞，獨坐抱箜篌。貪學耆婆舞，擡身拜部頭。」《菊磵小集》

楊維禎《西湖竹枝詞》：「自從學得水腰舞，嫁與城西遊冶郎。」

田藝衡有《美人如蓮花北鋋舞歌》。《香宇集》

教坊人惟得舞「伊州」，餘悉讓內人。如「春鶯囀」、「烏夜啼」謂之「軟舞」，「蘇合香」、「達摩支」謂之「健舞」。《樂府雜録》

舞隊品目，有麤姐、細姐、麻婆子、快活三娘。《乾淳歲時記》

妃嬪諸閣所進新製舞曲，有「左右垂手」、「雙拂」、「合蟬」、「打鴛鴦場」，又有「五花兒」、「雁翅兒」、「龜背兒」。《德壽宫舞譜》

舞有字舞者，以舞人亞身於地，布成字也。王建《宫詞》：「每遍舞頭分兩向，太平萬歲字當中。」《舞譜》

女弟子奏王母隊歌舞，一隊五十五人，舞成四字，或「君王萬歲」，或「天下太平」。《高麗史》

拓枝舞，用二女童，帽施金鈴，抃轉有聲。其來也，藏於二蓮花中，花坼而後見，對舞相占。《樂苑》

李翺見舞拓枝者顔色憂悴，詢之，乃韋中丞女也。翺命更其舞衣，與韓夫人相見，選士人嫁之。《雲溪友議》

張文昌詩：「六宫才人大垂手。」古樂府：「大垂手、小垂手、獨搖手，皆舞名也。」《唐子西語録》

「大垂手」、「小垂手」，言其舞而垂手也。江總《婦病行》云：「夫婿府中趍，誰能大垂手。」吴均曲云：「垂手忽迢迢，飛燕掌中嬌。」又云：「且復小垂手，廣袖拂紅塵。」《文録》

公孫大娘舞「西河劍器」，鬱跂頓挫，獨出冠時。《名劍訓》

臨潁李十二娘善舞「劍器」。或問其所師，曰：「余公孫大娘弟子也。」《杜草堂集》

「劍器」，古舞之曲名。其舞用女伎，雄裝，空手而舞。見《文獻通考》。或以「劍器」爲刀劍，誤。《天禄識餘》

錢良擇有《觀小妓娟娟舞劍》詩。《撫雲集》

「渾脱隊」，即公孫大娘渾脱舞也。《丹鉛總録》《河上楮談》曰：「脱，平聲，音駝。」

漢武帝以吸花絲所織錦賜麗娟，命作舞衣。春暮，宴於花下。舞時，故以袖拂落花，滿身都著，舞態愈媚，謂之「百花舞」。《花寮小史》

聖壽樂舞衣，襟各繡一大窠，皆隨其衣本色製縵衫——下纔及帶，若短衫者——以籠之，藏繡窠也。舞至第五層〔一〕，相聚塲中，從領上抽去籠衫，各納懷中。觀者忽見衆女咸文繡炳煥，莫不驚異。《教坊記》

《樂府解題》譽白紵曰：「質如輕雲色如銀，製以爲袍餘作巾，袍以光軀巾拂塵。」王建云：「新縫白紵舞衣成，來時邀得吴王迎。」元稹云：「西施自舞王自管，白紵翻翻鶴翎散。」則白紵，舞衣也。王建云：「新換霓裳月色裙。」豈「霓裳羽衣舞」亦用白耶？《韻語陽秋》

王建《宫詞》：「羅衫葉葉繡重重，金鳳銀鵝各一叢。」蜀謙詩：「細腰百轉弓靴穩，銀鵝金鳳花成叢。」金鳳、銀鵝，蓋舞者之衣。《學圃藼蘇》

〔一〕「第五層」，今本《教坊記》作「第二疊」，未詳何者爲是，兩存之。

舒元輿《詠妓女從良》詩：「湘江舞罷却成悲，便脱鸞靴出鳳幃。」可考唐世妓女舞皆着靴也。盧肇《柘枝舞賦》：「靴瑞錦以鶩雲匝，袍蹙金而雁欹。」樂府歌：「錦靴玉帶舞回雲。」杜牧之詩：「舞靴應任傍人看。」黄山谷詞：「直待朱輪去後，便從伊窄襪弓鞋。」則汴宋猶似唐制。《藝林伐山》

古今詩人詠婦人者，多以歌舞爲稱。梁元帝《妓》詩云：「歌聲隨澗響，舞影向池生。」劉孝綽《看妓》詩云：「燕姬臻妙舞，鄭女愛清歌。」蕭放《對妓》詩云：「歌還團扇後，舞出妓行前。」弘執恭《觀妓》詩云：「合舞俱回雪，分歌共落塵。」陰鏗《詠妓》詩云：「鶯聲歌扇後，花落舞衫前。」庾信《看妓》詩云：「緑珠歌扇薄，飛燕舞衫長。」江總《看妓》詩云：「並歌時轉黛，息舞暫分香。」盧思道《聞妓》詩云：「怨歌聲易斷，妙舞態難雙。」陳元璪《聽妓》詩云：「紅樹摇歌扇，緑珠飄舞衣。」釋法宣《觀妓》詩云：「舞袖風前舉，歌聲扇後嬌。」王勣《詠妓》詩云：「早時歌扇薄，今日舞衫長。」劉希夷《閨人》詩云：「池日憐歌扇，山雲愛舞衣。」杜子美《艶曲》云：「清江歌扇底，曠野舞衣前。」《復齋漫録》

名妓仙娃登場演劇，歌喉扇影，一座盡傾。《板橋雜記》

尹春，字子春，專工戲劇，兼擅生、旦。嘗演《荆釵記》，扮王十朋。至《見母》、《祭江》二齣，悲壯淋漓，聲淚俱迸。《板橋雜記》

傅壽，字靈修，舊院妓，善登場演劇。《白門集》

馮靜容，江上名姬也。嘗登場演劇，一座傾靡。《悔庵沙語》

女伶磬兒，淨色冠場。嘗演《别姬》諸劇，衆皆意屬虞姬，惟詹湘亭獨以楚重瞳爲嫵媚，衆笑之。及卸裝，視老霸王姿容，果出帳下美人上。《諧鐸》

雜劇女流，慢星子、王雙蓮。《藝流供奉志》

趙真真，馮鑾子妻也，善雜劇。其女西夏秀，亦得名江浙間。《青樓集》

小玉梅，姓劉氏。其女匾匾及匾匾女寶寶，俱號「小枝梅」。母女俱工雜劇。《青樓集》

大都秀，姓張氏，善雜劇。又有簾前秀，任國恩妻也；韓獸頭，曹皇宜妻也。亦善雜劇。《青樓集》

國玉第，童關高之妻，長於綠林雜劇。後有司燕奴、班真真、程巧兒、李趙奴，亦擅一時之妙。《青樓集》

高宗御前應制多女流也，隊戲爲李端娘。《太平清話》

隊戲，黑媽媽。《藝流供奉志》

影戲之原，出於漢武帝。李夫人亡，上念夫人不已。少翁乃致其魂，帝自帷中見之，彷佛夫人像也。蓋不得就視之，世間由是有影戲。《事物紀原》

影戲女流，王潤卿。《太平清話》

影戲：李二娘、黑媽媽。傳奇：高節婦、黃淑卿、黃雙蓮。雜扮：卓郎婦。撮弄雜藝：女姑

姑。《藝流供奉志》

天寶末，阿布恩伏法，其妻配入掖庭，因隸樂工。令爲參軍之戲，公主諫以爲不可，遂罷免。《因話録》

劉采春善弄「陸參軍」。《全唐詩話》

龍樓景、丹墀秀，皆金門高之女也。俱有姿色，專工南戲。後有芙蓉秀者，戲曲不在二美下。《青樓集》

天寶中，上命宫中女子數百人爲梨園弟子，皆居宜春院。今人謂優女爲弟子，自天寶始也。《演繁露》

張奔兒，李牛子之妻也，善花旦雜劇。時人目奔兒爲「溫柔旦」，李嬌兒爲「風流旦」。《青樓集》

孫秀秀，都下小旦色也。京師諺曰：「人間孫秀秀，天上鬼婆婆。」《青樓集》

周人愛，京師旦色。其兒婦玉葉兒，姿藝並佳。又有瑶池景，吕總管之妻也。賈島真，蕭子才之妻也。皆一時之拔萃者。王玉帶、馮六六、王榭燕、王庭燕、周獸頭，皆色藝兩絶。又有劉信香，名尤著焉。《青樓集》

勝國雜劇，裝旦多婦人爲之。《莊岳委談》

雜劇之旦，皆以娼女充之，無則以優之少者假扮，漸遠而失其真耳。《野獲編》

凡妓，以墨點破其面者爲花旦。米里哈、回回色，貌雖不揚，而專花旦雜劇。《青樓集》

顧山山，行第四，人以顧四姐呼之。資性明慧，技藝絶倫。華亭縣長哈剌不花置於側室，後復居樂籍。至今老於松江，而花旦雜劇，猶少年時體態。《青樓集》

燕山秀，姓李氏，朱簾秀之高弟，花旦雜戲一時無比。又有荆堅堅，亦工花旦雜戲。《青樓集》

趙偏惜，樊孛闌奚之妻也。朱錦繡，侯耍俏之妻也。雜戲旦末雙全，高藝皆超流輩。《青樓集》

安吉徐太守曉音律，家蓄女妓一部，姿色明麗。正末湘月，旦泥凝香、花想，色藝尤爲動人。太守亡，歌姬各散。湘月黄帔入道。《湖海樓詩集》

南春宴姿容偉麗，長於駕頭雜戲。《青樓集》

天然秀，姓高氏，行第二，人以小二姐呼之。閨怨雜劇爲當時第一，花旦、駕頭亦臻其妙。《青樓集》

順時秀，姓郭氏，字順卿，行第二，人稱郭二姐。雜劇爲閨怨最高，駕頭、諸旦亦得體。《青樓集》

賞歌舞人，以錦綵置之頭上，謂之「纏頭」。《演繁露》

娼妓當筵歌舞爲「纏頭」。《言鯖》

魚朝恩以錦綵數萬與妓人纏頭。《大唐故事稽凝》

鄎佐卿有《纏頭集》十卷，皆生平贈妓之作。《徐氏筆精》

寇白門，南院教坊中女也，朱保國公娶之。及朱籍没，次第賣歌姬自給。寇謂朱曰：「公若賣妾，計所得不過數百金，不若使妾南歸，一月之間，當得纏頭萬金以報公。」縱之歸。越一月，果得萬金。《婦人集》

飛瓊，廣陵何氏女，色既殊人，音復出衆。既習梨園，隸樂籍，一都閫狎之，千金買去。大帥持其短，復索千金，諸當事又索之更重費。都閫旋以缺庫帑下獄，飛瓊曰：「以妾之故至此，若惜小節而守此，將終陷主於獄底也。」逕辭去。至漢口，密處一室。中秋夜，遊人雜沓，飛瓊撩鬢凭欄，喉轉一聲，響傳九陌。明晨，巨商貴客，車馬闐門，大高聲價。數月間，遂以所得纏頭清缺額。都閫出，遣人來迎，飛瓊曰：「妾本煙花賤質，主以私昵，動虧國課，致陷縲絏。故蒙垢忍恥，復以聲色事人，免主幽縶。既潔之身復陷穢濁，尚何面目偷生，以重主君之辱耶！」遂自縊。《見聞録》

奩史卷五十六

東吳王初桐于陽纂述
南豐譚光祥退齋校刊

姓名門

姓名

三代以前，男子稱氏，女子稱姓。《傳疑録》亦見《氏族略》。

古者婦人有字配姓，如伯姬、仲子、孟姜、季嬴是也。有以氏繫姓者，魯國姜是也。有以姓繫之夫氏者，衛孔姬、晉趙姬是也。有以姓繫夫爵，如楚息嬀、齊棠姜、魯秦姬是也。有以姓繫夫謚，如宋共姬、齊昭姬、晉懷嬴、魯定姒、秦穆姬、衛莊姜是也。《古今考》

古者女子稱姓，在室也。稱姓，冠之以序，叔隗、季隗是也。已嫁也，於國君，則稱姓冠之以國，江芊、息嬀是也；於大夫，則稱姓冠以大夫之氏，趙姬、盧蒲姜是也。在彼國之人稱之，或冠以所自出之國若氏，驪姬、梁嬴之於晉，顔懿姬、鬷聲姬之於齊是也。既卒也，稱姓冠之以謚，成風、敬嬴是也。亦有無謚而仍其在室之稱，仲子、少姜是也。《亭林文集》

孔子娶於宋之幵官氏女。《嬾真子》

西子施姓，所居在西，故有東施家、西施家。《寰宇記》

東坡詩云：「他年一舸鴟夷去，應記儂家舊姓西。」西謂西子也。西子本姓施，坡詩誤。《古今姓氏辨証》

孟子之母姓仉。《仙里麈談》

初疑衛夫人衛是封號，然法帖中有《衛夫人》一帖，稱「衛稽首」，其末云：「李氏衛和南衛」，又似是其名。及讀《東觀餘論》乃云：「帖中衛夫人既與師書，自當著名，不應稱夫族及姓也。」然後知衛乃是其姓，而李者其夫族耳。是時書之體格如此。《甕牖閑評》

劉氏婦病熱，三日而甦。言吏攝入冥府，獄掾曰：「爾何姓？」劉曰：「陳留之留。」掾曰：「幾錯乃事。」遂遣還。《異聞録》

李弇本名良，又妻姓梁，張駿戲之曰：「卿名良，妻姓梁，夫妻同稱乃名弇。」《前涼録》

則天后嘗夢一鸚鵡，羽毛甚偉，兩翅皆折。以問狄仁傑，仁傑云：「鵡者，陛下姓也。兩翅，陛下二子廬陵、相王也。陛下起此二子，兩翅全矣。」《金鑾密記》

高宗慶后王氏及良娣，俄爲武后所殺，改后姓爲蟒，良娣爲梟。《宛委餘編》《姓氏急就篇》曰：「蟒氏，唐武后。」

天聖、明道間，京師盛歌一曲曰「曹門高」。未幾，慈聖太后受册中宫。《老學庵筆記》

韓康公召從官，出家姬侍飲。其專寵者曰魯生，偶中蜂螫，東坡詩云：「魚吹細浪歌摇日，舞罷花枝蜂入懷。」上句記姓，下句記事。《山堂肆考》

梅聖俞寵嬖曹氏作《一日曲》，爲「曹」字也。《宋詩紀事》

賈耘老娶真氏，人謂：「假秀才娶真縣君。」《二老堂筆記》

孝穆太后李姓，入宫時記李爲紀。及孝宗即位，訪后親屬，竟無人應者。《奥述》《雙槐歲抄》云：「李皇后，治聖母也。」

楊伯博任山南縣丞，其妻陸氏，名家女也。縣令朱某婦姓伍。偶官婦會席，縣令婦問：「贊府夫人何姓？」答曰：「姓陸。」次問主簿夫人，答曰：「姓戚。」縣令婦勃然入内，諸夫人欲回。朱聞之，入問其婦，婦曰：「贊府夫人云姓陸，主簿夫人云姓戚，以吾姓伍，故相弄耳。其餘夫人賴我不問，若問，必曰姓八、姓九矣。」朱大笑曰：「人各有姓，豈相弄耶！」令婦復出主宴。《封氏聞見録》

武衍贈妓商素詩云：「舊日玲瓏也姓商。」《適安藏拙稿》

史氏初與后妃之選，英廟欲立爲后，而疑其姓。謂：「朱與史婚非雅。」遂還之。《弇山堂别集》

馬如玉本張姓，家金陵南市樓，徙居舊院，以馬蕙芳爲假母，從假母之姓，遂稱馬如玉。《曲中志》

含春，姓柳氏，明州女子也。年十六患病，禱於延慶寺神而愈，因繡幡往酬之。一少年僧頗聰慧，窺柳氏姿而悦之。因以其姓戲作咒語，誦於神前。云：「江南柳，嫩緑未成陰。枝軟不堪輕折取，黄鶯飛上力難禁，留取待春深。」女聞而憾之。歸告於父，父訟於州守谷珍。捕諸僧至，訊作詞者姓名，對曰：「姓竺名月華。」谷珍乃召匠氏作大竹筒，將納僧以沉諸江。因取其姓作一偈曰：「江南竹，巧匠作爲筒。付與法師藏法體，碧波深處伴蛟龍。方信色爲空。」僧惶恐告哀，復吟曰：「江南月，如鏡亦如鈎。如鏡不臨紅粉面，如鈎不上畫簾頭。空自照東流。」谷珍知其以名爲答，笑而釋之，且令畜髮，以柳氏配爲夫婦。《風月錦囊》

羽孺，字素蘭，一字靜和，常熟人。生不識姓，善音律，推律得羽聲，遂以爲氏。《明詩綜》

姓之異者，烈女要氏、藺妻叱氏、南皮婦氏氏。《居易録》

西戎氏族以母姓爲種。《路史》

韃靼無姓，或娶漢女爲婦，生子即隨母姓。《心史》

吳王女名二十，江南人呼二十爲念。《兼明録》

漢吕后名娥姁。《小名録》

焦仲卿妻名蘭芝。《紺園鉛摘》

《晉陽秋》不名春者，避鄭太后阿春也。《中興館閣録》

羲之妻名璿，字子房。《王氏譜》

鈕滔母有與虞定夫人《薦孫夫人書》云：「富春孫彦妻環」。《孫瓊集》

石虎鄭后名櫻桃，晉鄭世達家妓也。《十六國春秋》

石季龍聘將軍郭榮妹。季龍寵惑優童鄭櫻桃，而殺郭氏。更納清河張氏女，櫻桃又譖而殺之。《侍兒小名録》

古樂府有《鄭櫻桃》篇，極言石虎以妓女爲后。按《晉書·載記》：櫻桃是優童。又《二石僞事》云：「虎攻中山，得鄭略妹爲妾。信其讒，射殺妻崔氏。」《宛委餘編》

霍子早失母，後母常以其亡母名召呼之。不應，輒楚撻。霍子不忍聞亡母之名，自投河而死。《孝子傳》

梅妃姓張氏，年九歲能誦二南，語父曰：「我雖女子，期以此爲志。」父奇之，名曰采蘋。《梅妃傳》

杜子美母名海棠，故子美不詠海棠。《珊瑚詩話》

以女名珠者，珍愛之意。彭寵女名女珠，牛僧孺愛姬名珍珠。《枕中書》

新婦荀氏生女，賜名玄壽。玄髮素顔，婦人之上姿。壽考無疆，生民之至願。何楨《玄壽賜名敘》

放翁飲於張功父南園，主人出小姬新桃者歌以侑尊。以手中圓扇求詩於翁，翁詩云：「梅花自避新桃李，不爲高樓一笛風。」蓋寓姬名於句中。《浩然齋雅談》

歐陽率更子通自書母夫人銘：「夫人諱老銀。」《句曲外史集》

長平公主名徽娖。《春明夢餘録》

符幼魯第五女生，命名曰却盜。《樊榭山房集》

周守忠集女子之名，作《偶聯韻語》。《姬侍類偶》

畢耀《情人玉清歌》：「洛城有女名玉清，可憐玉清如其名。」《春雨雜述》

何奧飲於貴戚家，侍兒惠柔麗而黠，慕何風姿。密解手帕爲贈，約牡丹開時再集。何賦詞隱其小名，云：「分香帕子揉紅膩，欲去殷勤惠。」《詞苑叢談》

嶺南人以所生女小名呼其父母。有民韋全，女名插娘，即呼全作「父插」；韋庶女名睡娘，即呼庶爲「父睡」，妻作「嬸睡」。《青箱雜記》

鄭如英，字無美，曲中呼爲「妥十二」。妥，其小名。《紅蕉集》

蘇小小一名簡簡。《雙名志》

妓阿軟産女，求名於樂天。樂天曰：「此兒甚白皙，可名皎皎。」有文士過之，見呼皎皎，即悟樂天之戲。蓋其種姓不明，取古詩云「皎皎河漢女」也。《善謔集》

唐雙名美人，元稹妾名鶯鶯，張佑妾名燕燕，柳將軍妓名真真，張建封妓名盼盼，又有歌妓惜惜，楊虞卿妓英英。《七修類稿》

徐君猷家姬名懿懿。《東坡居士詞》

柳永詞：「蟲娘舉措皆淹潤。」又云：「就中堪人屬意，最是蟲蟲。」蟲蟲，即蟲娘也。《櫻桃居詞話》

晁次膺姬名娉娉。《琴趣外篇》

向子諲贈侍人輕輕云：「波上精神，掌中態度，分明是彩雲團做。」《酒邊集》

柔福帝姬小名環環。《四朝聞見録》

古妓女多以雙字名。唐有薛瓊瓊、關盼盼、李端端、王蓮蓮、鄭舉舉、張住住、王蘇蘇、曹保保、張紅紅；宋有李師師、毛惜惜、楊愛愛、唐安安；元時青樓得名者，如趙真真、于盼盼、魏道道、汪憐憐、顧山山、馮六六、孫秀秀、荆堅堅、李當當，皆大都妓。《花南老屋歲鈔》

婦人雙名者，隋煬帝宫婢羅羅，唐杜牧之所狎妓張好好，元微之所歡錢塘妓謝好好，錦官城妓灼灼，善和坊妓端端，秦州妓香香，榴花女石醋醋，宋宣仁太后小名滔滔，辛棄疾妾田田、錢錢。《宛委餘編》

館陶公主名施施，李翱文有高妹妹。《問辨録》

雙名美人：娟娟，楚國漢津吏女；寵寵，朱起所遇；崔鶯鶯，唐美人；李鶯鶯，與張浩私者；范鶯鶯、范燕燕，俱范十郎女；燕燕，張祐妾；張燕燕，明京師妓；真真，畫屏美人；沈真真，唐柳將軍妾；謝真真，與韓真卿通者；班真真，元名妓；趙真真，元馮鑾子妻，又元妓；賽賽，唐武氏妓；小小，王縉妓；薛瓊瓊，開元中宫姬；馬瓊瓊，朱端朝妻；關盼盼，張建封妾；

費盼盼，宋妓；于盼盼，元名妓；張紅紅，韋青婢；青青，翟素婢；卿卿，唐妓；吳盈盈，與王山善者，又錦城官妓；達奚盈盈，天寶中貴人妾；李當當，唐名妓，又元妓；和當當，元名妓；美美，唐劉立女；七七，李汧公妾；英英，楊師皋姬，又張虞卿姬，又元順帝才人；王英英，唐楚州妓；卓英英、李端端、李童童，皆唐名妓；錢端端，宋錢肅之妾；寄寄，李商隱姪女；翹翹，劉諷所遇鬼仙，又宋理宗宮人；沈翹翹，唐文宗宮人，即元濟女；東東，唐名妓；轉轉，韓定辭歌妓；星星，崔曙女；吳倩倩，唐末妓；楚楚、崖崖，古美人；鳳鳳，南唐張洪所通浣女婢；妙妙，宋公主；艷艷，宋任才仲妻，善畫；趙鸞鸞，宋妓，作《閨房謔詠》；溫超超，溫都監女；李師師，宋徽宗所幸妓；毛惜惜，高郵義妓；羅惜惜，張幼謙妻；李惜惜，明景帝所幸妓；憐憐，宋趙不刊妾；丁憐憐，湖州妓，又成都妓；汪憐憐，元妓；馬娉娉，錢塘妓；賈娉娉，元魏鵬妻；關關，與俞本明通者；福福，賈娉娉侍女；吳慶慶，宋孝宗內夫人；唐安安，宋妓；余安安，元余忠宣公女；翠翠，古美人；李翠翠，明金陵妓；薛翠翠，明京師妓；陸柔柔，宋歐陽夢桂妾；李心心、于心心、劉關關、劉匾匾、劉寶寶，俱元名妓；田娟娟，木元經所遇；展僧僧，妓名；薛素素，明京師妓；柳依依，揚州妓；景翩翩，建昌妹；徐翩翩，明南京妓；楊采采，元吳中女；元元，小青名；陳圓圓，明末金閶妓；劉宛宛、楊娟娟、孫真真，燕都妓；姍姍，錢塘盧生婢；陳素素，揚州妓，姜生所遇。《雙名續志》

許冬冬，宋宮姬。《汪水雲集》

縉雲朱撝妾，名眄眄。《夷堅志》

蕭文妃小字瑟瑟。《遼史》《今世説》曰：「汪諷妻錢氏，字瑟瑟。」

張倩倩，吴江沈君庸夫人，能詩。葉紈紈，吴江葉紹袁女。元元，紈紈侍女，又名紅于。《午夢堂集》

婦人二名者：曹豐先，見《曹大家傳》；劉賢得、陰城公主，見《順帝五年》注；友通期，梁冀妾，見傳；王伯榮，王聖女，見《楊震傳》。《史書佔畢》《梁冀别傳》：梁商美人友通期，獻於順帝。通期有過，帝以還商，商出嫁之。商子冀遣客盗還。友通期生子伯玉。

婦人以五色名者：紅綃、紅綫、紅拂、紅鸞、紅娘、紅兒、輕紅、飛紅、絳仙、絳樹、絳桃、絳真、丹霞、紫光、紫綬、碧玉、緑珠、素女、素娥，又仙女青童、美人青琴。《宛委餘編》

夷光、修明，即西施、鄭旦之别名。《拾遺記》注

婦人同名者，如三碧玉：一樂府小家女，一太元中司馬義妾，一喬知之妾，即窈娘也；三玉兒：一潘妃，一元樹愛姬，一陳敬瑄營妓；二飛燕：一漢后，一唐寶曆宫中美人；二朝雲：一河間王琛婢，一蘇子瞻妾；二夜來：一魏文帝姬，一天寶名妓。《古今同姓名録》

婦人名巨靈者二：一漢武宫妃，一九元真母。《史書佔畢》

黄姑，牛郎也；馮婦，勇士也。皆以女名。《粧樓記》

徐夫人係男子。《閑居録》

李君羨小名五娘子。《舊唐書》

方邵村小名姐哥。《古夫于亭雜録》

步夫人二女，長曰魯班，字虎；次曰魯育，字小虎。《小名録》

文德郭皇后，少清慧。父永奇之，曰：「此女女中王。」遂以女王爲字。《小名録》

惠帝時，有人造書云：「哀哉秋蘭。」蘭，楊后字也。童謡云：「南風起兮吹白沙。」南風，賈后字也。《晉書·五行志》

白香山詩：「太湖石上鐫三字，十五年前陳結之。」結之，香山妾桃葉字也。《珠林集》

李姬乞字於王驥德，命以「行雲」，並系之詩云：「向我乞名何所似，行雲一片渺愁予。」《本事詩》

舊院馬二娘，字晁采。《板橋雜記》

厲鶚姬人朱氏，爲淨名居士女，字之曰月上。《樊榭山房集》

瑯琊恭王覲妃，小字銅環。《小名録》

昭明太子母丁貴嬪，小字維摩。《小名録》

穆后小字黄花。《小字録》

楊太真小字玉環，故古今詩人多以阿環稱之。按李義山詩：「又向窗中覷阿環。」荆公詩：「瑤池淼漫阿環家。」又云：「且當呼阿環，乘輿弄溟渤。」則是以西王母爲阿環也。又按《内

傳》：「上元夫人阿環再拜之文。」上元夫人亦名阿環耶。《癸辛雜識》

懿德皇后蕭氏姿容端麗，因小字觀音。《焚椒録》

楚雲，字慶娘，姓陸。有妓畹生者，與慶娘同小字。《梅村集》

代州妓有小字白狗者。《江湖載酒集》

韓晉公妻見徑山，拜之，願乞一號。徑山曰：「功德山。」後聞婦人乞號，皆得功德山也。《唐國史補》

秦檜妻王氏，自號冲正先生。《槎庵小乘》

秦檜妻王氏，陳乞舊所得恩數未領者，自稱冲正先生。王佐駁之曰：「妾婦安得有此稱？」《兩浙名賢録》

管夫人號棲賢山人。《松雪集》

羽素蘭善畫蘭，亦善蒔蘭，故以素蘭自號。《胭脂璣》

葉小鸞自號煮夢子。《返生香》

宋高宗至黄椒村，婦女咸來瞻拜，歡聲如雷。帝喜敕：「夫人各自逐便。」故至今村婦皆曰「夫人」。《輟耕録》

傳奇中，女子自稱曰「奴家」，甚俗。東坡詩云：「應記儂家舊姓西。」後之編傳奇者當稱「儂家」。《傳奇辨證》

南夷女人自稱「媞徒」。《避暑録話》

江南婦人謂情人爲「歡」。郭茂倩《樂府詩集》

潘安小字檀奴，故婦人呼所歡爲「檀郎」。曾謙《李長吉詩注》

婦人呼男人曰「官客」。《言鯖》

齊祖珽與寡婦某通，常令左右呼娘子。《史書佔畢》

婦人有稱卿之例。楊素鄭氏性悍，素忿之，曰：「我若作天子，卿定不堪作皇后」是也。《孔氏雜説》

稱婦人曰「簾下」。《稱號篇》

孫光憲詞：「醉後愛稱嬌姐姐，夜來留得好哥哥。」《鞏湖編玩》

元遺山《贈德華小女》有「學念新詩似小茶」之句，注云：唐人以茶爲小女美稱。《遺山集》

張昱《元宮詞》：「十三嬌小喚茶茶。」《盧陵集》

小姐，少女貴稱。伲子，少女卑稱。《群碎録》

《何彼穠矣》之詩，美王姬而作。周，姬姓，故王女稱「姬」，猶宋言「子」、齊言「姜」也。自漢以來，爲婦人通稱。《丹陽集》

「娘」字，俗書也，當作「孃」。今乃通用爲婦女之稱。故子謂母曰娘，而世謂穩婆曰老娘，女巫曰師娘，娼婦曰花娘，達旦又謂曰草娘，苗人謂妻曰夫娘，南方謂婦人之無行者亦曰夫娘，謂婦人之卑賤者曰某娘，曰幾娘，鄙之曰婆娘。考之《風俗通》：漢何敞爲鬼蘇珠娘，按誅亭長龔壽。《隋書》：韋世康與子弟書云：「况娘春秋已高，溫清宜奉。」《教坊記》：北齊時，丈夫著婦人衣行歌，旁人齊和，云踏謠娘。《南史》：梁元徐妃與帝左右塈季江私通，季江曰：「徐娘雖老，尚猶多情。」又梁臨川王宏侵魏，魏遺以巾幗歌曰：「不畏蕭娘與吕姥，但畏合肥有韋虎。」《大業拾遺》：隋煬帝宫婢曰雅娘。《唐史》：張旭草書，見公孫大娘舞劍器而通神。又武承嗣聞喬知之婢窈娘美，奪取之。杜工部詩：「爷娘妻子走相送。」又：「黄四娘家花滿蹊」。白樂天詩：「吴娘暮雨蕭蕭曲。」韋應物詩：「春風一曲杜韋娘。」柳子厚《下殤女墓磚記》：「始名和娘。」《樂府雜録》：張紅紅號記曲娘。又李太尉姬謝秋娘。《明皇雜録》：呼白鸚鵡爲雪衣娘。《甘澤謡》：武三思晚獲一妓，曰綺狼。狄仁傑至，遂逃壁隙中，曰：「我天上花月之妖也。」《樊川集》：杜秋娘爲李錡妾。又竇桂娘，汴州掾竇良之女。李希烈破汴州，取桂娘去。《李賀集》：賀撰《申胡子觱篥歌》成，朔客喜，擎觴起立，命花娘出幙，徘徊拜客。《劉賓客集》：泰娘，本韋尚書家主謳者。《河東記》：唐進士段何臥病，遇妊娘留詩而愈。《傳奇》：崔氏鶯鶯婢曰紅娘。《霍小玉傳》：長安有媒氏鮑十二娘，薛蒼騁馬青衣也。《余媚娘敘録》：陸希聲娶余媚娘。《圖經》：蠶神謂之馬頭娘。《杜陽雜編》：南海貢奇女盧媚娘。《麗情集》：陳敏兄妻越娘，貌美，兄死，遂與款狎。《續齊諧記》：齊穎寓山陰，夜見前宰妾萬文娘。《墨莊漫録》：李後主宫嬪窅娘。是則今之云云，皆有所本。然都下自庶人妻以及大官之國夫人，皆曰娘子，未嘗有稱夫人、郡君等封贈者。載考之史，隋柴紹妻李氏，起兵應李淵，與紹各置幕府，號娘子軍。花蕊夫人《宮詞》：「諸院各分娘子位。」韓昌黎有《祭周氏二十娘子文》。以此推之，古之公主宮妃，已與民間共稱娘子。則今之不分尊卑，亦有自來矣。《輟耕録》

孫愐《唐韻》：「娘，少女也。」今俗稱幼女曰「小娘」。《通言》

唐樂府有《憶秦娥》。娥字見《史記》，修成君有女名娥。又漢順帝乳母宋娥。《能改齋漫録》

吳俗稱婦人爲「女客」，蓋有自來，宋玉《高唐賦》：「巫山女爲高唐之客。」今又呼爲「唐客」。《桐薪》

白石稱内人爲「堂客」。《本事詩》

奶奶之稱，乃仕宦家兒女呼其母也。湯臨川《還魂記》：杜麗娘云：「這般景致，俺老爺奶奶再不提起。」近俗亦以奶奶稱神，泰山碧霞元君曰頂上奶奶，清口惠濟祠曰奶奶廟。又以奶奶爲婦人通稱。今且一概加稱太太，上之爲老太太。而明時命婦稱安人、夫人、老安人、老夫人者，近總不聞矣。《在園雜志》

客氏經月華門，人爭呼拜爲「老祖太太千歲」。《擬明史樂府》

牝馬入牡，不入他群，故稱婦人爲「媽媽」。《席上腐談》

廣西猺俗，男人之老者，一寨呼之曰「公」，其老婦則呼之曰「婆」。《天香樓偶得》

女以行稱者，《既醉》詩「釐以士女」注云：「女有士行也。」漢《列女傳》搜次材行，晉《烈女傳》載循六行，班姬《女史箴》有《婦行篇》。然古今志婦人者，止曰碑、曰誌，未嘗稱行狀。近有人志其母曰行狀，不知何據。《吹劍録》

今世俗語，凡畫美婦人皆曰「士女」。《端本堂經訓要義》

王在鎬妻，里人稱爲「女君子」。《扶風記》

政和間，一士遊妓女崔廿四之館，因其行第，作詞有「夢也有頭無尾」之句。《能改齋漫録》

蔣蘭玉行四，因小字雙雙。《曲中志》

鄭如英行十二，韶麗驚人，與期蓮生者目成。生寄《長相思》曲，用十二字爲目，酬和成帙。《列朝詩集》

獠國無姓名，惟以長幼次第呼之，婦人稱「阿姨」、「阿等」，乃語之次第也。《困學紀聞》

《穆天子傳》：「盛姬謚哀淑人。」此婦人謚之始。《事物紀原》

婦人之有謚，始景王之穆后。蘇洵《修定諸家謚法》

春秋婦人有謚，晉之聲子，齊、宋兩共姬，此國君夫人之得謚者；穆伯之妻敬姜，此大夫妻之得謚者；鄭武姜、秦穆姬、晉懷嬴、衛宣、莊二姜，此因國君之謚而名之者；魯哀姜，則私謚也。《隨隱漫録》

婦人皆從夫謚，而穆姜、文姜皆特謚。《升庵外集》

婦謚從夫，明有屬也。秦穆姬、宋共姬、魯文嬴與夫共、宣、莊之三姜是也。惟死先夫，則異其謚。景之穆后、桓之文姜、莊之哀姜是也。楊侃《職林》

漢高祖之母號昭靈夫人，則后謚自漢祖始也。《事物紀原》

漢世，母后無謚，至明帝始建光烈之稱。蔡邕《謚議》

元帝之母謚恭哀，而高帝之母媼已號昭靈后，蔡邕之説何耶？《路史》注

吕公綽以古婦人無謚。余按：《左傳》有「聲子」，杜預云：「聲，謚也。」《能改齋漫録》

晉婦人謚：虞譚母謚曰定，桓溫母謚曰敬。《孔氏雜説》

公主有謚，自唐安公主謚莊穆始。《近事會元》

《唐會要》：貞元十五年，追册故唐安公主爲正穆，故義章公主爲莊穆。按唐平陽公主，高祖之女，已謚爲昭文。《南史·沈攸之傳》言：齊高帝女義興公主，妻攸之子，謚和憲。不自唐安公主始也。《金壘子》

公主賜謚者，德安公主賜謚悼簡，永嘉大長公主賜謚貞懿。《續文獻通考》

天聖三年，賜中國大長公主謚曰慈明。《玉堂雜記》

皇后有謚，起於東漢光烈陰皇后、明德馬皇后、和熹鄧皇后、文獻獨孤皇后是也。唐中宗謚孝和，趙后謚和思，言取帝謚配之。其後昭成、肅明、元獻、章欽、睿真、昭德、莊憲諸后，皆

不連帝謚。《春明退朝録》

宣德十年，贈何氏爲貴妃，謚端靜；趙氏爲賢妃，謚純靜；吴氏爲惠妃，謚貞順；焦氏爲淑妃，謚莊靜；曹氏爲敬妃，謚莊順；徐氏爲順妃，謚貞惠；袁氏爲麗妃，謚恭定；諸氏爲恭妃，謚貞靖；李氏爲充妃，謚恭順；何氏爲成妃，謚肅僖。《宣宗實録》

夫妻贈謚：永樂中，保聖賢順夫人馮氏夫王忠，謚恭敬；洪熙元年，衛聖夫人楊氏夫蔣廷珪，謚莊靖。此因妻而得贈謚也。洪武中，黔國吴宣毅公復妾楊氏，封淑人，謚貞烈；正統中，晉憲王妾孫氏、石氏，封夫人，謚貞節。此因夫而得贈謚也。《弇山堂别集》

四字謚，如文廟賢妃王氏謚「恭和榮順」之類是也。六字謚，如憲廟貴妃王氏謚「恭肅端順榮靖」之類是也。《謚法考》

奩史卷五十七

東吳王初桐于陽纂述
武林吳錫麒穀人校刊

事爲門一

事爲

成都浣花夫人三月三日生辰，傾城出遊。《地志》云：夫人姓任氏，崔寧之妾。《升庵外集》

李郢登第，決意春歸爲妻作生日。故人留之，與之胡琴、焦桐、方物等，令且寄歸代意。《唐詩英華》

王竹素生於七月十二日，石寅贈句云：「巧受天孫方五夜，圓同素女待三朝。」竹素洛賞，遂委身焉。《研北隨抄》

有二媪行邯鄲道上，一媪問：「幾歲？」曰：「七十。」問者曰：「我今六十九，然則明年我與爾同歲矣。」《艾子雜説》

院妓柳南金才色絶倫，賦小詞云：「二十八宿手中輪，數不到星張翼軫。」時南金年

二十四，是年遂卒。《耳談》

楊無咎《贈周三五》詞：「寶髻雙垂煙縷縷。年紀小，未周三五。壓衆精神，出群標格，偏向衆中翹楚。」《逃禪集》

朱彝尊詞：「兩翅蟬，雲梳未起，一十二三年紀。」《静志居琴趣》

公孫穆後房，皆擇稚齒婑媠者以盈之。《列子》

漢時，有小女陳持弓，年九歲，走入未央宫。《小名録》

孫綽《情人詩》云：「碧玉破瓜時。」楊文公謂：「俗以破瓜爲二八。」《古樂府》「儂年正破瓜」是也。《比紅兒詩話》

李涉遇一女，自謂宋態。宋態者，故劉員外愛姬也。因贈詩曰：「長憶雲仙至小時，芙蓉頭上綰青絲。當時驚覺高唐夢，惟有如今宋玉知。」《雲溪友議》

杜牧詩：「娉娉嫋嫋十三餘，荳蔻梢頭二月初。」劉孟熙引《本草》：「荳蔻含胎，言少而娠。」非也。詩本詠娼女，言其美而且少，如荳蔻花之未開耳。《丹鉛續録》

李定，字夜珠，東院人，年最少，色甚麗。《燕都妓品》

王節妹滿，幼小好戲弄，窈窕輕盈，作嬌娃之態。保國公買置後房，與寇白門不合，後還秦淮。《板橋雜記》

女之幼者曰嬰，故嬰字從女。《天香樓偶得》

番女幼時，多以貓名之。《使署閑情》

王士禄詞：「十三小女緑鵶鬟。」《炊聞卮語》

魯敬姜年已老，與姪孫相見，皆不踰閾。《學古適用編》

史有武負、張負、許負，皆以爲婦人。如淳曰：「俗謂老大母爲阿負。」師古引劉向《列女傳》：「魏曲沃負者，魏大夫如耳之母。」此古語，謂老母爲「負」。《索隱》曰：「負，婦人老宿之稱。」應劭曰：「老嫗也。」《愛日齋叢抄》

西河神女年已七十，得藥服之，還少如嬰兒。《女仙傳》

陳子皇妻姜氏，年三百七十歲，顔如二十。《神仙傳》

郭仙姑年二百七十歲，嘗隨呂公遊於世。《癸辛雜識》

胡頊至金城，止於人家。方具食，見一老母長二尺，來竊食。新婦摶其耳，曳入户，云：「是七代祖姑，壽三百餘矣。苦其竊嘗，縶檻中，茲偶逸耳。」《江湖紀聞》

北方老嫗能於夜出食人嬰兒，名「秋姑」。《水南翰記》

獞婦阿陸年一百三十四歲，猶爲玄孫汲飲。《粤述》

張齊賢母嘗入大内，太宗曰：「婆婆老福。」《東都事略》

楊太后母張夫人，以樂部被憲聖幸，後以病歸，死。憲聖因樂部不協，顧左右曰：「我記得張家，今安在？」左右對：「已死。有女頗聰慧。」召后入，時年十一二。既長，侍宴長樂，寧

皇目后有異，憲聖賜之，曰：「他日有福。」《四朝聞見録》

姚娟娟賦《桃花》云：「一自夕陽憔悴後，五更風雨葬西泠。」外祖見而嘆曰：「是兒慧心，但福薄耳。」《西堂雜俎》

有幼女七夕見天上門開，因求富。及長，嫁而富，家累鉅萬。有賈客貨其絹百疋去，而船覆溺，資貨皆没。其女子偶開後房，見絹在其中，但濕耳。唐《夷堅録》

《孟珠歌》：「人言孟珠富，信實金滿堂。」《録古詩集》

霞寸寸斷絶光艷，年内其地生貴女。《農桑要覽》

薄姬少時，與管夫人、趙子兒相愛，約曰：「先貴無相忘。」已兩人先幸漢王，侍成皋臺，此兩美人相與笑姬初時約。漢王聞之，心慘然憐姬，召幸之。《女世説》

烏程蘇氏女，於霅溪遇道士，遺以五彩龜，曰：「汝當大貴。」後適章氏，生女名要兒，爲陳武宣皇后。《吳興志》

苗夫人，其父太師，其舅張河東，其夫張延賞，其子宏靖，其婿韋皋。近代婦人之貴無如此者。《粧樓記》

韓奉常治之妻魯國太夫人文氏，潞公之孫，魏公之孫婦，儀公之冢婦，呂穆公之外孫，魯簡肅公之外曾孫，呂文靖之曾外孫，其子侂胄爲樞密，婿億年爲資政殿大學士。婦人中罕有。《揮麈録》

楊氏名文儷，孫文恪公妻，封夫人，四子皆至九卿，諸孫皆貴顯。近代稱大家者，無以尚焉。《環溪集》

楞伽貧女插花謳歌，夜宿古墓。有吳從者問其何不畏寒？却指松木答曰：「木尚能爾！」《女世說》

李氏女適巴長卿，貧甚，李處之恬然。姊妹有適鄒者，甚富，笑之。李作詩解嘲。《巖下放言》

秦韜玉《貧女》云：「敢將十指誇纖巧，不把雙眉鬬畫長。每恨年年厭針綫，爲他人作嫁裳衣。」《唐詩紀事》

張維《詠貧女》詩：「蒿簪掠鬢布裁衣。」《十詠圖》

齊惠之妾蕭同叔子見御，有身，以其賤，不敢言也，取薪而生頃公子於野。《搜神記》

裴秀母賤，嫡母不之禮。秀年十八，嫡猶使秀母進饌於客，見者皆起。《世說新語》

崔道固母賤，道固嫡兄攸之等嘗逼其所生自致酒炙於客前。道固驚起接取，謂客曰：「家無人力，老親自執劬勞。」諸客咸拜其母，母謂道固曰：「我賤，不足仰報貴賓，汝宜答拜。」人皆欽嘆其母。《女世説》

魏收《美人篇》：「擅寵無論賤。」《選類古詩》

契丹龐軍校妻耶律氏，詣樂先生問命。卦成，樂驚曰：「平生所閱人，無如夫人之貴，非后妃不足以當之。」耶律笑曰：「吾夫一營卒耳。」樂曰：「夫人不大貴，吾當焚五行之書。」既而金人滅契丹，兀朮見耶律氏美，納之而殺其夫，後封越國王妃。《夷堅志》

曹植《妾薄命》，蓋恨燕私之歡不久。梁簡文帝《妾薄命》，傷良人不返，王嬙遠聘，盧姬嫁遲也。《樂府解題》

宋蕙湘，南京宮女，年十四遭掠，題汲縣壁云：「將軍戰死君王繫，薄命紅顏馬上來。」《胭脂璣》

頓少文性聰慧，略識字義，唐詩皆能上口。賃屋青溪里，蓽門圭竇，風月凄涼。屢爲健兒、傖父所阨，牽連入獄，憔悴可憐。王子其長傾金錢賑其貧悴，擕歸，置別室，突遘奇禍。收者至，見少文，憫其非辜，驅之去。王子被戮，少文終歸匪人。《板橋雜記》

《霍后傳》曰：「寵之專房。」《長恨傳》曰：「宴專席，寵專房。」《叙小志》

魏孝武寵平原公主明月。嘗內宴，有婦詠鮑照樂府曰：「朱門九重門九闥，願逐明月入君懷。」《女世說》

魏文帝甄皇后爲郭后所譖，賜死。初見棄，作《塘上行》，「猶幸得新好，不遺故惡焉。」《鄴都故事》

陳沈后以張貴妃寵，經年不見御。後主當御后處，暫入即還，謂后曰：「留人不留人，不留人也去。此處不留人，自有留人處。」后答云：「誰言不相憶，見罷倒成羞。情知不肯住，教妾

若爲留。」《月令廣義》

何皇后寵衰，一日，泣訴於上曰：「三郎獨不記何忠脱新紫半臂易斗麪，爲三郎生日湯餅耶？」上聞之，戚然有憐后意。何忠者，后自呼其父名也。《摭異志》

袁妃朝見坤寧，后以妃無寵，憐之，極其優禮。《霜猨集》

齊文宣忌其弟上黨王渙，命家奴馮文洛殺之，即以渙妃李氏妻文洛。及嗣主即位，敕李氏還第，而文洛尚以故意修飾詣李，李盛列左右，引文洛立階下，數之曰：「遭難流離，以至大辱。志操寡薄，不能自盡。幸蒙恩詔，得反藩闈。汝是誰家舊奴？猶欲見侮。」於是杖之一百，流血灑地。《女世説》

皇娥乘桴木而遊，經歷窮桑滄茫之浦。《拾遺記》

梁陳士女春遊，畫衣粉面，絃歌相逐。《北堂書抄》

曲江婦女春遊，以脂粉作紅餤，竿上盛雙桃。《歲時雜記》

李弄玉家若邪溪，每與同志二三探幽閑之境，玩花光於松月之亭，竟晝綿宵，往往忘倦。《白蘇齋類集》

田游巖母、妻並有方外志，與游巖同遊山水二十餘年。《女世説》

成都士女闐道嬉遊，謂坐具爲「遊床」。《歲華紀麗補》

周漢國公主偕駙馬泛湖，文物甚盛，傾城縱觀。《武林舊事》

羽素蘭好遊。每明月在天，人定街寂，令女侍爲胡奴裝，跨駿騎遊，行至夜分。春秋佳日，扁舟自放，吴越山川，遊跡殆遍。《列朝詩集》

王修微好遊，嘗輕舟載詩畫，往來五湖間。月夜入匡盧，道遇虎，不怖。至棲賢橋，題字金井上。白雲捲之而飛，天柱峰頭三觀日出，殆飄飄乎仙也！《名媛集》

侯少卿長孫，年十五，病中見美婦邀與遊，處者三年。婦曰十七姐，侍婢曰曼仙，曰阿絳。其所遊，皆仙都最勝者，上清閣、雲來洞、白雲池。繼之者，凌家處女也。其家請萬尊師劾治，十七姐凌女來告别，曰：「吾與汝人天宿緣，非彼所知也。」《啓禎野乘》

張萱有《虢國夫人夜遊圖》、《虢國夫人春遊圖》。《宣和畫譜》

嘗見《虢國夫人夜遊圖》，徽宗親題其上，云「張萱所作」。東坡有詩在其後。而黄太史跋東坡詩乃云「周昉所作」。疑太史未見此圖耳。《甕牖閑評》

方岳有《貴妃夜遊圖詩》。《秋崖小稿》

蔣蘭玉幼嬉於門，有黄冠者指之曰：「此瑶臺侍香兒也，前身隸仙品。」《曲中志》

甄后自少不好戲弄。年八歲，外有立騎戲馬者，諸姊上閣觀之，后獨不行，曰：「此豈女人之所觀也！」《魏書》

大業二年，大集魚龍爛漫等戲於芳華苑積翠池側，帝幃宫女觀之。《大業雜記》

萬壽公主駙馬鄭顥危疾，宣宗使訊之。使回，上問：「公主視疾否？」曰：「在慈恩寺看戲塲。」上怒且嘆曰：「我怪士夫不欲與我爲親，良有以也。」命召公主。主至，則立於階下，不視久之。主大懼，涕泣辭謝，上責曰：「豈有小郎病，乃觀看他處乎？」立遣歸宅。《幽閑鼓吹》

杜太后長在佛屋燒香。《晉書》

吳中婦女好入寺內燒香，湯斌力禁之。《池北偶談》

開元等寺妖僧，創爲報母之説，煽惑民間婦女，百十成群，裸體燃燭肩臂，謂之「點肉身燈」。《湯子遺書》

有夫婦進香九華山，婦宿舟底，有人窺其色美，詐爲夫而淫之，次早方覺，慙而縊死。夫大慟，殯之，載至家，則其妻先在，駭爲鬼也，婦曰：「汝倩人送我先歸耳。」夫益駭，發棺視之，則縊死者乃同舟人也。《續警心録》

中秋燒夜香，陳瓜果於庭，婦女肅拜。《帝京景物略》

張良臣女兄詩云：「羅幕金泥窣地垂，夜香燒盡二更時。不知簾外溶溶月，上到梅花第幾枝。」《浩然齋雅談》

趙昭儀夜入浴蘭室，膚體光發占燈燭，帝從幃中竊視之，侍兒以白昭儀。昭儀覽巾，使徹燭。他日，帝約賜侍兒黃金，使無得言。私婢不豫約者，出幃值帝，即入白昭儀，昭儀遽隱辟。自是帝從蘭室幃中窺昭儀，袖多金，逢侍兒、私婢，輒牽止賜之。侍兒、私婢貪帝金，一出一入不絕。《飛燕外傳》

昭儀方浴，帝私覘之，侍者報，昭儀急趨燭後避。帝瞥見之，心愈眩惑。他日，昭儀浴，帝默賜侍者，特令不言。帝自屏罅後覘之，蘭湯灩灩，昭儀坐其中，若三尺寒泉浸明玉，帝意飛揚。《趙飛燕別集》

后知昭儀以浴益寵幸，乃具湯浴，請帝以觀。既往，后入浴，裸體而立，以水沃之。后愈親近，而帝愈不樂。不幸而去，后泣曰：「愛在一身，無可奈何。」《趙后遺事》

趙飛燕浴身用百蘊香。《名香譜》

靈帝起裸遊館，盛夏避暑其中。宮人年二七已上，三六已下，皆靚粧，解其上衣，惟著內服，或共裸浴。西域所獻茵墀香，煮以爲湯，宮人以浴浣，使以餘汁入渠，名曰「流香渠」。《拾遺記》

桓溫敬禮一比丘尼，居之門內。尼每浴，必至移時。溫窺之，見裸身揮刀，破腹出臟，斷截肢體。浴已如常。溫問尼，尼云：「若逐凌君上，刑當如之。」溫悵然。《冥祥記》

孫知縣妻每浴，必施重幃蔽障，不許婢妾一至，雖揩背亦不假手。孫數扣其故，笑而不答。一日伺其入浴，鑽隙窺之，正見大白蛇堆盤於盆內。《夷堅志》

元鎮嘗眷趙買兒，留宿別業，疑其不潔，俾之浴。既寢，且捫且嗅，復俾浴不已，竟夕不交而罷。《雲林遺事》

石虎溫池引鳳文錦步障縈蔽浴所，共宮人寵嬖者解媟服宴戲，彌於日夜，名曰「清嬉浴

室」。浴罷，洩水於宫外。水流之所，名「溫香渠」。渠外之人，爭來汲取，得升合以歸，其家人莫不怡悦。《拾遺記》

石虎金華殿後，有皇后浴室三間，刻鏤玲瓏，彤彩粲麗。溝水注浴中。安玉盤，受十斛。又安銅龜飲穢水，出後，却入溝。又顯陽殿後有皇后浴池上作石室，引外溝水注之，室中池上有石床。《鄴中記》

肅宗吳皇后初生代宗，玄宗賜之金浴盤。《明皇十七事》

熙寧中，洛水泛濫，富公晏夫人以浴桶濟。《畫墁録》

衛靈公與夫人同濫而浴。《莊子》 注：濫，浴器。

華清宫中，除供奉兩湯外，别有長湯十六所，嬪御之類浴焉。奉御湯中，甃以文瑤密石，中央有玉蓮捧湯，泉噴以成池，又縫錦繡爲鳧雁於水中。帝與貴妃施鈒鏤小舟，戲翫於其間。宫中退水出於金溝，其中珠纓寶絡流出街渠，貧民有所得焉。《津陽門詩注》《益州于役記》曰：「茲泉清瀾蒸蒸，與貴妃同一妖麗。」

和州平疴鎮湯泉，昔有兩美人來浴，既去，異香郁郁，累日不散。《姑溪居士集》

十八盤山有湯泉，云是遼后浴處。《長安客話》

韓滉小女有惡疾，浴於溫泉即愈，乃盡捨女之粧奩，造浮圖於湯之右。《至大金陵志》

勿搦祭亞有溫泉，女子不育者，浴之即育。《坤輿圖説》

蒼巖山有石泉，相傳妙陽公主有疾，浴此泉遂愈，因建福慶寺爲修行之所。《真州府志》

香水溪，俗云西施浴處，人呼爲「脂粉塘」。吳王宮人濯粧於此溪上源，至今猶香。《述異記》

王昭君，秭歸人也。有香溪，即昭君浴處。《郡國志》

真臘婦女澡洗，皆裸形入水，動以千數，雖府第婦女亦預焉，略不以爲恥。《真臘風土記》

粤西婦人四月即入水浴，至九月方止。男女時亦相雜，浴時或觸其私，不忌，惟觸其乳則怒。《嶺南雜記》

合德膚體膏滑，出浴不濡。《飛燕外傳》

楊太真初承恩幸，别疏湯泉，詔賜澡瑩。既出水，體弱力微，若不勝羅綺。《女世説》

周昉有《妃子出浴圖》。《宣和畫譜》

明宮人浴罷，以古刺水染體。《鐵船雜志》

巴陵婦女除夕各取一鴉養之。明旦，以五色縷繫於鴉頸，放之。視其方向，卜一歲吉凶。其占甚多，略云：「鴉子東，興女紅；鴉子西，喜事齊；鴉子南，和桑蠶；鴉子北，織作息。」甚驗。《潛居録》

萬州正月七日，士女作雞子卜。《太平寰宇記》

上元夜，小女子粉米爲蠒絲，書吉語置其中，以占一歲之禍福，謂之「蠒卜」。《誠齋集》

上元節，人家婦女召葦姑，以卜問一歲吉凶。《熙朝樂事》

俗謂：「正月百草靈。」故掃葦之屬皆卜焉，多婢子爲之。范至能詩：「香火婢偷誠。」《便民圖纂》

正月，婢子輩以葦莖分合爲卜，名曰「葦姑」。《石湖居士集》

山東風俗，正月取五姓女，年十餘歲，臥一榻，覆之以衾，以箕扇之。良久如夢寐，或欲刺文繡，事筆硯，理管絃。俄頃乃寤。謂之「扇天卜」，以乞巧。《續博物志》

池陽上巳日，婦女以薺花點油，祝而灑之水中。若成龍鳳花卉之狀，則吉。謂之「油花卜」。《粧樓記》

東女國以十一月爲正。每至十月，令巫者散麥於空中，大咒呼鳥。俄有鳥飛入巫者懷中，因割其腹，有一穀，來歲必登；若霜雪，必多灾。名曰「鳥卜」。《宋會要》

李十娘有兄女曰媚姐，十三纔有餘，白皙，髮覆額，眉目如畫。余心愛之，媚亦知余愛，嬌啼婉轉，作掌中舞。十娘曰：「吾當爲汝媒。」歲壬午，入棘闈。媚日以金錢投瓊，卜余中否。及榜發，落第，經年不相聞。鼎革後，泰州刺史陳澹仙寓蓁桂園，擁一姬，曰姓李。余披幃見之，媚也。各掩袂黯然。《板橋雜記》

鏡聽，今之響卜，婦女所爲。《丹鉛新録》

鏡聽者，懷鏡於胸間，出聽人言，以占休咎也。女子之事。《簷曝偶談》

鏡聽咒曰：「並光類儷，終逢協吉。」先覓一古鏡，錦囊盛之，獨向竈神，捧鏡誦咒七遍。出聽人言，無不驗也。昔有女子卜一行人，聞人言曰：「樹邊兩人，照見簪珥，數之得五。」因悟曰：「樹邊兩人，非來字乎？五數，五日也。」至期果至。此法惟宜於婦女。《賈子說林》

王廣津《宮詞》：「新睡起來思舊夢，見人忘却道勝常。」勝常，猶今言萬福也。《老學庵筆記》

梅聖俞以詩知名，三十年終不得一館。晚年預修《唐書》，語其妻曰：「吾之修書，可謂胡孫入布袋矣。」妻應聲對曰：「君於仕宦，何異鮎魚上竹竿耶！」《閑燕常談》

王定國有歌者柔奴，眉目娟麗，善應對，從之嶺外。及定國南還，歸蘇學士軾。軾問柔曰：「廣南風土，應是不佳。」柔曰：「此心安處，便是吾鄉。」《女世說》

曾子宣排蔡京於欽聖太后簾前，太后不以爲然。曾公論不已，太后曰：「且耐辛苦。」蓋禁中語，欲遣之使退，則曰「耐辛苦」也。《老學庵筆記》

順時秀，姓郭氏，教坊之白眉也。翰林學士王元鼎甚眷之。參政阿魯溫尤屬意焉。阿魯溫戲謂曰：「我比元鼎何如？」對曰：「燮理陰陽，致君澤民，則學士不如參政；嘲弄風月，惜玉憐香，則參政不如學士。」《青樓集》

真宗劉皇后曉書史。真宗有問，輒引故實以對。《宋史》

秀才張者，教坊妓也。頗能引文調詞，而舉止亦閑雅，遂獲此名。嘗往來琴川、錫山。一日

方燕會，或戲之曰：「汝於二公之間，事齊乎？事楚乎？」張方舉魚，笑曰：「魚我所欲也，熊掌亦我所欲也。」《秘史彙編》

劉道真與一人共柈食，見一嫗青衣，將二兒過，調之曰：「青羊將兩羔。」嫗答曰：「兩猪共一槽。」《語林》

王蘇蘇善詼諧。有李標者，與王致君弟姪同詣焉。飲次，標題窗曰：「春暮花株繞户飛，王孫尋勝引塵衣。洞中仙子多情態，留住劉郎不放歸。」蘇蘇不甘其題，因謂之曰：「阿誰留郎君，莫亂道！」遂取筆繼之曰：「怪得犬驚雞亂飛，羸童瘦馬老麻衣。阿誰亂引閑人到，留住青蚨熱趕歸。」標頭面通赤，命駕先歸。蘇蘇見王家郎君，輒詢：「熱趕郎在否？」《北里志》

徐月英，江淮名娼也，有集行於世。徐公子寵一營妓卒，乃焚之。月英送葬，謂徐曰：「此孃平生風流，没亦帶焰。」時號美謔。《女世説》《北夢瑣言》有月英詩。

韋洵美所寵素娥，姓崔氏，善詼諧、筆札。《補侍兒小名録》

名妓李季蘭，嘗與諸賢會烏程開元寺。劉長卿有陰疾，謂之曰：「山氣日夕佳。」長卿對曰：「衆鳥欣有托。」舉座大笑，論者兩美之。《玉局遺文》

宋某邑令因預借違旨被劾，放歸府。方仲秋，有妓忽歌《漁家傲》：「十月小春梅蕊綻。」令曰：「何太早耶？」答曰：「乃預借也。」令大慙。《女世説補》

秦少游喬粧戲小妹，云：「願小姐身如藥樹，百病不生。」小妹答云：「任道人口吐蓮花，

半文無捨。」《在園雜志》

梅嬌、杏倩俱吳七郡王姬，常賦詞相謔。梅嘲杏云：「杏花何太晚，遲疑不發，等待春深。」杏嘲梅云：「梅花何太早，蕭疏骨肉，葉密花稀。」《宮閨小名録》

吳妓張好兒，婉麗而貌已似徐娘。一日，爲人攜遊，有杜君者望見，即誚曰：「他老便老，也是個小娘。」張即應聲曰：「爾小便小，也是個老爺。」蓋杜本吏目也。《舌華録》

薛素素文談酒謔，便捷解悟，多晉人風。《詩話類編》

西王母會穆天子，因曰：「瑤池一別後，陵谷幾遷移。向來觀雒陽東城，已丘墟矣。定鼎門西路，忽焉復新市朝云。名利如舊，殊可悲嘆耳！」《女世説》

姜賓竹能言，而詞多感慨。常對月嘆曰：「共此明月之下，同心異地，不知幾何。」人爲之隕涕。《曲中志》

浙女羅惜惜，少時與張幼謙同就塾師，密訂終身。後女父母受辛聘，張以詞寄女，女亦作詞自誓。云：「若是教隨別個人，相見黄泉下。」後卒歸於張。《林下詞選》

宋文帝沈美人以無罪賜死，過袁后所居徽音殿前，流涕大言曰：「妾無罪，先后有靈知之。」殿户五間皆應聲豁然開，乃免。《女世説補》

嚴武少時，窺軍使女美，誘而竊之以逃。追急，解琵琶絃縊女，投之河。及爲西川節度，病甚。有道士入見，言：「階前有冤女，頸帶一絃。」行法呼之，女被髮頸絃出拜武，因數曰：

「妾雖失行，於公無負。雖欲逃罪，何必相殺？忍哉！」武悔謝求免，女曰：「事經上帝已三十年，期在明晚，言無益也。」遂轉身還閣，忽不見。《女世説》

遼道宗時，宫婢單登深怨懿德皇后，誣后與伶官趙惟一淫通。耶律乙辛知之，欲乘此害后。以爲不足證實，更命人作《十香》淫詞，用爲誣案。因乞后手書，登紿后曰：「此宋國忒里賽所作，得御書，便稱二絶。」后讀而喜之，即爲手書一紙。紙尾復書己所作一絶，云：「宫中只數趙家粧，敗雨殘雲誤漢王。惟有知情一片月，曾窺飛鳥入昭陽。」登得后手書，持出與乙辛，云：「老婢淫案已得，早晚見其白練掛粉脰也。」乙辛得書，遂命登陳首。乙辛乃密奏曰：「據宫婢單登陳首：伶官趙惟一向以彈箏、琵琶入内，沐上恩寵，乃輒干冒禁典，謀侍懿德皇后。御前忽於咸雍六年九月駕幸木葉山，惟一公稱有皇后旨，召入彈箏。自辰至酉，皇后向簾下目之，遂隔簾與惟一對彈。及昏命燭，傳命惟一去官服，著緑巾金抹額，窄袖紫羅衫，珠帶烏鞾。皇后亦著紫金百鳳衫，杏黄金縷裙，上戴百寶花髻，下穿紅花鞾。召惟一更入内帳，對彈琵琶，命酒對飲，或飲或彈。至院鼓三下，敕内侍出帳。登時當直帳，不復聞帳内彈飲，但聞笑聲。登亦心動，密從帳聽之。聞后言曰：『可封有用郎君？』惟一低聲言曰：『奴具雖健，小蛇耳，自不敵可汗真龍。』后曰：『小猛蛇却賽真懶龍。』此後但聞惺惺若小兒夢中啼而已。院鼓四下，后喚登揭帳曰：『惟一醉不起，可爲我喚醒。』登叫惟一百通，始爲醒狀。乃起拜辭，后賜金帛一篋，謝恩而出。其後駕還，雖時召見，不敢入帳。后深懷思，因作《十香詞》賜惟一。惟一持出，朱頂鶴手奪其詞，使婦問登。登懼事發連坐，故敢陳首，乞爲轉奏，以正刑誅。臣惟宫帳深密，忽有異言，有關治化，良非渺小，故不忍隱諱，輒據詞並手書《十香詞》一紙密奏以聞。」上覽大怒，即召后對詰。后痛哭轉辯，上怒甚，因以鐵骨朵擊后幾殞。即下其事，使張孝傑與乙辛窮治。具獄上之，上猶未決，指後一絶曰：「此是皇后罵飛燕也，如何更作《十香詞》？」孝傑曰：「此正皇后懷惟一耳。」上曰：「何以見之？」孝傑曰：「宫中只數趙家粧，惟有知情一片月。是以二句中包含『趙惟一』三字也。」上意遂決，即日族誅惟一，敕后自盡。聞者冤之。《焚椒録》　吴寬曰：「讒人罔極，戕害天倫一至於此，亦宇宙一大變也。」

黄巢犯闕，有西班李將軍女奔達興元，無所依，乃晦其門閥，托身鳳翔軍將董司馬。得至蜀，尋訪親屬，知在行朝，始謂董生曰：「妾逢難漂流，蒙君提挈，得至行朝，無力隨風，非不幸也。但春燕秋鴻，雖韻非偶，從此分飛矣。」董生爲悵愕，遂去。《女世説》

奩史卷五十八

東吳王初桐于陽纂述
石門葉　鈞王有校刊

事爲門二

歲節

北朝婦人嘗以立春進春書，以青繒爲幟，刻龍像銜之，書幟曰「宜春」。《酉陽雜俎》

立春，選小妓裝扮社夥，如「昭君出塞」、「西施採蓮」之類，種種變態，競巧爭華。《熙朝樂事》

元旦，小兒女剪紙作蝴蝶戴之，名曰「鬧嚷嚷」。《北京歲華記》

劉臻妻陳氏曰：「正月七日，上人勝於人。」《雜五行志》

人日，剪綵爲人，以貼屏風，亦戴之頭鬢。《荆楚歲時記》

司馬溫公在洛陽閑居時，上元節，夫人欲出看燈，公曰：「家中點燈，何必出看？」夫人曰：「兼欲看遊人。」公曰：「某是鬼耶？」《軒渠録》

臨安鹿苑寺，元宵，側近營婦連夜入寺觀燈。紹興中，有將官妻同一女觀燈，乃爲數僧引入房中，置酒盛饌，勉令其醉，遂殺其母而留其女，女不敢哀。及半年，三僧盡出。其房後窗外乃是野地，女逼窗視之，見一卒在地打竹。因呼近窗下，備語前事。卒往報將官，捕之，果其女在焉。三僧遂依法施行。《葦航紀談》

正月燈市，婦女著白綾衫隊而宵行，謂無腰腿諸疾，曰「走百病」，又曰「走仙橋」。《帝京景物略》

《踏燈詞》云：「髻挽烏蠻試晚粧，衫裁白氎學霓裳。私邀女伴門前立，不避燈光避月光。」《花鏡雋聲》

燕士女正月十六日用舊曆日紙九道爲繩，亂結，以首尾聯屬者兆吉，名曰「結羊腸」。《霏雪録》

正月晦日，婦女悉湔裙水濱，酹酒度厄。《玉燭寶典》

北魏竇泰母娠泰，期而不產，懼甚。有巫嫗曰：「渡河湔裙，生子必易。」從之，生泰。宋胡宿《銀河》詩云：「猶餘仙嫗湔裙水，幾見星妃度襪塵。」用此事也。《升庵外集》

周德華，劉采春女也。春時喜踏青郊外，見楊柳垂垂，則採其枝，結爲同心，隨流水而放之。《唐詩紀事》

張萱有《虢國夫人踏青圖》。《宣和畫譜》

黄庭堅詩：「白白紅紅相間開，三三五五踏青來。戲隨蝴蝶不知遠，驚見遊人笑却回。」《山谷集》

春日，太后率皇后、列侯夫人遵灞水而祓除。《漢書·禮儀志》

郭虞以三月初生三女，至三日而俱亡，迄今時俗以爲大忌。故到是月是日，婦女皆適東流水上祈祓，自潔濯也。《風土記》郭虞，《續搜神記》作「徐肇」。

高琳母嘗祓禊泗濱，見一石光彩朗潤，遂攜以歸。是夜，夢一人謂曰：「此浮磬之精，必生令子。」《蟫史》

蕭衍郗后生時，有赤光照於室內，器物盡明，家人怪之，巫言：「此女將有所妨。」乃往水濱祓除。《藻軒閑録》

石虎三月三日臨水祓禊，公主、妃主、名家婦女無不畢出。帳幔鮮明，車服粲爛。《鄴中記》

樂遊原，上巳，太平公主就此祓禊。《西京雜記》

上巳修禊桑溪，金鳳偕後宫雜衣文錦列坐水次，流觴娱暢。沉麝之氣，環佩之聲，達於遠近。《金鳳外傳》

都下寒食，水邊花外，多麗環集，各以柳圈祓禊。《山中白雲》

每遇上巳日，令諸嬪妃祓於内園迎祥亭、漾碧池。池用紋石爲質，以寶石鏤成。奇花繁葉，雜砌其間。上設紫雲九龍華蓋，四面加幃，幃皆蜀錦爲之，跨池三匝。橋上結錦爲亭，中匾「進鸞」，左匾「凝霞」，右匾「承霄」，三匾雁行相望。又設一横橋接乎三亭之上，以通往來。祓畢，則宴飲於中，謂之「爽心宴」。池之旁一潭，曰「香泉潭」。至此日，則積香水以注於池。池中又置溫玉狻猊、白晶鹿、紅石馬等物。嬪妃浴澡之餘，則騎以爲戲。或執蘭蕙，或擊球筑，謂之水上迎祥之樂。惟小娥體白而紅，著水如桃花含露，愈爭妍美。帝曰：「此夭桃女也。」因呼爲「賽桃夫人」，寵愛有加矣。《元氏掖庭記》

上巳日，士女作綵圈，臨水棄之，即修禊之義。《欒京雜詠》注

清明前三日，婦人提攜女兒尼庵道院，尋芳討勝，極意縱遊。《西湖遊覽志》

清明上塚，婦人淡粧素服，分餕遊息。至暮，則花柳土宜隨車而歸。《乾淳歲時記》

四月八日，婦女皆捨豆兒，曰「結緣」。《帝京景物略》

四月八日，都中妓女競往秋坡，俗云「趕秋坡」。《燕史》

宋時，四月，妓家作開煮最盛。命妓女花巾裹頭，爲酒家保。諸妓爭勝，皆珠翠盛粧，銷金紅背，繡韉寶勒，乘以駿騎。各有皂衣黄號私身數對，開導於前。羅扇衣笈，浮浪閑客，隨逐於後。《遵生八牋》

燕都自五月一日至五日飾小閨女，盡態極妍。已出嫁之女，亦各歸寧。俗呼爲「女兒節」。《宛署記》

仲夏，婦女作文繡金縷，綴於胸前，名「長命縷」，一名「續命縷」，一名「辟兵繒」，一

名「五色絲」，一名「朱索」。《孝經援神契》

北朝婦人常以五日進長命縷、婉轉繩。《酉陽雜俎》

廣政十六年重午節，皇太后遊凌波殿觀競渡。《十國春秋》

長安名姝夏日以錦結爲凉棚，爲避暑會。《開元天寶遺事》

蜀主孟昶夏夜與花蕊夫人避暑摩訶池上，作詞云：「冰肌玉骨清無汗，水殿風來暗香滿。繡簾一點月窺人，欹枕釵横雲鬢亂。」《竹坡詩話》

趙清獻公長女適史氏，以暑夜不寐，啓户納凉。見月滿中庭如晝，嘆曰：「大好月色。」俄庭下漸暗，須臾光滅。而是夕乃晦日，不知爲何物光也。《夷堅志》

雙蓮節，即雙星節，七夕也。《女紅餘志》

陳豐與葛勃屢通音問，歡合末由。豐以青蓮子十枚寄勃，勃墜一子於水，明早有並蒂花開於水面。勃喜取置几頭，數日始謝，房亦漸長。剖之，各得實五枚，如豐來數。自此鄉人改「雙星節」爲「雙蓮節」。《貫子語林》

七夕，人家婦女結綵縷，穿七孔針。《荆楚歲時記》

齊武帝起穿針樓。七夕，宫人登樓，穿針乞巧。《輿地志》

邯鄲伎婦李容子七夕祀織女，作穿針戲。其夫請沈下賢撰《乞巧》文。《文苑英華》

唐宫中七夕，以錦結成樓殿，高百尺，上可勝數十人。陳以瓜菓酒炙，設坐具，以祀牛、女

二星。妃嬪各執九孔針、五色綫向月穿之，過者謂之「得巧」。《東京録》

九引臺，七夕穿針乞巧之所。至夕，宫女登臺，以五彩絲穿九尾針。先完者爲「得巧」，遲完者爲「輸巧」，各出資以贈得巧者焉。《元氏掖庭記》

七夕穿針，名曰「弄影之戲」。《神隱》

七夕乞巧，有蟢子網於所陳瓜上，則以爲得巧。《歲時記》

七夕，宫人輩陳瓜花酒饌於庭，求恩於牽牛、織女。又各捉蜘蛛於小盒中，至曉，開視蜘蛛網稀密，以爲得巧之候。密者言巧多，稀者言巧少。《開元天寶遺事》

七夕，宫人乞巧於丹霞樓。《蜀檮杌》

七夕，貴家婦女結綵樓於庭，謂之「乞巧樓」。《東京夢華録》

七夕，婦女飷釘杯盤飲酒，謂之「乞巧會」。宫姬市娃冠花，衣領皆以乞巧時物爲飾。《乾淳歲時記》

七月七日之午丟巧針。婦女曝盎水日中，水膜生面，繡針投之則浮，看水底針影以驗巧。《帝京景物略》

滇南七夕，女子連臂踏歌，乞巧於天孫。《山帶閣集》

張萱《漢宫祈巧圖》，朱欄碧瓦，曲折工麗，極盡六宫之勝。几筵盤盂，種種臻妙。宫嬪三十一人，晚粧妍靚，端莊豐厚，各具意態。《江村銷夏録》

至大中，洪妃寵於後宮。七月七日夜，於九引臺上結綵爲樓，妃獨與宮官數人升焉。剪綵散臺下，令宮嬪拾之，以色艷淡爲勝負。次日設宴大會，謂之「鬬巧宴」，負者罰一席。《元氏掖庭記》

七夕，各宮供像生牛郎、織女、從人、麒麟、象、羚羊、海馬、獅子、獬豸、兔，俱用白糖澆成。《光禄寺志》

漢宮中嘗以七月七日臨百子池，以五色綵縷相羈，謂之「相連愛」。其俗自戚夫人以是日侍高帝於池上始也。《事林廣記》「相連愛」，亦見《西京雜記》賈佩蘭語。

七夕，俗以蠟作嬰兒，浮水中相戲，爲婦人宜子之祥，謂之「化生」。本於西域摩候羅。《歲時紀事》

中元節，宮人、內官深夜相攜看西苑放河燈。《天啓宫詞注》

八九月中，月輪外輕雲時有五色，下黃。人每值此，則急呼女子持針綫，向月拜之，謂之「乞巧」。惟吳媪有一女，年十二，拜之甚勤。一夕，月下飛一五色綵雲，如手掌大，駐於女前，衆皆恐。女徑吸食之，味甚香美。明旦梳頭窺鏡，面色艷冶，彈琴讀書，不習而能。媪喜，改名爲綵雲。有詩一卷行於世。《下黄私記》

施肩吾《幼女詞》：「幼女纔六歲，未知巧與拙。向夜在堂前，學人拜新月。」《石倉十二代詩選》

吉中孚妻張夫人有《拜新月》詞。《唐詩鯨碧》

中秋夜，婦女出遊，名「踏八步」，以却病。《傳奇録》

女子歸寧者，中秋日必返夫家，曰「團圓節」。《京師歲時記》

今世九月九日婦人佩茱萸囊，蓋始於桓景。費長房謂桓景曰：「九月九日，汝家有災，宜令家人各作絳囊，盛茱萸，以繫臂，登高，飲菊花酒。此禍可除。」《續齊諧記》

樂遊原，重陽太平公主就此登高。《西京雜記》

十月朔，貴家新裝暖閣，婦女低垂繡簾，淺斟低唱，以應開爐之序。《夢粱録》

除夕守歲，小兒女終夕博戲不寐。《武林舊事》

江蛾，宗室來鯤侍兒，年十三能詩。《除夕守歲》云：「仙茆筆禿硯成冰，守歲無聊寢復興。柏葉酒香瓶已罄，小窗留得隔年燈。」《明詩綜》

九爲陽數，古人以二十九日爲上九，初九日爲中九，十九日爲下九。每月下九，置酒爲婦女之歡，名曰「陽會」。蓋女子陰也，待陽而成，故女子於是夜爲藏鈎諸戲，以待月明，至有忘寐而達曙者。《採蘭雜志》

奩史卷五十九

東吳王初桐于陽纂述
石門葉　鈞王有校刊

事爲門三

風懷

晏殊《類要》：「男爲左風懷，女爲右風懷。」《瀛奎律髓》

《楚辭》：「滿堂兮美人，忽獨與余兮目成。」注：「目成者，相視以成親好也。」《帶山閣注楚辭》

梁葛侍中鎮兖之日，有廳頭甲白事。時諸姬妾並侍左右，内一寵姬國色也，甲目之不已，公微哂之。未幾，公奉命河上，甲大敗唐師。及凱旋，令愛姬具飾，資粧直數千緡，召甲妻之，即所目也。《玉芝堂談薈》

宋玉《諷賦》：「主人之女爲臣歌曰：『内怵惕兮徂玉床，横自陳兮君之旁。』」《古文苑》

司馬相如《好色賦》：「花容自獻，玉體横陳。」《文園集》　釋洪德《楞嚴經合論》曰：「於横陳時，味如嚼蠟。」

劉鋹好觀人偶。選少年配以雛宮人，就後園褫衣，使露而偶，號曰「大體雙」。鋹扶波斯女循覽爲樂。《清異録》

獠人夫婦交媾，插青路衢，以斷行蹤。《峒谿纖志》

澧河一石中斷，中有男女二人作交媾狀，長僅三寸，手足、肢體皆具。《譚概》

幃幄事曰「秘戲」。《書敘指南》

飛燕未入宮時，通羽林射鳥者。及召幸，其姑姊樊嫕爲之寒心。及帝幸之，飛燕瞑目牢握，涕交頤下，戰栗不迎帝。帝擁飛燕，三夕不能接。宮中素幸者從容問帝，帝曰：「豐若有餘，柔若無骨，遷延謙畏，若遠若近，禮義人也。」既幸，流丹浹藉。嫕私語飛燕曰：「射鳥者不近女耶？」飛燕曰：「吾内視三日，肉肌盈實矣。帝體洪壯，創我甚焉。」《趙飛燕外傳》

方回與小婢痛合，床脚搖曳有聲，撼落壁土。《癸辛雜識》

蔣蘭玉談謔竟歲月，不涉一煙火語。及枕燦衾爛衣，弛燭微若，舉身而委焉棄焉。《曲中志》

馮延巳《賀聖朝》云：「金絲帳暖牙床穩，懷香方寸，輕顰輕笑，汗珠微透，柳霑花潤。雲鬢斜墜，春應未已，不勝嬌困。半欹犀枕，亂纏珠被，轉羞人問。」《陽春録》

漢成帝畫《紂娼妲己》於屏，此春畫所始。《七修類稿》

隋煬帝令畫工繪士女會合之圖，懸之閣中。《迷樓記》

宋人畫苑有《春宵秘戲圖》。《楊子巵言》

廣州妖僧常畫素女秘戲圖狀，以媚諸貴人。《分甘餘話》

秘戲圖，不知作俑於何人。考《後漢書》：「廣川戴王，坐畫屋爲男女贏交接，置酒請諸父姊妹飲，令仰視畫。」則漢時已有爲之者矣。明仇英所畫特工，眉睫瑟瑟欲動，眷戀燕昵之態，如喃喃作聲。又畫西番、北狄之狀，尤動蕩人心目。《畫徵録》

慶安世年十五，爲成帝侍郎。趙后悦之，與后同居處，欲有子而終無子。后又託以祈禱，别開一室，自左右侍婢以外，莫得至者，上亦不得至焉。以軿車載輕薄少年，爲女子服，入後宫者日十數，與之淫通，無時休息。有疲怠者，輒差代之，而卒無子。《飛燕遺事》

梁愛監奴秦宫，得出入妻孫壽所。壽每見宫，輒屏御者，托以言事，因通焉。《梁冀别傳》

楊白花姿貌雄偉，胡太后逼通之。白花懼禍，奔梁。太后追思，作《楊白花歌》，使宫人歌之。《南北朝詩話》

庾邈與女子郭凝通，詣社，約不二心，俱不婚娉。經二年，凝忽暴亡。邈出，見凝，云：「前遇强梁，抽刀見逼，懼死，從之。不能守節，爲社神所責，心痛而絶。」《述異記》

盈盈，天寶中貴人之妾，姿艷冠絶一時。會貴人病，同官之子爲千牛者失之，明皇詔大索京師。因問近往何處？其父言：「貴人病，嘗遣候之。」詔且索於貴人之室，盈盈謂千牛曰：「今勢不能隱矣。出亦無害，第不可言在此。上問何往，但云所見人物如此，帷帳如此，食物如此。

勢不由己，卒無患矣。」既出，明皇問之，對如盈盈言，上笑而不問。復數日，虢國夫人入內，明皇戲謂曰：「何久藏少年不出耶？」夫人亦大笑。《達奚盈盈傳》

裴大娘善歌，配竿木侯氏。又與長入趙解愁私通，因欲殺侯氏。其夜，裴大娘引解愁以土袋置侯身上，不壓口鼻。比明，侯氏不死，有司以聞，解愁等皆決。衆皆不知侯氏之不掩口鼻而不死也，或言土袋綻裂，故活。是以諸女戲相謂曰：「自今後縫壓婿土袋，當加意夾縫縫之，更勿令開綻也。」《教坊記》

梁意娘與姑表李生善。李別去，意娘作歌寄之，云：「早知如此絆人心，悔不當初莫相識。」《彤管新編》

王嬌娘，字瑩卿，王通判女。王有甥申純，嘗寄跡王署，嬌娘因與善。後王受聘，嬌娘竟以憂卒，純亦悲憤而殞。王遂舉嬌娘柩歸於申，合葬於濯錦江邊。後人見有雙鴛鴦飛翺其上，名曰「鴛鴦塚」云。《渚山堂詞話》

張松茂與隣女金媚蘭私通，被獲到官。時探花王剛中爲御史，出巡，見簷前蛛網懸蝶，指謂張曰：「汝能賦此，免罪。」張即曰：「只因賦性太顛狂，遊遍花叢覓異香。今日誤投羅網裏，脱身還是探花郎。」王又指竹簾，命金賦之，遂吟曰：「緑筠劈破條條直，紅綫相連眼眼奇。爲愛如花成片段，致令直節有參差。」王稱賞，即判爲夫婦。《醒睡編》　《名媛璣囊》以《竹簾詩》爲連清女適陳彥臣者所作。

燕里季之妻私其隣少年，季伏而覘焉，見少年入室，而門扃矣。因起叩門，妻驚甚。壁間有布囊，少年乃入囊中，懸之床側，囑紿以米。季入，見囊，詰其妻曰：「是何物？」妻囁嚅不能答，少年恐，不覺於囊中應曰：「吾乃米也。」季因撲殺之，及其妻。《艾子後語》

有三女而通於一人者，色美而才。事發到官，出一對云：「三女爲姦，二女皆從長女起。」一女對云：「五人張傘，四人全仗大人遮。」官薄懲之。《哤語》

萬貞爲商在外，其妻孟氏春日獨遊家園，忽有少年容貌甚美，踰垣而入，孟遂私之，挈歸己舍。逾年而夫自外至，孟氏憂懼，少年曰：「勿恐！」忽騰身而去。《支談》

梅生者，周伯玉妻也，才美有外行。曾填小曲寄情人云：「假若是淚珠兒穿得起，拚剪下一股青絲，穿一穿，寄把你。」《静志居詩話》

吴中無賴縱妻私於僧，謂之「打和尚」。《玉笑零音》

打箭壚女子私與中國商人通，謂之「打沙鴇」。《隴蜀餘聞》

姚月華與楊達，久會謂之「大會」，暫會謂之「小會」。又大會謂之「鶼鶼會」，小會謂之「白鷁會」。《蕉窗雜録》

朱起悦伯氏女妓寵寵。館院各别，種種礙隔。起一志不移，精神恍惚。一日途次，逢青巾短袍擔筇杖籃者，熟視起曰：「君有急，直言，吾能濟。」起以寵事訴，青巾笑曰：「世人陰陽之契，有繾綣司總統，其長官號氤氲大使，諸夙緣冥數當合者，須鴛鴦牒下乃成。伉儷之正，婢妾之微，買笑之略，偷期之秘，仙凡交會，華戎配接，率由一道焉。我即爲子囑之。」臨去，籃中取一扇授起曰：「是坤靈扇子。凡訪寵，以扇自蔽，人皆不見。自此七日外可合，合十五年而絶。」起如戒，往來無阻。後十五年，寵疫病而殂。青巾，蓋仙也。《清異録》

黄帝軒轅氏得房中之術於素女，握固吸氣，還精補腦，留年益齡，長生忘老。張平子詩：「明燈巾粉卸，設圖衾枕張。素女爲我師，天姥教軒皇。」《丹鉛總録》

素女爲黄帝陳五女之法。《論衡》

少女之術百數，其要在還精採氣。《陰符經》

拳夫人解黄帝素女之術。《漢武故事》

孫思邈有《玄女房中經》。《頣生録》

容成公自稱黄帝師，善補導之事，取精於玄牝。《列仙傳》

冷壽光行容成公御婦人法。《後漢・方術傳》

飛燕幼聰悟，得彭祖分脈之書，善行氣術。《飛燕外傳》

俗以素女術出於彭籛。予考《列仙傳》，籛云：「上士别床，中士異被，服藥百裹，不如獨卧。」後人集其採納之術，號《彭祖經》。不知籛以存真葆衛爲務，與世之論大相反。《鼠璞》

《漢書・藝文志》有「黄帝養陽方」、「堯舜陰道」、「容成陰道」、「務成子陰道」、「湯盤庚陰道」、「天老雜子陰道」、「天一陰道」、「三家內房有子方」。後世淫邪之説，其

來遠矣。《藝林學山》

女丸者，沽酒婦人也。作酒常美。遇仙人過其家飲酒，以《素書》五卷爲質。丸開視其書，乃養性交接之術。丸私寫其文，更設房室，納諸少年飲美酒與止宿，行文書之法。如此三十年，顔色更如二十時。仙人數歲復過，笑謂丸曰：「盗道無私，有翅不飛。」遂棄家隨仙人去，莫知所之。《太霄經》《玉壺遐覽》曰：「女丸姓陳氏。」

唐相國夏侯孜得彭素之術，悦一娼，娼不能奉承，以致尾閭之泄而卒。《北夢瑣言》

曹盈道能借廳修養。供廳者，閉陽採陰之法。《清異録》

劉鋹延方士健陽法，久乃得，多多益辦。《清異録》

房中術有運氣、逆流、采戰之類。《輟耕録》

閭丘公得采戰術，兩臉如桃花，竟爲此術所害，一夕而傾倒殆盡。丹家謂之「桶底脱」。《席上腐談》

自比覺泥水説行，而房中之術多矣。入於耳者，有耳珠丹；入於鼻者，有助情香；入於口者，有沉香盒；握於手者，有紫金鈴；封於臍者，有保真膏、一丸金、蒸臍餅、火龍符；固於臍者，有蜘蛛膏、摩腰膏；含於龜者，有先天一粒丹；抹其龜者，有三鼇散、七日一新方；縛其龜根者，有吕公縧、硫黄箍、蜈蚣帶、寶帶、良宵短、香羅帕；兜其小腹者，有順風旗、玉蟾裩、龍虎衣；搓其龜者，有長莖方、掌中金；納其陰户者，有揭被香、煖爐散、窄陰膏、夜夜春；塞其肛門者，有金剛楔。此皆用於皮膚，以氣感腎家相火，一時堅舉，爲助情逸樂。用之不已，其毒或流爲腰疽，聚爲便癰；或腐其龜首，爛其肛門。害如横焰，尚可解脱。若服食之藥，其名種種，如桃源秘寶丹、雄狗丸、閉精符之類頗多。藥毒悮人，十服九斃，潰腸裂膚。奇禍慘疾，不可救解。《遵生八牋》

陳成初生十女，使妻繞井三匝，祝曰：「女爲陰，男爲陽；女多災，男多祥。」繞井三日，果生一男。《博物志》

苻堅母苟氏祈嗣於西門豹祠，其夜夢與神交，因而有孕。《晉書·載記》

左賢王妃呼延氏祈子於龍門。俄而一大白魚，頭有二角，軒鬐躍鱗而至，久之乃去。其夜夢所見魚變爲人，把一物，大如半雞子，授呼延氏曰：「此是日精，服之生貴子。」《前趙録》

近世無子者，多祀張仙以望嗣。蜀主孟昶美丰儀，喜獵，善彈弓。蜀亡，掖庭花蕊夫人隨輦入宋宫。夫人心常憶昶，悒悒不敢言，因自畫昶像以祀，復詭言於衆曰：「祀此神者有子。」一日，宋祖見而問之，夫人亦托前言。詰其姓，遂假張仙。蜀人歷言其成仙之後之神，故宫中多因奉以求子者。《金臺紀聞》

張仙，諱惡子。花蕊夫人所畫，實仙，非昶也。《風庭掃葉録》

法相寺佛，長耳和尚肉身也。婦人求嗣者，潛來摸佛下體，以爲宜男。《湖壖雜記》

嘉興精嚴寺僧造一殿，中塑大佛，詭言婦人無子者，於此獨寢一宵，即有子。殿門令其家封鎖。蓋僧於房中穴地道，直透佛腹，穿頂而出，夜與婦人合。婦人驚問，則云：「我是佛。」州民無不墮其計。有仕族之妻亦往求寺中。夜，僧忽前，既不免，即齒其鼻。翌日，其家遍於寺中物色，見一僧臥病，以被韜面。視之，鼻果有傷。掩捕聞官，僧伏法，寺遂廢。《行都紀事》

顧眉生既屬龔芝麓，百計求嗣，甚至雕異香木爲男，四體俱動，錦綳繡褓，顧乳母開懷哺之，保母搴襟作便溺狀，内外通稱「小相公」。時人目爲「人妖」。《板橋雜記》

求子者御女，須擇旺相日期。《幼幼新書》

京師士人出遊，迫暮，至一大園，不覺深入。天漸暝，望紅紗籠燭而至，急入道左小亭。氈下有一穴，試窺之，先有壯士伏其中。見人，奔驚而去，士人就隱焉。已而燭漸近，乃婦人十餘，靚粧麗服。俄趨亭上，競舉氈，見生，驚曰：「又不是那一個。」又一婦熟視曰：「也得。」執其手而行。生不敢問，引入洞房曲室，群飲交戲，五鼓乃散。士人憊倦不能行，婦貯以巨篋，舁而縋之牆外。天將曉，懼爲人所見，强起扶持而歸。他日跡其所遇，乃蔡太史後花園也。《養疴漫筆》

章子厚初來京師赴省試，年少美風姿。當日晚獨步御街，見雕車數乘，從衛甚都。最後一輿，有一婦人美而艷。以目挑章，因信步隨之。婦人招與同輿，至一甲第，蔽章而入一院，甚深邃。婦人入室，備酒饌，引儕輩相往來，俱亦姝麗。問之，笑而不答。去則以巨鎖扃之。如是數日，體爲之疲。一姬年差長，曰：「此豈郎所遊之地，我翁寵婢多而無子，每鈎致少年與合，久

則斃之。覯子之容，似非碌碌者。五鼓，我以厮役之服被子，隨前騶以出，可無患矣！」章用其術，遂免於難。《投轄録》

功德寺役工内有漆匠章生，偶出浴，回道遇一老嫗，挽入小門。暗中以手摸壁，隨嫗而行，且覺是布爲幙。轉經數曲，至一室中，使就坐，嫗乃去。繼有尼攜燈而至，又見四壁皆青赤衣幙遮護，終不知何地。尼又引經數曲，又至一室，燈燭、帷帳、酒殽、器皿一一畢備。頃時，尼引一婦人至，容質非常，惟不冠飾。尼師逼使婦人與生共坐，召前嫗，命酒殽數杯，遂令就寢。尼師執燈扃户而去。章生屢詢其所來及姓名，而婦人終不一語。至鍾動，尼師復至啓鑰，喚起章生，令嫗引出。章生如夢寐中。行至役所言之，一木匠云：「此固寵借種耳！」《葦航紀談》

奩史卷六十

東吳王初桐于陽纂述
石門葉　鈞王有校刊

誕育門一

孕

婦人有孕曰「瑞娥」。《升庵外集》

孫堅夫人吳氏孕策，夢月入懷；孕權，夢日入懷。《搜神記》

高歡妻婁氏，凡孕六男二女，皆感夢。夢龍者皆爲帝，夢鼠者皆封王，夢月者皆爲后。《北齊書》

張承之母孫氏懷承之時，有白蛇、白鶴之祥。《會稽先賢傳》

女冠耿先生甚有道術，獲寵於元宗。將誕之夕，震雷繞室。半夜雷止，耿身不復孕，子亦隨失。《南唐近事》

徐省妻有孕，夢中忽云：見一金眼獅子坐在胸前。徐忙起取火，獅即跳往桌上。及火至，而

獅已無蹤。妻腹忽消，不復有孕。《湖海搜奇》

婦人妊孕未滿三月，著婿冠衣，平旦左繞井三匝，映井水，詳視影而去。勿返顧，勿令婿見，必生男。《異苑》

闞澤在母胞八月，而叱聲震外。《會稽先賢傳》

唐太宗在孕，而語聲達於外。《唐書》

王曇逸母有娠，聞腹中啼聲。《雞跖集》

吳敬婦懷娠八月，腹中忽呱呱作聲。柴北溟往視之，顧坐間，有象棋一奩，隨手散頓於地，令人掖婦逐一拾起置奩中，拾至三十三枚而聲止。《曠園雜記》

杜牧之守郡時，有妾懷孕而出，以嫁州人杜筠，後生子，即荀鶴也。《池陽集》《藝苑雌黄》同。

宋南遷時，某妾有娠，不得偕往，出嫁孫氏。比歸，覓之，則生兒矣，命名曰覿，謂賣見也。《詩話類編》

趙后詐託有孕，上牋奏，帝喜動顏色。后慮帝幸見其詐，乃遣宮使王盛以「有妊者不可近人」奏帝，帝不復見后，第遣問安否而已。及期，令盛取民間才生子，以物囊囊之，攜入宮爲后子。既發器，則子死，后驚曰：「子死，安用也？」盛曰：「載子之器氣不泄，所以死。臣當穴其上。」盛得子，趨宮門，欲入，子驚啼尤甚，不敢攜入。盛來見后，言子驚啼事。后泣曰：

「爲之奈何？」時已踰十二月矣，帝頗疑訝。后終無計，乃遣人奏帝云：「臣妾時夢龍臥，不幸聖嗣不育。」帝但嘆惋而已。《趙后遺事》

有生而肌肉純白者，或以爲社日受胎故。男曰「社公」，女曰「社婆」。《席上腐談》

男女感合先後，而分陰陽。李玉溪注《玉皇心印經》

男先感而後女應之者，必生男也；女先感而後男應之者，必生女也。《丘山金丹百問》

開氣爲男，闔氣爲女。《儲華谷袪疑説》

月水止後，一三五日成男，二四六日成女。《道藏經》

血海始淨，一二日成男，三四五日成女。李杲東垣《蘭室秘藏》

因氣而左動，陽資之，則成男；因氣而右動，陰資之，則成女。《聖濟經》

父精先進，母血後行，血包於精而爲女；母血先進，父精後行，精包於血而爲男。《鍾呂傳道集》

有丹客之妻懷孕，腹甚巨，似雙胎也。丹客私語其妻曰：「若産兩男，當名虎四兒、虎五兒。」一日欲出，天若雨狀，謂妻曰：「當攜雨具乎？」妻未及答，腹中朗應云：「天不雨。」客驚問曰：「汝何人？」曰：「虎四兒也。」忽又聞聲云：「今日雖不雨，亦有幾點。」問：「汝又何人？」曰：「虎五兒也。」自後，凡有言，無不驗。乃教丹客以鍊丹之法。《瑣鈔》

孕之異

思女不夫而孕。《博物志》

東方朔母田氏寡，夢太白星臨其上，因有娠。田氏曰：「無夫而孕，人將棄我。」遂移居東方，五月朔日生，故姓東方而名朔。《洞冥記》

女樞感瑤光星貫月如虹而孕，生顓帝。《帝王世紀》

大星如虹，下流華渚。女節感而生白帝金天氏。《感應傳》

舜母感樞星之精而生舜。《尚書帝命驗》

瞽瞍妻曰握登，見大虹意感而生舜。《帝王世紀》

周昭王庶子夫人覿白虹而有娠。《萬姓統譜》

湯母感狼星之精，又感黑龍而孕。《金樓子》

湯母扶都見白氣貫月，意感而孕，生湯。《詩含神霧》

高麗國王侍婢見有氣如雞子來下，遂有身。《魏略》

河北有女子搗衣，中白霧而孕，羞憤自殺。《漢水記》

女國女子遇南風，感而成孕。《八紘繹史》

女登感神龍生炎帝。《帝王世紀》

堯母觀河，感赤龍而孕。《河圖》《春秋合誠圖》：「堯母慶都，赤龍與合，生堯。」
漢高祖母媪交龍而有娠。《史記》
李夫人見黑大猿有感，遂孕，是生康節。《康節外紀》
張玉蘭，天師之孫女，見赤光入口中，遂有孕。《集仙録》
庖犧母履大跡有孕，生庖犧。《帝王世紀》
姜嫄履大人跡而生稷。《春秋元命苞》
姜嫄神跡祠，蕭承之妻學履之，是生齊帝。《書奕》
文中子母銅川夫人履巨石而有娠。《山堂肆考》
女修見玄鳥隕卵，取吞之，有孕，生大業。《春秋合誠圖》
簡狄行浴，見燕墮卵，取吞之，有孕，因生契。《史記》洪容齋曰：「姜嫄、簡狄事皆妄怪。」
神女簡狄遊於桑野，見黑鳥遺卵於地，有五色文。簡狄拾之，夜夢神母謂之曰：「爾懷此卵，即生貴子。」狄乃懷卵一年而有娠，經十四月而生契。《拾遺記》
檀槐母仰天吞雹而孕。《八紘繹史》
漢高母浴於池，見玉雞吐赤珠，取吞之，有孕。《北堂書鈔》
陳濟妻秦氏，見一丈夫，著絳碧袍，相期於山澗，以金瓶引水共飲。後遂有娠，生兒。丈夫

來將兒去，化爲二虹。《搜神記》

零陵太守有女，悦父書吏，無計得偶。使婢取書吏所飲餘水飲之，因有娠，生男。數歲，太守使是男求其父，兒直入書吏幄中，化爲水。父大驚，問女，始言其故。遂以女妻之。《括異志》

后稷母服帝嚳之衣而妊。《論衡》

優陁夷共婦出家，愛欲不止，各相發問，欲精污衣。尼取舐之，即便懷胎。《優陁夷戒經》

有女人喜樂男子，男子身觸其身，即便懷胎。《善見律》

西方衛羅國王有女，字曰配瑛。與鳳共處，鳳以羽翼扇女面，女忽有胎。王怪之，因斬鳳頭，埋著長林丘中。後生一女，王女思靈鳳之遊好，駕而之長林丘中，歌曰：「杳杳靈鳳，綿綿長歸。悠悠我思，永與願違。萬劫無期，何時來飛。」於是鳳乃鬱然而生，抱王女俱飛，徑入雲中。《洞玄本行經》

睒菩薩不合陰陽，手摩臍下，即便懷胎。《法苑珠林》

鄞縣民妻見夫兄，私心慕之，成疾阽危。家人知而憐之，計無所出。强伯氏從帷外以手拊其腹，遂有感成孕。及産，惟一掌焉。《資塵新聞》

有女子欲情極盛，惟視男子，即便懷胎。《法苑珠林》

吳聘母居家，父宦於京，同夢交合而生聘。《談薈》

徐精遠行，夢與妻寢，有身。明年歸，妻果産。《幽明録》

楊國忠出使江浙，其妻夢與國忠交，因而有孕。國忠曰：「此蓋夫婦相念，情感所致。」《開元天寶遺事》

有處女孕者，其家訊掠百至，而卒無明驗。或神交氣交而孕者乎？《寄園寄所寄》

周氏之季女浣於濁港，有老僧見之曰：「我托宿，得否？」女曰：「諾。」僧即危坐而化，女即有娠。《僧史補》

賢穆求嗣於玉仙聖母。有老道士見貴主車服之盛，歆艷富貴，云：「願得貧道與大主做兒子。」歸而有娠。明年，賢穆臨蓐，道士殂。《錢氏私志》

哀牢夷之先有婦人，名沙壹。捕魚水中，觸沉木有感，因懷妊產男。後沉木化爲龍。《水經注》《滇載記》「壹」作「壺」。

海中有女王國，視井即有孕。《後漢·東夷傳》

女國女人入水即有妊。《夷俗考》

女子國有潢池，婦人入浴即孕。《金樓子》《梁朝公子傳》曰：「女國有六。」

黃牛羌人孕六月而生。《魏略》

獠婦孕七月而生。《蜀郡記》

苻堅母孕十二月而生。《晉書》

劉淵母呼延氏孕十三月而生淵。《前趙録》

後唐太祖在妊十三月而生。《合璧事類》

胡俸妻虞氏懷孕十三月而生時忠。《啓禎野乘》

堯母慶都孕十四月而生堯。《帝王世紀》

鈎弋夫人生昭帝，妊身十四月。武帝遂命其所居曰「堯母門」。《漢書》

劉聰母張夫人孕十五月而生聰。《三十國春秋》

附寶孕二十月生黄帝。《論衡》

吳約婦李氏孕二十四月生子。《遊宦紀聞》

陽翟婦妊三十月，子從背出。《嵩陽紀》

溫盤石母孕三年乃生，墮地便坐而笑。《異苑》

朱孔良婦懷孕三年乃生子。《玉芝堂談薈》

潘與偕妻孕四十月始生子，生而能言。《天都載》

靈帝王美人妊娠四年，乃生皇子協。《後漢書》

鳳翔婦與黄冠通姦，即妊，在禁中四年。至英廟登極，赦至，而婦生子，髮被面，齒滿口。《書墁録》

馬中翰内人孕八年而始生子。《玉芝堂談薈》

老子父乾，字元杲，年七十二無妻。與益壽氏野合而娠，十年而生老子。《前涼録》《玄妙内經》：「老子母無婿。」《唐書》：「武后追尊老子母爲先天太后。」

帝女遊華胥之淵，感虹而孕，十二年而生庖犧。《寶櫝記》

老子母洪氏名嬰敷，感流星而娠，十二年而生。《路史》

大人國孕三十年而生。《博物志》《括地圖》曰「三十六年」。

老君母見日精飛入口中，有孕，七十二歲而生於李樹下，故即以李爲姓，生而白首，故謂之老子。《猶龍傳》

老子乘白鹿下托李氏胞中，八十年而生。《瀨鄉記》

老君母夢五色霞入口，有孕，懷八十一年而生。一説老君母孕一千八百年而誕於扶力。《酉陽雜俎》

乾闥婆之女，容姿美妙，色踰白玉。阿修羅納之未久，即便懷孕，經八千歲，乃生一女。《觀佛三昧經》

産

催生物件，有海馬皮、鼺鼯、沉香酒。《武林舊事》

凡育婦入月，父母家作眠羊、臥鹿、綵衣、繡襁送至婿家，謂之「催生」。《東京夢華録》

雷州霹靂楔，與孕婦磨服，爲催生藥，有靈驗。《珍珠船》

李顯忠母苦難産者數日，有僧過曰：「當以劍矢寘母旁，即生。」顯忠生而立於蓐。《説餘》

生子曰「娩乳」。爾朱榮欲入朝視皇后娩乳。《表異録》

婦人曾産曰嘗字。谷永曰：「無避嘗字。」《詞林海錯》

生産平善曰「慶育」。《書敘指南》

語忘、敬遺，二鬼名。婦人臨産呼之，不害人。長三寸三分，上下烏衣。《酉陽雜俎》

育子，父母家以綵盆，盛通草花朵，貼五男二女意思，及綵畫、鴨蛋，送至婿家，謂之「分痛」。《東京夢華録》

獠婦生子便澡身於溪河，其夫則擁衾抱雛，坐於寢榻，稱爲「産翁」。《貴州通志》

有道人居紅崖谷。深夜，一美婦人叩門求宿，納之。移時，婦腹痛，産嬰兒於盆。詰旦，婦抱兒去。道人惡盆中污，覆諸澗，澗際泥沙盡金色。《昌平州志》

《左傳》：「鄭莊公寤生。」《風俗通》云：「兒墮地即能開目視者，謂之寤生。」杜氏注則云：「寐寤而已生。」《讀左日抄》

蒲洪母姜氏因寐生洪，驚悸而寤。《前秦録》

慕容德母公孫夫人晝寢生德，左右以告，方寤。《南燕録》

治産難方：杏仁一枚去皮，一邊書「日」字，一邊書「月」字，用蜂蜜粘住，熬蜜爲丸，滚水或酒吞下。《露書》

帝妃鄒屠氏夢吞日則生子，凡八夢，八生子。《寶櫝記》

少昊生於穉華之渚。《休子》

孔子母徵在，生孔子於空桑中。《孔演圖》

孔子生，有二神女擎香露而來，沐浴徵在。《拾遺記》

墨子姓翟名烏，母夢赤烏而生。《賈子説林》

弄玉嫁簫史，生子五人，與昭、靡回、職禦、子余、華秉也。《嘉蓮燕語》

馮棱妻死，棱哭之慟，曰：「奈何不生一子？」俄而妻復蘇，即孕，十月産訖而死。《雲谷雜記》

桓宣武妾坐月，下流星墜銅盆水中，光如二寸珠，妾酌飲之，生元。《兩晉南北集珍》《搜神後記》：「袁真遣女妓紀陵送阿薛、阿郭、阿馬於桓宣武。阿馬生元。」

張九齡母夢九鶴自天而下，遂生九齡。《九齡家傳》

朱吾縣民依海際居，産子，以沙石自擁。《元中記》

産婦次日即抱嬰兒同往河内澡洗。《真臘風土記》

康成子益思被賊害，有遺腹子，以丁卯生，名小同。《鄭康成别傳》

泗水王遺腹子復爲泗水王。《漢紀》

有富室兄弟同居，兩婦皆懷孕。長婦胎傷，弟婦生男，夜盜取之，爭訟三年。《風俗通》

周霸婦生女時，屠婦得男，因相與私貨易之。《風俗通》

梁武帝《莫愁歌》：「十六生兒字阿侯。」《古詩鏡》

越俗，以珠爲上寶。生女爲珠娘，生男爲珠兒。《述異記》

江浙人生女多者，畢嫁，作「倒箱會」。《雞肋編》

凌福三生女，三溺之。最後一女，已寘溺器中，婦舁之，一蛇忽入其腹，五内如刺，延僧禮懺，得解。《説儲》

王敬則生時，胞衣紫色。《宋書》

楊貴妃生時，異香滿室，胞衣如蓮花。《廣西通志》

宋太祖生，其胞衣如菡萏。《東都事略》

楊大年生，其胞如兩鶴翅交掩。《春渚紀聞》《雲宫法語》曰：「大年母産一鶴卵，剖之得嬰兒。」《浦城志》曰：「楊億母誕一鶴雛。」

王荆石始生，冷無氣，隣嫗曰：「此名臥胞生。」《見聞録》

桂州婦人産男者，取其胞衣，淨濯細切，五味煎調之，召至親者合宴，置酒而啖。《倦遊雜録》

琉球國婦人産乳，必食子衣。《太平寰宇記》

雙生

雙生謂之「健子」，或謂之「孿生」。《方言》

孿，雙生子也。《唐書》：「王仁皎子守一與明皇廢后孿生」是矣。《侯鯖録》又作「孿」字。《甕牖閑評》

孖，津之切，一産二子也。鄭樵《通志》　《戰國策》：「孖子之相似，惟其母知之。」

蛾皇夜寢，夢昇於天。無日而明，光芒射目。驚覺，乃燭也。於是孿生二女，名曰宵明、燭光。《漂粟手牘》

霍光妻一産二子，疑所爲兄弟。或曰：「前生爲兄，後生爲弟。」或曰：「居上者宜爲兄，居下者宜爲弟。居下者前生，今宜以前生爲弟。」光曰：「昔殷王祖甲一産二子，以卯日生嚚，以巳日生良，則以嚚爲兄，以良爲弟。許釐公一産二女，曰妜，曰茂。楚大夫唐勒一産二子，一男一女，男曰貞夫，女曰瓊華。皆以先生爲長。近代鄭昌時、文長倩並生二男，滕公一生二女，李黎生一男一女，並以前生爲長。」《西京雜記》

武明婁皇后，諱昭君，孿生一男一女。《北齊書》

李易安《賀人孿生啓》中云：「無午未二時之分，有伯仲兩楷之似。既繫臂而繫足，亦難弟而難兄。玉刻雙璋，錦挑對褓。」注云：「任文二字孿生，德卿生於午，道卿生於未。張伯楷、

仲楷兄弟，形狀无二。白汲兄弟，母不能辨，以五色繩一繫於臂，一繫於足。」《文粹補遺》

任僑妻胡氏一産二女，相向腹心合，自胸以上、臍以下分。《法苑珠林》

郯城民妻有二十一子，而雙生者七。《後山談叢》

鄭某年三十六歲，有子三十六人。蓋十八歲娶婦，一年一胎，皆雙生也。《近事存疑》

甘陵相夫人有胎，腹痛。請佗視脈，佗曰：「有兩胎，在左男也，在右女也，右已死。」及生，果然。《華佗别傳》

平陽縣何生能談五行，有士人以女命來扣，云：「有孕方可免災。」問：「弄璋耶，弄瓦耶？」答云：「也弄璋，也弄瓦。」後果孿生二子，一男一女。《癸辛雜識》

米鑑妻二月十一生一子，十二生一子，十三生一子。范工部鈁夫人得一女，四閲月又生一男。安書辨妻正月初十日生一男，二十日又生一男。《談薈》

汝寧有秀才妻一産三男，形貌皆一，不少差别。始生時，恐其久而無别也，即畜髮分中左右三髻識之。時光州有一産三女者，與兒同庚。守州異之，曰：「此天合也。」即爲主婚，各以次第配之。《稗史彙編》

黎陽民妻一産三男一女。《續漢書》

北魏時，秀容郡婦人一産四男，四産十六男。《河汾燕閑録》

武進張麻妻一産五男。《庚巳編》

陸終娶女嬇，孕六子而不育。三年，啓其左脅三人出，右脅三人出。《帝繫》《山堂肆考》曰：「陸終氏，顓頊玄孫，娶鬼方氏之女，一産六人。籛鏗即其仲子。」

成化間，嘉善鄒亮妻初乳生三子，再乳生四子，三乳生六子。《涺纓亭筆記》

宿州有民婦一産七子，膚髮紅、白、黑、青各異。《耳談》

宋孝廉家有手下婢，産出肉帶子一條，帶上共懸十八小兒，面目形體，無不具備。《玉芝堂談薈》

周哀王八年，鄭有婦人一生四十子，二十子生，二十子死。《法苑珠林》

乾道五年，潮州有婦孕過期，産子百餘，皆如指大，五體皆具，蠕蠕能動。《琅琊漫鈔》

蘇州陸太學家人婦産一肉包，破之，中有百餘小兒，形皆一二寸許。《獪園》

梵豫王夫人一産千子。《雜寶藏經》

産之異

産不由户者，世尊及轉輪王之瑞。《雜寶藏經》

汝南屈雍妻王氏生男，從右臍下承腹上出，而平和自若。數月創合，母子無恙。《魏書》

鳳陽張珍妻王氏有孕，臍裂而生男。《客座新聞》

釋迦佛於四月八日從母右腋而生。《續博物志》《山堂肆考》曰：「釋迦佛母曰摩邪夫人。」

老君母剖左腋而生老君。《史纂左編》

李勢末年，馬氏婦妊，從脅生子，母無恙。《廣五行志》

後魏韓僧真女，從母右脅而出。《集異記》

淳熙中，建康杜氏婦於左脅下裂而生子。《夷堅志》

徐州一婦初孕，肋骨下生瘤，漸大，皮甚瑩薄，兒遂從此産。《瑣綴録》

武寧楊歡妻妊，女從股中生。《路史》

莆田尉妻生男，從髀間出，瘡合無恙。《三朝野史》

禹母吞神珠，胸拆而生禹。《帝王世紀》

簡狄胸剖而生契，修已背拆而生禹。《六帖》

長山趙宣母從臂瘡中産兒。《玉芝堂談薈》

晉李宣妻樊氏懷胎，過期不育，而額上有瘡，兒穿之以出。《幽明録》

徐偃王之母産卵，棄之。獨孤老母有犬，名鵠倉，銜以歸。老母取覆之，出一兒。後繼徐國。《博物志》

夫餘得河伯女，閉於室，爲日影所照，遂孕。生一卵，大如斗，破而得男，名曰朱蒙。《八紘繹史》

黎耆彌最小兒婦名毘舍離，懷孕月滿，便生三十二卵，卵中各出一兒，勇健非凡。《佛説賢愚經》

秦非子爲馬卵所生，陸鴻漸鳥卵所出。《雜異書》

周烈王六年，林碧陽君之御人産二龍。《法苑珠林》

張魯女浣於水上，白霧蒙身，遂孕，後生二龍。《漢中記》

嚴羌妾産一龍一鷲，鷲飛去，龍雷雨迎之。《前凉録》

昔有婦人産蛟，遂陷一方，今之當湖是也。《括異志》

建興二年，羌妓産一龍子，色似錦文。《集異記》

竇武母産武時，並産一蛇一鶴。《漢書》

劉聰小劉后産一蛇一虎。《前趙録》

宣和間，有朝士之室懷娠過月，手書一「也」字，令其夫持問善相字者謝石。石祥視字，謂朝士曰：「此閣中所書否？」曰：「何以言之？」石曰：「謂語助者，焉、哉、乎、也，固知是公内助所書。尊閣盛年三十一否？」曰：「是也。」「以『也』字上爲三十，下爲一字也。尊閣懷妊已十三個月否？」曰：「然。」「以『也』字中有十字，並兩傍二豎下一畫爲十三也。」石熟視朝士曰：「有一事似涉奇怪，可盡言否？」朝士因請其説，石曰：「也字，著虫爲蚰字。今尊閣所妊，殆蛇妖也。然不見蟲蠱，則不能爲害。謝石亦有薄術，可爲吾官以藥下驗之，無苦

也。」朝士異其説，固請至家。以藥投之，果下百數小蛇，而體平。《蓼花洲閑録》

抱罕令嚴根妓産一女、一龍、一鵝。丹陽張慶婦生一男、一虎、一貍。《晉書》

楚王宮人偶抱鐵柱，心有所感，遂懷孕，産一鐵。《列仙傳》

陜州田氏穿井得一根，大如臂。經歲餘，田氏女登娘常見一少年私之，有孕，産物形如根。《酉陽雜俎》

荀澤以太元中亡，恒見形還，與婦孔氏嬿婉綢繆，遂有娠焉，十月而産，悉是水。《異苑》

高平婦懷娠，生一團冰，得日便消液成水。《郡國志》

隰寧張娼之女十二歲而得男。《畫一元龜》

真定有孤女，方六七歲，養於夫家。居一二年，夫誘與交而孕，生一子，其母曰：「不圖拳母，竟生錐兒。」《聊齋志異》

蘇達女，年十二，贅蒲氏子爲婿，明年生一子。《楮記室》

揚州某商妻，年六十而生一子。《真珠船》

劉僕之妻六十歲産兒。《獨樹屋稿》

函普妻年六十餘生二男一女。《遼史》

長安劉氏之婦六十二而育女。《事林廣記》

張訾妻七十二歲嫁潘老，復生二子。《嘯虹筆記》

利津有老媪年八十二歲生子。《南行日記》

胡馥之娶婦李氏，十餘年無子，而婦卒，哭之慟。婦忽然起坐曰：「感君痛悼，我不即朽，君可瞑後見就，當爲君生一男。」語畢還臥。馥之如言，暗而就之交接。時婦身微暖如未亡，乃置之別屋。及十月，果生一男，而後殯。男名靈產。《幽明録》

武溧之妻林氏懷身而死，俗忌含胎入柩中，要須割出。妻乳母傷痛之，乃撫尸而祝曰：「若天道有靈，無令死被擘裂。」須臾尸面赧然上色，於是呼婢共扶之。俄頃兒墮，而尸倒。《異苑》

侯都事妾懷妊，未及產而死。後改藏，見白骨已朽，一嬰兒坐於足上食餅。衆大駭，抱出鞠養之。及長，爲太保。《睽車志》《鬼類文繪》、《居易》二條略同。

代說鄭畋是鬼胎，其母卒後，與其父亞再合而生畋。初亞遨遊，留其妻並一婢在山觀中女冠院側。及歸，妻已卒。詢其婢，婢曰：「娘子將欲產，臥之時，聞空中語曰：『汝須出觀外，無觸吾清境。』妻曰：『某婦人也，出無歸。』分娩後遂絕，已殯於野田矣。」亞以盞酒酹之。是夜，夢妻曰：「某命未盡，合與君生貴子。因爲污觸道觀，爲神所殺。從此向北十里，有某僧者，奇士也，可往求之。」亞因往謁僧，僧曰：「子先歸，吾當送來。」是夕三更，果引妻至。言：「本身已敗壞，此即魂耳。」其妻宛如平生，但惡明處。二三年間乃生畋。又數歲，乃辭去。涕泗而別，不知所之。《中朝故事》

産儀

天復二年，皇女生三日，賜洗兒果子、金銀錢、銀葉坐子、金銀鋌子。《金鑾密記》

南唐時，宮中嘗賜洗兒果。有近臣謝表曰：「猥蒙寵數，深愧無功。」李主曰：「此事卿安得有功！」《漫叟詩話》

皇子在邸生男女，則戚里三衙皆有餉獻。金帛而外，洗兒錢果，極其珍巧。《容齋隨筆》

王建《宮詞》：「妃子院中初降誕，內人爭乞洗兒錢。」

東魏高澄尚馮翊公主，生子三日，帝幸其第，賜錦綵。唐章敬吳后生代宗三日，玄宗臨澡之。王毛仲妻産子三日，玄宗命高力士贈酒饌、金帛，授其兒五品官。姜皎以公主子生三日，玄宗曰：「他物無以餉吾孫，賜六品官，緋衣銀魚。」又武后時拾遺張德生男三日，殺羊會同僚。楊太真以錦繡爲繈褓裹禄山，云貴妃三日洗兒也。皆以三日爲重。東坡賀子由生孫云：「時聞萬里孫，已振三日浴。」今俗以三朝浴兒，殆古意也。東坡又記：閩人生子三日浴兒時，家人皆戴葱、錢，曰「葱使兒聰明，錢使兒富大」。《愛日齋叢抄》

育子滿月，外家以彩畫錢或金銀錢雜果，及珠翠、顖角等物送其家，大展洗兒會。親賓盛集，煎香湯於銀盆內，下洗兒果，用五色絲綵繞盆，謂之「圍盆」。尊長以金銀釵攪水，名曰「攪盆」。觀者撒錢於盆中，謂之「添盆」。盆內有棗子直立者，少年婦爭取而食之，以爲生男

之徵。《東京夢華録》

三朝與兒落臍灸顖。七日名「一臘」，十四日名「二臘」，二十一日名「三臘」，女家送饍。《夢粱録》

兒落胎髮畢，抱兒入姆嬸房中，謂之「移窠」。《夢粱録》

高駢鎮西川，減突將軍廩。突將亂，仍給以廩，密籍所給姓名族之。有一婦方踞而乳子，曰：「且飽吾子，不可使以飢就戮。」見刑者曰：「詎有節度使奪戰士食，一日忿怒，淫刑以逞。我死，當訴於天，使此賊闔門屠膾，如今日冤也。」《女世説》

楊誠齋夫人羅氏，生四子三女，悉自乳。曰：「飢人之子，以哺吾子，是誠何心哉？」《鶴林玉露》

毛會潛畫一婦乳兒於壁，夜遂有兒啼聲，會乃以筆添乳入口，自後啼聲遂絶。《天都載》

楊和王女事向子豐。一日，向妾得男，楊以爲己出。王厚遺其女，且撥良田千畝，以爲粥米莊。《齊東野語》

張萱有《宮姬戲嬰圖》。《名畫録》

小兒初生，爲小髻十數。其父母爲兒女相勝之辭，曰：「蒲桃髻，十穗勝五穗。」《記事珠》

太真以禄山爲子，時以襁褓戲而加之上，亦呼之禄兒。每入宮，必先拜貴妃，然後拜上。上問其故，對曰：「臣本蕃中人，禮先拜母而後拜父。」《唐詩紀事》

張萱有《乳母抱嬰兒圖》。《宣和畫譜》

南陽人謂抱小兒爲「擁樹」。《史記》注

生子百日置會，謂之「百晬」。至來歲生日，謂之「周晬」。羅列盤琖、飲食、官誥、筆研、算秤、經卷、針綫等物，觀其所先拈者，以爲徵兆，謂之「試晬」。《東京夢華録》

團油飰，産婦三日、足月及子孩晬爲之。《證俗音》

奩史卷六十一

東吳王初桐于陽纂述
蓬萊黄　巖翼堂校刊

術業門

三姑六婆

三姑者，尼姑、道姑、卦姑也。六婆者，牙婆、媒婆、師婆、虔婆、藥婆、穩婆也。《輟耕録》

三姑六婆而外，今則又有瞎婆。《座右銘》

掖庭供事者，有奶婆、醫婆、穩婆，謂之「三婆」。《長安客話》

漢明帝聽洛陽婦女阿潘等出家，此尼之始也。《事物紀原》

劉峻女出家爲尼，乃尼姑之始。《天禄識餘》

晉建興中始有尼。《静志居詩話》

晉土比丘尼，自洛陽竹林寺淨檢始。《比丘尼傳》

太原公主嘗作尼，童謠稱爲「阿麼」。《北史》

張彪死，妻楊氏割髪毀面，誓不更行。陳文帝聞而嘆息，遂許爲尼。《南史》

後魏孝文馮后入掖庭，以姿媚見愛幸。未幾疾病，出爲尼。帝念之，璽書勞問，遂迎赴洛陽。及至，寵愛過深，立爲皇后。《太平御覽》

崔繪死，妻盧氏糞穢巇面，斷髪自誓，武后詔爲尼。《唐書》

郭代公愛姬薛氏，幼嘗爲尼，小名仙人子。《慧燈集》

陸齊望女誦《法華經》，感天墜花，遂捨宅爲寺，女爲尼，名法興。《嘉興府志》

蜀慈光寺尼海印，才思清峻，有《月夜乘舟》詩云：「舉棹雲先到，移舟月逐行。」《唐詩紀事》

中國公主爲尼，掖庭嬪御隨出者三十餘人。《湘山野録》

岐王宮有侍兒出家爲比丘尼者，張嵇仲賦詩云：「從今不入襄王夢，翦盡巫山一段雲。」《竹坡詩話》

張子野嘗與一尼私通，其老尼性嚴，每臥於池島中小閣上，俟夜深人靜，其尼潛下，俾子野登樓相遇，子野作《一叢花》詞。《艇齋詩話》

于尼者，嘗適人生子，後爲二鬼所憑，言事有驗，遂爲尼，名惠普。士庶遠近輻凑，以佛事之。《溫公日録》

空室道人者，梅公珦之女。幼聰慧，樂於禪寂。後於姑蘇西竺院薙髮爲尼，名惟久。《羅湖野録》

宋女真觀陳妙常尼，年二十餘，姿色出群，詩文俊雅，工音律。張于湖以詞調之，妙常亦以詞拒。後與于湖故人潘必正私通，情洽，潘密告于湖，以計斷爲夫婦。即俗傳《玉簪記》是也。《古今女史》亦見《初蓉集》。

元時一尼，不知姓氏，因詠梅花，時稱「梅花尼」。云：「盡日尋春不見春，芒鞋踏破嶺頭雲。歸來笑撚梅花嗅，春在枝頭已十分。」《紅蕉集》

一尼少艾，有男子與通情好。尼欲恒留其人不可得，乃飲之酒，醉而髡其首，以弟子畜之。其妻怪夫不歸，入寺求之。尼方抵諱，而夫聞妻聲，遂云：「我在此。」妻決户出夫，則已不髮。妻尤其尼，尼慚謝，夫曰：「此吾自取耳。吾歸長髮，慎勿爲人言。」時其子商於外，其婦怪姑氏食倍於常。又數聞人語音，乃穴壁窺伺，正見姑與僧同臥。忿恚，具白其子。其子大怒，取刀入室，撫兩人首，其一僧也，即奮刀斷僧首。母覺而止之，不及，乃告以爲僧之由。子不信，驗其首，乃大悔。隣保執赴官，論其子弒父，固出不知，然母奸不應子殺，遂坐死，尼亦徒刑。《稗史彙編》

祝枝山同沈石田出行，見尼姑收稻自挑。祝云：「師姑田裏挑禾上。」沈云：「美女堂前抱繡裁。」——《咙語》

尼師尚義，本李氏女，父漁人也。女性慈仁，喜放生。得間輒取所捕魚投諸水，遭捶撻無數。一夕遁去，投旁近尼庵削髮。《遂初堂別集》

康熙六年，各省尼姑共八千六百一十五名。《蚓庵瑣語》

尼姑似燕，有伴方行。《義山雜纂》

尼姑謂之「優婆夷」。《大藏一覽》

尼爲除饉女。《名句文身表異録》

京師尼諱師姑，爲女和尚。《雞肋編》

惠洪《贈尼昧上人》云：「不著包頭絹，能披壞墨衣。」《石門文字禪》

元嘉中，師子國尼鐵索羅於南林寺壇上，爲景福寺尼惠果等受戒法事。此尼受戒之始。《薩婆易師資傳》

太和中，洛陽東寺尼道馨，通《法華》、《維摩》，研窮理味，一方宗師。此則尼講説之始也。《僧史略》

方夫人維儀有《尼説七惑》一卷。《然脂集》

宋比丘尼妙總爲蘇魏公頌孫，又溫州淨居妙道禪師係黃公裳女，並有法語。《傳燈録》

尼超衍《密印語録》一卷，尼濟印《仁風語録》一卷，尼自如《語録》一卷。《然脂集》

行徹、行剛二尼，並有語録。《静志居詩話》

阿難請世尊聽女人出家，故比丘尼多供養之。《佛國説》

鳩摩羅什母欲出家，夫未許，更産一男。後出城遊觀，見塚間枯骨，深惟苦本，堅求離俗，乃翦髮。《後秦録》

王二本女子，年十八易男子服，依德住，凡七載。及王二病，一夕氣絶。易其衣，乃知爲處子。俄而復甦，知跡已露。病愈，請爲尼。祝髮之日，送者如雲。《桑門王二傳》

梵語帶髮學道尼曰「式叉摩那」。《善覺要覽》

孝文廢皇后馮氏真謹有節操，遂號練行尼。《粧樓記》

初，僧、尼同壇。宋太祖時，尼始别爲壇。《事物紀原》

開寶五年詔：「自今尼有合度者，只許於本寺起壇受戒。」蓋自是始别立尼受戒壇也。《宋朝會要》

師姑壇，相傳昔有師姑卓錫居此壇，每出入上下，必騎虎，人呼爲騎虎大師。《江西大志》

張循王女孫真寂妙明惠懿大師，自幼奉敕爲尼，建慧光庵以居。至今住持皆張氏女。《咸淳臨安志》

張淑芳，西山樵家女。理宗時選入宫，賈相匿之爲妾。賈敗，芳遂削髮爲尼，結庵九溪塢以老。《西湖志》

東晉何充始捨宅安尼，此蓋尼寺之始也。《僧史略》

胡統寺，太后從姑所立也。入道爲尼，遂居此寺。洞房周匝，對户交疏，朱柱素壁，甚爲佳麗。其寺諸尼常入宫與太后説法。《洛陽伽藍記》

瑤光寺尼房五百餘間，椒房嬪御、掖庭美人並在其中，亦有名族處女落髮來依此寺。永安三年，有胡騎數十入瑤光寺淫穢，自此頗獲譏訕。京師語曰：「洛陽男兒急作髻，瑤光寺尼奪作婿。」《洛陽伽藍記》

梁武帝女爲尼，於浮槎山建道林寺。《禪藻集》

武信王五女俱幼年好道，薙髮爲女僧，各止一處，一曰佛華寺，一曰菩提寺，一曰莊嚴寺，一曰石佛寺，一曰法輪寺。《十國紀年》

宛平保明寺，是比丘尼焚修處。寺建自吕姑。正統間，諫阻北征，不聽。後復辟，念之，封爲御妹，建寺賜額，人稱「皇姑寺」。凡貴家女緇髮者，皆居其中。《耳譚》

臨平明因寺，尼大刹也。往來僧官每至，必呼尼之少艾者供寢，寺中苦之。於是專作一寮，貯尼之嘗有違濫者，以供不時之需，名曰「尼站」。《癸辛雜識》

洞庭山尼多妖麗，故有「尼妓」之稱。《林屋民風》

武媚娘，尼僧長髮，婦人還俗者也。《少室山房詩藪》

惡模樣尼姑新還俗。《義山雜纂》

有女尼從士人張生者，戴宗吉詩云：「於今嫁與張郎去，免得僧敲月下門。」《駒陰冗記》

有少尼往來人家，避男人甚謹。有周生命童子窺之，則立而溺。率衆擒之，果非尼。邑令杖斃。《樗鄉集》

女冠盛於唐。楊太真度爲女道士，下而宫人入道。朝士賦詩，一時詞客皆填《女冠子》小令。《静志居詩話》

公主爲女道士者十四人，金仙、玉真、萬安、楚國、華陽、漢陽、潯陽、平恩、邵陽、永嘉、永安、義寧、義昌、安康。《唐會要》

睿宗第八女西成公主，出家爲女冠，改封爲金仙。睿宗第九女昌隆公主，與西成並出家爲女冠，改封爲玉真。長安興輔坊有玉真女冠觀。《東坡詩注》

玉真公主，唐睿宗之姑，字持盈，號上清元都大洞三景師。天寶二年，與金仙公主皆爲女冠。今玉真、金仙二宫，公主真容見在。《青城山記》

宋太祖才人朱氏，後入道爲女冠。真宗貴妃杜氏，後入道爲女冠。仁宗美人尚氏與郭后忿爭，郭后廢，尚氏入洞真宫爲女冠。《文獻通考》

婕妤曹氏姊妹，通籍禁中，皆爲女冠，賜號「虚無」「自然」先生者、左右街都道録者。《朝野遺記》

女冠暢道姑，姿色妍麗，神仙中人也。少游挑之不得，作詩云：「超然自有姑射姿，回看粉黛皆塵俗。」《桐江詩話》

女冠吳知古用事。内宴，演參軍曰：「甚事不被䰐栗壞了。」俗呼黃冠爲「䰐栗」。《齊東野語》

徐驚鴻，青樓中之有才者，後爲女冠老。《林下詞選》

王微，字修微，廣陵籍，後爲女冠，自號草衣道人。《明詩綜》

白樂天有《詠玉真觀小女冠阿容》詩。《白氏長慶集》

韓文秀見鹿産一女，遂收養之，後爲女道士。梁武帝爲别立一觀，號曰「鹿娘」。《述異記》

李騰空，林甫女，得道廬山。李太白有《送内往廬山尋女道士李騰空》詩。《池北偶談》

開元中，有女冠乘風飛來玉真觀。問之，乃蒲州紫雲觀女道士也。數年，又因風飛去。《紀聞録》

女道士魚玄機，甚有才思。咸通中，爲李億執箕箒。後愛衰，下山隸咸宜觀爲道士。有怨詩云：「易求無價寶，難得有情郎。」又云：「蕙蘭消歇歸春浦，楊柳東西伴客舟。」自是縱懷。乃娼婦也。《詩苑叢珠》

魚玄機喜讀書屬文，尤致意吟詠。破瓜之歲，志慕清虚，遂冠帔於咸宜觀。然蕙蘭弱質，不能自持。或載酒詣之者，必鳴琴賦詩。有「雲情自鬱爭同夢，仙貌長芳又勝花」之句。《女世説》

女道士黎瓊仙，年八十而容色益少，曾妙行夢瓊仙而飡花絶粒。《百衲錦》

代宗華陽公主，以病丐爲女道士，號瓊華真人。德宗文安公主，亦丐爲女道士。《合璧事類》

女道士元淳《寄洛中諸姊》云：「舊國經年别，關河萬里思。題詩憑雁翼，望月想蛾眉。」《唐詩紀事》

耿先生爲女道士，自稱比丘先生。《南唐書》

元宫人王金蓮，晚爲道士，提點昭應宫。卒，贈淵静元素真人。《查浦輯聞》

丁羽棄族居吴山。一日召妻，書付四句而逝。其妻束髮簪冠爲女道士，奉夫尸，不下山二十年。婦姓王，名守真。《雁門集》《輟耕録》作「守素」。

李真童，張奔兒之女也。色藝無比，舉止温雅，綽有閨閣風致。達天山一見屬意。周旋三歲，達赴都，約以明年相會。李遂爲女道士，杜門謝客。至期，達備禮娶之。後達没，復爲道士，節行愈勵。《青樓集》

羅素月，惠州羅浮山女道士，有《梅花村詩》。《明詩綜》

女道士馬氏居凹裏村。韓志達訪之，馬氏叩以道經粤義，志達不能對，遂師事之。《會仙庵碑記》

李傃，號空雲，才貌雙絶。年十六，嫁史相國爲妾。史歿，出家爲女道士。後入王屋山，不知所終。《霜猿集》序

退之《華山女》詩云：「洗粧試面著冠帔，白咽紅頰長眉青。」此定是女道士也。《許彦周詩話》

唐女道士觀五百有五十。《六典》

女道士觀九百八十八。《新唐書》

卦姑，今看水碗𠃵、烏龜算命之類。《稱號編》

龜解人言，吳中婦女多有教龜算命者。《留青日札》

王愬自冬調選，至次年孟夏不附家書，其妻竇氏憂甚。忽聞賣卜女九娘者過其門，遂召卜焉。九娘設香，俄空中有人曰：「選事未成，早晚合歸。今日在西市，與四人共行。」及愬歸，竇氏喜曰：「君選事未成，又於某日西市四人共行。」愬愕然驚異。《太平廣記》

吳楚之地，婦人女子輩多能卜九姑課及九天玄女課。九姑課，其法：折草九莖，屈之爲十八，握作一束，祝而呵之，兩兩相結，止留兩端。已而抖開，以占休咎。若續成一條者，名曰「黃龍儻仙」；又穿一圈者，名曰「仙人上馬圈」；不穿者，名曰「蟢窠落地」。皆吉兆也。或紛錯無緒，不可分理，則凶矣。九天玄女課，其法：折草一把，不計莖數多寡，苟用算籌亦可。兩手隨意分之，左手在上，竪放，右手在下，横放。以三除之，不及者，爲卦。一竪一横爲「太陽」，二竪一横曰「靈通」，二竪二横曰「老君」，二竪三横曰「太吴」，三竪一横曰「洪石」，三竪三横曰「祥雲」，皆吉兆也。一竪二横曰「太陰」，一竪三横曰「懸崖」，三竪三横曰「陰中」，皆凶兆也。《輟耕録》

蔡烷妻楊氏曉星算，窺星躔，占風雨。《漳浦志》

嘉定陳公子娶徐氏女，後寵媵婢月蘭，伉儷不和。有算命婆以小木人付徐，身帶七針，囑其

密縫枕內。過三夜，婢即失寵。《湖海新聞》

楊維禎《西湖竹枝詞》：「見説枯槽能卜命，柳州街口問來婆。」《周禮》：「女巫舞雩。」《檀弓》曰：「天則不雨，而望之愚婦人。」此用女巫之證也。《日知録》

女巫，漢曰「總章」，又曰「黄門倡」。《升庵外集》

唐中宗時，有女巫趙挾鬼道出入禁掖，趙彦昭以姑事之。其得宰相，巫力也。《合璧事類》

端溪有女巫知未來事。或叩之，巫曰：「某乃見鬼者，未來之事，皆鬼言之。」《續幽怪録》

女巫樊胡子，自言玉皇降身上。劉鋹於内殿設帳幄，胡子冠遠遊冠，衣紫霞裾，坐帳中宣禍福。《五代史》

有女巫居藂祠，多興妖以惑民。一惡少年不信，入廟詆辱之。女巫乃夜詣少年，曰：「若敗吾事矣！今與錢十萬。質明，復入廟詈辱。飲啖酒肴，斯須則僞爲受械狀，庶成吾事。」少年許諾，女巫乃寘毒酒中，少年如教飲啖，即七竅血流而死。里人益神之。《梁溪漫志》

金氏女爲巫，稱金花小娘。後没，里人刻像立祠祀之，稱金花普主惠福夫人。至今有金花會。《廣東通志》

琉球女巫最尊，名曰「女君」。《八紘繹史》

伯顔家畜西番師婆，名㚻㚻，能預知吉凶。《庚申外史》

師婆，今師娘，即女巫也。吳中稱巫爲師娘。《稱號篇》

滇中多蠱，婦人尤甚。每與人交好，或此人有遠行，必蠱之，至期不歸則死矣。一客至滇，交一婦人，臨別云：「我已毒君矣，如期不歸，必腹脹，脹則速還。如踰月，則不可救。」其人至期腹脹，逡巡不歸，腹裂而死。腹中有餵猪木槽一面。《述異記》

滇南苗婦多蠱術。有北賈與一婦狎，越數載，將歸，婦挽留，不從，因曰：「遠別無以爲贈，有藥一服，服之可以療飢，無需飲食也。」其人服之而行。過逆旅，主人曰：「君必有所私，已中其毒。」其人恐，以實告。主人與一藥丸，戒之曰：「服此，夜必吐，任其吐盡胸膈物，勿以燭視也。」及夕，如其言。覺有物自喉中出，落地有聲。天明視之，尖刃七柄，卓立榻前。《秋燈叢話》

潘嫗善禁。陳顯達矢中左目，鏃不出。嫗先以釘釘柱，禹步作氣，釘即出，仍禁顯達鏃出之。《齊書》

樊夫人與夫劉綱各咒一桃樹。夫人咒者，兩枝相鬬擊良久。綱所咒者，桃走出籬外。《神仙傳》

王七娘以紙月施於垣上，咒之，忽月光洞然。《宣室志》

番婦善咒。有謝鸞、謝鳳俱病，番婦咒之，鸞、鳳臍中各出草一莖，尋愈。《番俗六考》

蕭氏小字意辛，嘗與娣姒會，爭言厭魅，以取夫寵。意辛曰：「厭魅不如禮法。」衆問之，意辛曰：「修己以潔，奉長以敬，事夫以柔，撫下以寬，此之謂禮法。自然取重於夫。以厭魅獲寵，獨不愧於心乎？」聞者大慙。《遼史》

楊祐悦妓吳秋景，以三百金納之。坐臥皆同，歡笑無間。但慾念一舉，即有一牆起於榻，界斷其中。兩相推撼，而堅如石屏，未嘗一度得合。乃至遷房易榻，卜晝卜夜，無不皆然，禱禳無效。累年，秋景怏怏以死。蓋妻爲厭勝云。《漱石閑談》

苗婦有幻術。一幕客宿於苗地，苗婦挑之，不從。苗婦恨之，即易其腿。明日視之，一足乃木耳。宦者窮治其事，苗婦懼，請還其腿。《峒谿纖志》

南方幻術，能使鬼執燭茗。有某氏子往學之，則曰：「且留我家爲女婿，當以法授。」於是見女，夜與之處，美而艷。亟欲就之，輒輾轉床席間如隔壁，與語則在。索燭照之，婉孌丰澤，來就人也。撫而摟之，又不可近。凡數夕，無如之何。某氏子貌亦美，女心動，悦之，則曰：「席間有紅縷一綫，盍取而去之。」去之，乃得接合，甚歡。其家知而將殺之，女以告，使急去。某曰：「若贅我何爲？」女曰：「以子美，我故私而就子。其他或來與處，久不得接，彼將神蕩魂離，以至於死。死，則師命我裸裎招之，故能役之執燭茗耳。」於是決别，甚悲。女曰：「無爲思我，我固老且醜也。」因脱其面，獰惡殊甚。《曠園雜志》

霍光夫人顯，欲貴其少女成君。會許后娠，顯謂女醫淳于衍曰：「皇后娠日，可投毒藥去之，成君即爲皇后矣。」皇后娩身後，飲附子，遂崩。《丙丁龜鑑》

唐高宗宮人，有自陳時世業醫術者。《集異記》

義縱姊以醫幸王太后。太后問：「有兄弟欲爲官者乎？」姊曰：「有弟。」太后乃告上，拜縱爲中郎。《續通鑑長編》

外科張生妻遇神人授以《癰疽異方》一册，且誨以手法，遂用醫著名，俗呼爲張小娘子。《夷堅志》

王建《宫詞》：「白日臥多嬌似病，隔簾教喚女醫人。」

晉王離妻李氏者，將洛陽舊火隨元帝南渡。自言受道於祖母王氏，傳此火，並有遺書。臨終使行此火，勿令斷絶。火色甚赤，異於餘火，有靈驗。四方病者將此火煮藥及炙諸病，皆愈。及李氏卒，火亦經時而滅。人號其所居曰「聖火巷」。《建康實録》

張仙姑善布氣。人有疾，仙姑輒瞑目潛爲布氣攻之。俄覺腹熱如火，已而鳴聲如雷，疾無不愈。《秘閣閑談》

藥婆，今捉牙蟲、賣安胎墮胎藥之類。《稱號篇》

郭璞女精於地理。璞欲東遷，下菰城，每立標，輒爲飛鳥銜去。璞女請無徙，因舊址損益之，遂定於吴興。郡人號璞女爲「遷城小娘」，從璞廟祀。《吴興郡城記》

江西有嫠婦，精青烏術。幼時患頭痛，有道人來，以葫蘆枕之，愈。授堪輿數頁，曰「一生吃著不盡」。《秋燈叢話》

胡右丞宗愈妻丁氏善相，常於窗隙遥見蔡確，謂右丞曰：「蔡相全似盧相多遜。」或以兩人肥瘠、色貌不同詰之，丁氏曰：「吾雖不及見故相，但常一觀繪像，與今相神彩似耳。」後確果南竄，與多遜同。《女世説》

淨慈寺前有瞽媪，能揣骨聽聲，知人貴賤。《錢塘瑣記》

司馬相如與卓文君俱之臨卭，盡賣車騎買酒舍，乃令文君當壚。《漢書》

阮籍鄰家有少婦美色，當壚沽酒。籍嘗詣飲，醉，便臥其側。《晉書》

福唐有老媪當壚，有舉子謂曰：「吾能與爾致數十千。」乃令媪作酒簾，題句云：「下臨廣陌三條闊，斜倚危樓百尺高。」太守王逵見之大喜，呼媪與錢五千。乃王公詠酒旗詩平生最得意者。《詩話總龜》

司馬道子於園内爲酒壚列肆，使姬人酤鬻酒肴。《野客叢書》

西湖飛來峰有當壚蕭九娘。《研山集》

羽林郎云：「胡姬年十五，春日獨當壚。」《古樂府》

義熙中，趙姥以酤酒爲業。居室内地忽隆起，姥以酒酹之，有一物出，頭似驢，俗謂之土龍。《酒譜》

東昏侯日與潘妃遊芳樂苑，大設店肆，使宫人共相貿販。妃爲市令，帝爲市魁。有爭鬭者，就妃罰之。帝有小失，妃即杖之。百姓歌曰：「閱武堂，種楊柳。至尊屠肉，潘妃沽酒。」

《南史》

宋吳宰於臨安聽調，嘗飲酒肆，一賣酒娼，故人妾也。吳呼問，妾引至闇處語曰：「吾死，爲陰司所録，賣酒於市。今市上十之二三皆鬼也。」言訖不見。《楮記室》

峽中婦人賣酒者，皆負於背呼賣之，長跪以獻。《入蜀記》

曹媪賣酒，有道人來索飲，媪飲之，道人與藥一丸，云：「投井中，則作酒。」媪如其言，井水皆成酒。《寶慶府志》

柳條，女奴也。成都米市橋，僞蜀時有柳條家酒肆，蓋當時皆以當壚者爲名。《侍兒小名録》

西巷内有王小姑酒店。《東京夢華録》

長橋有朱娘酒店。《水心詩鈔》

盧昭美母卒，貧無以葬，傭爲酒家保，得月資與女弟，令備奠祭。酒嫗爲咨嗟輟食，盡以緣身衣被釵釧與昭美，令葬母，並免其傭。《女世説》

米元章《書史》云：「使老婦駔攜書畫出售。」婦駔，今之賣婆是也。《升庵外集》

徐媪以賣金珠爲業，用假銀爲首飾，賺婦女重價。有一富室所買最多，皆贋物也。一日，富室婦夢見徐媪來云：「明日君家犬生子，其花犬即我也，幸善視之。」次早，果見花犬，加意護惜，呼曰「徐老娘」。《曠園雜志》

有人家一男嘗遊市，見一女子賣胡粉，甚美麗，愛之。無由自達，乃托買粉，日往市，得粉便去。初無所言，積久，女疑，因問其故，答曰：「意相愛樂，不敢自達。然恒欲相見，故假此以觀姿耳。」女悵然有感，遂相許以私。明夕，安寢堂屋，以待女來。薄暮果到，男不勝其悅，把臂曰：「宿願始伸於此！」歡踴遂死。女惶懼，遁去。至食時，父母怪男不起，往視，已死矣。殯殮，發笥中，見百餘裹胡粉，大小一例。其母曰：「殺我兒者，必此粉也。」入市，遍買胡粉，次至此女。比之，手跡如先，遂執問女曰：「何殺我兒？」女嗚咽，具以實陳。父母不信，遂以訴官。女曰：「妾豈復愛死，乞一臨尸盡哀。」縣令許之。徑往撫哭，男豁然更生，遂爲夫婦。《北窗叢録》

明帝見賣食嫗，以七寶鞭與之。《晉書》

王衍大內造坊市，令宮嬪著青衫，懸簾鬻食。《前蜀紀事》

東陽杜氏二女子，早喪父母，鬻餅市中。厨人挑之，二女子憤殺厨人，走匿仙居之孟溪。夜雨水漲，皆溺死。時隋大業間也。唐人取其遺骨，塑像建廟。元至正中，封貞惠、貞淑二真仙。《金臺集》

蔡姬，李滄溟侍兒之最慧者。滄溟死後，蔡姬典盡羅裙。年七十餘，在濟南西關賣胡餅自給。《問山亭集》

傅炎爲山陰令，有賣糖老姥與賣針老姥爭絲，同詣炎。炎掛而輕鞭之，有鐵屑，乃罰賣糖者。《南齊書》

販糖之妾，見馮敬通《與弟婦書》。《糖霜譜》

陽都女隨犢子出取桃李，一宿而返。後數十年，見在潘山下冬賣桃菓。《列仙傳》

王鯨遇賣蕨姥，黄衣破結，有飢色。憫之，以千錢買蕨。歸蒸之，盡成金釵。蓋姥非常人也。《清異志》

黄善聰，金陵女也。年十二喪母，姊已嫁。父嘗挾綫香行販江北，念女幼孤，假粧爲男，挈之以往。數年，父亦淪逝。聰自以力弱，不能經營，改姓名曰張勝，合郡人李英爲夥，仍業販香。相處歲餘，臥起皆同。但云有疾，不去衫袴，溲溺以夜。英初不知其爲女子也。後與英還金陵，年已二十餘。往候其姊，姊不識，且曰：「吾昔無兄弟，止有妹耳。我父挈往他所，賈販數年，音問不通，存亡未審。」聰哭曰：「吾即汝妹善聰也。父死，孤貧不能歸，不得已合郡人李英爲夥，營生度日，今偕歸拜姊耳。」姊聞父没，悲啼失聲，徐怒曰：「男女亂群，辱我甚矣。」一拒不納。聰曰：「妹亦欲明此身以見志。」於密室驗之，果處子也，乃仍爲女飾。越兩日，英來，知爲女，怏怏如失。歸告母，遣媒求配。聰堅拒曰：「吾向與英同臥起者數年，今若諧婚，則終身不得明前節矣。」所親交勸之，聰志益堅。事聞三廠，中官逼令就婚，且以貲粧相贈。始不敢違，遂爲夫婦。《金罍子》

朱雋母以販繒綵爲事。張璠《漢記》

王僧孺母鬻紗布以自業。《梁書》

周滅北齊，北齊后妃以賣燭爲業。《隨隱漫録》

西施，苧蘿村鬻薪妾。《美婦人傳》

蒼山雪六月不化，市上女郎賣之，猶賣冰也。《西覽篇》

蘇躭母賣井水以供養。《桂陽列仙傳》

劉休妻王氏妒，明帝令休。於宅後開小店，使王氏親賣掃箒、皂莢以辱之。《宋書》

張住住女兄爲小鋪席，貨草剉、薑菓之類。《北里志》

龐居士女靈照，賣竹漉籬以供朝夕。《傳燈録》

杭州貧人婦女作彈絮弓弦售人。《紫桃軒雜綴》

蜀先主之母織席、販履爲業。《看雲堂叢録》

儲福死，妻范氏孝養其姑。一日，范至澗邊浣衣，見其旁草生若席草，因取以織席，售而養姑。姑卒，范亦卒，席草遂不生。《語林》

翟方進幼好學，後母織履以給之。《蘇氏家語》

施孄婁年六十爲人織履。《春渚紀聞》

魏武帝《遺令》曰：「諸夫人、諸舍中無所爲學，作履綦賣也。」陸機《吊魏武帝文》

裴潛妻貧乏，織葙笓以自供。《魏略》

安南女子愛招漢婿，婦出貿易，夫坐食於家。《安南志》

《北夢瑣言》：「唐柳僕射因女僧鬻婢於蓋使君。」《玉照新志》：「宋王安國訪乳婢於女僧。」《瑣綴録》

《晉書》：「姏姆，尼僧。」姏，婦之老者，能以甘言悦人，故曰「姏」，俗呼「姏婆」。《丹鉛總録》

唐宋女兒多有養娘，即今之針綫娘也。《草堂詩餘》注

杭州有喪之家，命僧爲佛事，必請親戚婦人觀看。主母則帶養娘隨從，養娘首問來請者：「有弄花棒鼓否？」請者曰：「有。」則養娘爭肯前去。花棒鼓者，一僧三四棒鼓，輪轉抛弄。諸婦女競觀之以爲樂。《古杭雜記》

官本雜劇段數，有《義養娘》，有《雙養娘》。《武林舊事》

王喜娘妖冶而喜飲。《信徵録》

京都中下之户生女，甫長，則隨其資質教以藝業，以備士大夫採擇。有所謂身邊人、本事人、供過人、針綫人、堂前人、劇雜人、拆洗人、琴童、棋童、厨娘等級。就中厨娘最爲下色，然非極富家不可用。《江行雜録》

有某官者，已歷二倅一守矣，聞京都厨娘調羹可口，欲置一人。適有厨娘自府第回，年可二十餘，有容藝，能算能書，守遂招致之。厨娘先遣其夫申狀來，乃其親筆也。字畫端正，歷敘慶新，末乞以回轎接取，庶成體面。辭甚委曲，殆非庸碌女子所及。及入門，容止循雅，紅衫翠

裙，參侍左右乃退。守令且具常食，厨娘請食品、菜品，守書以予之。食品第一爲羊頭僉，菜品第一爲葱虀，餘皆便易者。厨娘舉筆硯具物料，羊頭僉用羊頭十個，葱虀用葱五斤，他稱是。守疑其妄，而姑從之，以密覘其所用。物料既齊，厨娘發行奩，取鍋銚、盂勺、湯盤之屬，令小婢先捧以行，熣爛奪目，皆是白金所爲。至如刀砧、雜器，亦一一精緻。厨娘更團襖、圍裙，銀索攀膊，掉臂而入。據胡床，徐起，切抹批臠，有運斤成風之勢。其治羊頭也，漉置几上，剔留臉肉，餘悉擲之地。衆問其故，厨娘曰：「此皆非貴人所食矣。」其治葱也，取葱微過沸湯，悉去鬚葉，而裁截之。又除其外數重，取條心之似韭黄者，以淡酒醯浸漬，餘悉棄置。凡所供備，馨香脆美，濟楚細膩。食之，舉筯無贏餘。既徹席，厨娘整襟再拜，照例支犒。守方遲難，厨娘曰：「得非待檢例耶？」探囊取數幅紙以呈，曰：「是昨在某官所得支賜判單也。」守視之，其例，每展會支賜，或至於券數疋，家聚或至三二百千雙。守破慳，勉強予之。不兩月，託以他事遣還。《暘谷漫録》

蔡京厨婢數百人。《膳夫録》

段丞相有厨下老婢，名膳祖，精於饌事，指授女僕四十年，凡閲百婢，僅九婢可嗣法。《鄒平公食憲章》

江淮荆楚間商賈，多挾婦俱行，供炊爨薪水之役，夜則共臥如妾，大抵皆土娼也，謂之「嬸子」。《夷堅志》

宋臨安有一穩婆，與人守産，生兒不患痘疹，能於未啼前去其口中穢物故也。《農田餘話》

穩婆范氏專爲人墮胎，未幾，合家俱死。《果報聞見録》

米元章母，産媼也。出入禁中，以勞補其子殿侍。《雞肋編》

宫中誕育，令供老娘、乳婦、抱洗女人等。《武林舊事》

餘杭收生婦王老娘，半夜聞扣門聲急，啓視，則唤收生者也。有淡青色燈一對，引之上船，其行如飛。至其家，坐蓐者乃一紅衣婦人，稱曰大娘。其姑稱太太者，與收生婦共食。食畢，臨盆産一子。其姑與銀半錠，大娘又私贈銀五錢。復以原舟送之歸，天尚未明也。少寢，覺腹痛異常，嘔吐狼籍，皆樹葉也，因疑産子者非人。檢其所贈，乃冥鏹半錠也，唯大娘之銀則朱提焉。疑爲殮時受舍之物耳。《述異記》

沈文端家書云：「文姐有娠，臨生産時，尋一個省事的收生婆。」《筠廊二筆》

乳醫陳媪，切脈知其早晚，月則知日，日則知時。有兩家就乳，切其右家曰：「是當午生。」切其左家曰：「是當夜生。」復切之曰：「初更兩點其時也。」皆如其言。《後山談叢》

乳醫趙十五嫂，聞人扣門請收生，趙遽隨行。步稍遲，其人負之而去，奔馳如風。至石巖下，謂趙曰：「吾乃虎也。緣吾妻臨蓐危困，知媪善此伎，所以相邀。」便引入洞中，見牝虎委頓。趙於洞外摘嫩藥數葉，揉碎窒虎鼻，即噴嚏數聲，旋産三子。牡虎即負趙歸。《夷堅志》

徐清叟子婦懷孕十有七月不産，舉家憂危。忽一婦踵門，自言姓陳，專醫産。徐喜，留之，以事告。陳婦曰：「此易耳。」令别治一樓，樓心鑿一穴，置産婦於樓上，仍令數僕持仗樓下候，有物墜地即捶殺之。既而産一小蛇，俄長丈餘，自竅而下，群僕捶之。舉家相慶，酬以禮物，不受，但需手帕一方，令親書「徐某贈救産陳氏」數字，且曰：「某居福州古田縣某處。」出門忽不見。後清叟知福州，憶某事，尋訪之，隣舍云：「此間有陳夫人廟，常化身救産。」諦視之，則所題手帕懸於像前。遂請朝加封，並宏其廟宇。《浦城志》

厦門夫婦二人，操舟捕魚爲業。適有魚丈許觸舟來，婦以篙撲之，魚昂首向婦三躍，乃逝。後每夢與魚交，有孕産子，自是獲魚倍常。《江舟雜記》

太湖大罛船女子，塗粧綰髻，臂金跳脱拽篷。《静志居詩話》

南海解牛多女人，謂之「屠婆」。《蘆浦筆記》

虔婆，賊婆也。《稱號篇》

張秋婦僱驢往兖府探親。途中問驢夫：「有妻乎？」曰：「無。」婦曰：「吾亦新寡，與汝盍爲夫婦。」驢夫大喜，因與野合焉。迨至府，謂驢夫曰：「我母家頗豐，若如此衣服，不便同歸。」因與十金，令至緞鋪買緞二疋持歸。婦密燒其數處，驢夫不知也。婦曰：「如此破緞，買之何用，與汝飯後同往換之。」已密置毒其中。驢夫食訖，遂同至緞鋪。共爭論間，驢夫毒發死矣。其婦以緞鋪殺夫，遂欲鳴官。緞鋪恐，以五百金賄，婦遂挈貲騎驢而去。《述異記》

江蘇韓巡撫遣幹辦賫金與札赴北京。道山東旅店，樓上誤傾污其衣，怒甚。店主向樓罵曰：「浪小婦何污貴人？速下請罪。」幹辦知其爲妓也，怒盡解。比至，顔色光焰，是夜遂接枕席。四鼓起行，妓亦去。至前林，則響馬號箭至矣。幹辦泣曰：「予奉公往都，若劫我，禍不旋踵？」盗近前，乃美少年。忽擲帽曰：「認得老娘否？」幹辦視之，夜來妓也。哀告之，妓曰：「念汝枕上情，文書、手札俱還汝。」盡攫其金去。幹辦反，責店主，店主曰：「旅店如織，彼與汝前後同来投宿，知爲誰乎？」《柳軒叢談》

宛叔歸茅止生。止生歿，盡橐裝奔田弘遇。田以老婢子畜之，復謀奔東平侯。將行而京城陷，乃爲丐婦裝，間行還金陵，盗殺之於野。《長水日鈔》

奩史卷六十二

東吳王初桐于陽纂述
岳陽張國泰石橋校刊

衣裳門一

衣上

紫微王夫人衣服倐倐有光，如日中視雲母。《列仙傳》

吳少帝埋其妹於石子岡，後欲改葬，塚不可識。而宮人頗有識其亡時衣服者，乃使兩巫伺其靈。久之，皆見一女，著青錦束頭、紫白袷裳、丹綈絲履，從岡至塚不見。遂開塚，衣服與所見同。《至大金陵新志》

楊貴妃寵擅宮中，主貴妃刺繡者八百人，諸戚里每歲進衣服，布之於庭，光奪人目。《唐書》

延安公主以衣服踰制，駙馬竇澣得罪。《太平御覽》

皇后宏吉剌氏性樸素，奇氏后見其衣服弊壞，笑曰：「正宮皇后，何至服此等衣耶？」《元史》

至正末，婦人衣服全用白，蓋白爲兵象。《農田餘話》

洪武三年，賜皇子母妃紗、羅、布衣服六十襲。《弇山堂别集》

桓少君既歸鮑宣，著短布衣裳。《東觀漢記》

南曲衣裳粧束，四方取以爲式。衫之長短，袖之大小，隨時變化，見者謂是時世粧也。《板橋雜記》

皇太后、皇后入廟服，紺上皂下。《後漢書·輿服志》

世婦、命婦佐祭服，皂絹上下。徐廣《輿服雜注》

皇太后、皇后親蠶服，青上縹下，隱領，袖緣以縧。《隋書·禮儀志》

貴人助蠶服，純縹上下；公卿列侯夫人助蠶服，縹絹上下。董巴《漢輿服志》

世婦、命婦助蠶服，青絹上下。徐廣《輿服雜注》

建和元年納后，后服紺上玄下。《漢雜事秘辛》

皇后至二千石夫人，皆以蠶衣爲朝服。董巴《漢輿服志》

命婦以山松特髻、假鬢花鈿、真紅大袖衣、珠翠蹙金霞帔爲朝服。《明會典》

崇禎五年皇后千秋，宫女服用紫色，圓領窄袖，遍刺折枝小葵花於上，以金圈之珠絡縫。《春明夢餘録》

元時，婦人禮服無貴賤，一也。服章但有金素之别，惟處子不得衣焉。《輟耕録》

民間婦人禮服惟紫絁，不用金繡。《明會典》

冼氏討定嶺南，封譙國夫人，皇后賜宴，服一襲。《嶺表録異》

命婦以珠翠角冠、金珠花釵、潤袖雜色緑緣爲燕居之服。《明會典》

一品命婦常服，長襖，各色紵絲、綾羅、紗隨用。《明史》

王昌婦是曹子大女，昌弟婦是桓階女。昌母聰明，有典教。二婦入門，皆令變服，不得踰侈。《襄陽耆舊傳》

戚夫人侍兒賈佩蘭，後出爲扶風人段儒妻。説在宫内時，競爲妖服，以趨良時。《西京雜記》

貞觀四年制，婦人皆從夫服色。《舊唐書》

貴妃楊氏，奇服變化若神。《孔帖》

紹興間，婦人服飾皆作小景山水。《畫繼》

絶世佳人，粗服亂頭都好。王昭君胡服更嬌，萬貴妃戎粧愈媚。閨閣中偶一爲之，亦自殢人。《西堂續集》

天女衣六銖，又曰五銖。《博異志》

東荒女采衣，西荒女碧衣，皆無縫。《神異經》

寶歷二年，浙東國貢舞女二人，飛鸞、輕鳳，衣軿羅之衣，無縫而成。《孔帖》〔一〕

〔一〕本條出處有誤，《孔帖》未見。原載《杜陽雜編》卷中，另《御定月令輯要》卷二、《香乘》卷八有收録。「浙東國」，原作「閩東國」，據《杜陽雜編》改。

女鬼林四娘，國色麗人，其衣皆鮫綃霧縠，無縫綴之跡，而香氣飄揚。《損齋焚餘》
桀、紂之時，婦人衣紈綺之衣。《六韜》
楚昭王賜群臣酒，燈滅，有引美人衣者，美人絶其冠纓而告王。王曰：「奈何顯婦人之節而失士乎？」乃命群臣皆絶其冠纓而上火。《説苑》
齊東昏侯爲潘妃製雜色錦衣，綴以金花玉鏡。《金樓子》
上元夫人侍女服青綾之衣，光彩奪目。《茅君內傳》
靈昭夫人著紫錦衣，侍女名隱暉，著青綾衣。《列仙傳》
秦王卷衣，言秦王卷衣以贈所歡也。李白有《秦女卷衣》。《樂府古題要解附注》
文帝所幸慎夫人，衣不曳地。《史記》
明德馬后常衣大練。朔望，諸姬主朝請，望見后袍衣疎麄，反以爲綺縠，就視乃笑。《後漢書》
后始加大號，婕妤上二十六物，內有若亡絳絹單衣一襲。《飛燕外傳》
元載納薛瑤英，衣以龍綃之衣，一襲無一二兩，摶之不盈一握。載以瑤英體輕，不勝重衣，故於異國求是服也。《杜陽雜編》
朱暉與舅母家屬入宛城，道遇賊，欲奪婦女衣。暉拔刀曰：「錢物可得，諸女衣不可得。」《東觀漢記》

鈿釵禮衣，外命婦朝參、辭見及昏會則服之。凡昏嫁花釵禮衣，六品以下妻及女嫁則服之。其次花釵禮衣，庶人嫁女則服之。《唐六典》

有老嫗寄河干避雨，雨甚而衣不霑。《後漢書》

婁縣有一女，夜乘風雨至吳郡，衣不沾濡。《幽明録》

晉先蠶儀注，皇后純青之衣。徐廣《輿服雜注》

愍懷以體上白絹單衣一領寄與妃。《晉惠帝起居注》

石虎女妓數百，衣皆絡以珠璣。《鄴中記》

中央黄老君，授夫人龍衣。《南岳夫人傳》

蔣翊女嫁服，但服青布。《三輔决録》

薛夏母孕夏時，夢人遺之一篋衣。《拾遺記》

阮佃夫女伎數十，每製一衣，京邑莫不效法。《宋書》

麻姑衣有文彩，又非錦繡，光輝曜目，不可名狀。《老君傳》

煬帝嘗幸文選樓。先命宫娥數十人昇樓迎侍。微風東來，宫娥衣被風綽，直泊肩項。帝覩之，色荒愈熾。因此，乃建迷樓。《大業拾遺記》

文宗問漢陽公主曰：「姑所服，何年法也？今之弊，何代而然？」對曰：「妾自貞元時辭宫，所服皆當時賜，未嘗敢變。」帝詔宫人視主衣制廣狹。《唐書》

王忳爲郿令，有女子稱欲訴冤，無衣自蓋。忳以衣與之，訴爲縣門下所殺。訴畢，投衣而去。《睽車志》

法朗入雁門山石洞，有秦時婦人，衣草葉。《玉劍尊聞》

楊恂遇花時，就花下取蕊，粘綴於婦人衣上，微用密臘。《三堂往事》

蠻女聚鵝毻爲毬，綴衣以爲飾。《蠻書》

女仙謝自然，有仙來召，即服天衣昇天，以舊著衣留繩床上。下降，仍著舊衣，置天衣於鶴背。《集仙記》

穆宗以玄綃白書、素紗墨書爲衣服，賜承幸宫人，皆淫鄙之詩詞，號「諢衣」。至廣明中，猶有存者。《史諱録》

曹洪令女倡着羅縠之衣。《敘小志》

裴慶餘佐紳幕，嘗遊江，舟子誤濺近侍衣，裴爲詩曰：「半額鵝黄金縷衣，玉釵浮動鳳雙飛。從教水濺羅衣濕，知是巫山行雨歸。」《坡詩注》

李紳爲相時，俗尚輕綃染蘸碧爲婦人衣，紳自爲小君裁剪。《鳳池編》

衣薰荳蔻香，霍小玉事。《丹鉛録》

麗丘嘉蜂蜜和諸香爲丸，薰衣，數年不散。《女紅餘志》

周顯德五年，昆明國獻薔薇水十五瓶，云得自西域。以灑衣，衣敝而香不滅。《粧樓記》

周光禄諸妓女，染衣以沉水香。《傳芳略記》

鬱金，芳草也，染婦人衣最鮮明，然不奈日炙。染成，衣則微有鬱金之氣。《粧樓記》

孝宗謝皇后性儉，服澣濯衣，有數年不易者。《宋史》

太液池西有曝衣樓。七月七日，宮女登樓曝衣。《園苑疏》

王忠嗣以女韞秀嫁元載，久而見輕，親戚呼爲乞兒。及相兩朝，舊親屬來謁，韞秀安置於閑院。一日天晴曬服，皆羅紈綺繡。約諸親戚西院閑步，韞秀顧謂諸親曰：「豈料乞索兒婦還有兩事蓋形粗衣也。」諸親皆羞赧。《女世説》

王韞秀於晴霽日，以青紫絲四十條，每條三十丈，皆施羅綺錦綉之飾，絲下各排金銀爐二十枚，皆焚異香，香亘其服。《雲溪友議》

楊誠齋夫人羅氏，平居，衣止於紬絹。《鶴林玉露》

女子韓希孟，魏公五世孫，嫁與賈瓊爲婦。岳州破，被虜，以衣帛書詩而自縊。《陵川集》

陶南村曰：「赴水而死，於練裙中題五言長句。」

伯顏入杭，宋謝、全兩后以下皆赴上都。有故宋宮人安定夫人陳氏、安康夫人朱氏與二小姬，沐浴整衣，焚香自縊死。朱夫人遺四言一篇於衣中，云：「既不屬國，倖免辱身。世食宋禄，羞爲北臣。妾輩之死，守於一身。忠臣孝子，期以自新。丙子五月吉日泣血書。」明日奏聞，上命斷其首，縣全后寓所。《西湖遊覽志餘》

漳州陳端才妻蔡三玉，與里中婦女同舟避寇。寇追及，三玉亟以水漬衣。寇視三玉有姿色，欲先污之。三玉紿曰：「衣濕，更求衣。」間寇取衣，投水死。《輟耕録》

凝香兒衣絳繒方袖之衣，侍帝於天香亭。《元氏掖庭記》

簡村一婦圃中擷蔬，地中出一手，長三尺許，牽婦衣。婦大呼，衆以鋤擊之，即失手所在。《廣莫野語》

天啓丙寅五月六日，京中婦女凡肩輿出行者，皆於輿中自取其衣，衣若有物攝之，從空飛去。昌平州某處，堆積婦女衣無算。《曠園雜志》

貴州宣慰使宋欽妻劉氏，名淑真。入朝，賜紗羅襲衣。同知宣慰使靄翠妻奢香入朝，賜文錦、綺帛、珠翠、如意冠、金環、繡衣。《明一統志》

凌義渠夫人閔氏，秋深尚衣葛衣、練裙。《静志居詩話》

有尼浴於山池，惡少匿其衣，尼裸身不得上。一婦來汲，尼急呼救，婦取衣衣之。先是，其夫外出，會日暮，留尼宿而去。越日，夫至，兒甫能言，迎謂父曰：「昨僧宿此。」夫杖其婦。婦曰：「彼尼也。期某日來歸我衣。」尼故德婦，届期，方謀饋謝，不即至。婦無以自明，遂縊死。後一日尼來，在途，或語以婦死，勿往。尼曰：「彼死以吾累，吾不往，婦冤不白矣。」遂伏尸哭，哀極，縊死婦側。其夫歸，號悔曰：「奈何以一疑殺二命。」亦自殺。是日，雷擊一少年，跪捧尼衣，觀者震駭。《學餘堂文集》

曹植妻衣繡，太祖登臺見之，以違制命還家。《世説》

東阿王婦以繡衣賜死。《梁崔祖思政事疏》

盧江陵遇一婦着衣，自稱黄祖，能興雲雨。《搜神記》

易遷館仙妃趙夫人，字素臺，緑繡衣。《玄通記》

有夫死而婦誓不嫁，以繡衣納諸棺。後三年，婦出適，忽見人於車前還其繡衣，婦遂自經而死。《物理論》

靖康初，京師婦人衣服皆繡四時花，如桃、杏、荷、菊、梅之類，皆併爲一景，謂之「一年景」。而靖康紀元果止一年，蓋服妖也。《老學庵筆記》

盧孝妻祝氏，名月英。夫婦未嘗離捨。英死，散衣十九件，皆英手刺花鳥，悉以葬焉。《耳譚》

杜甫《麗人行》：「繡羅衣裳照暮春，蹙金孔雀銀麒麟。」

前蜀王衍嘗與太后、太妃遊青城山，隨駕宫人衣服皆畫雲霞，望之飄然若仙。《五國故事》

孟后衣服畫作雙蟬，目爲「孟家蟬」，識者謂：「蟬有禪意。」久之，竟廢。《萍州可談》姜夔詩：「遊人總戴孟家蟬。」

柳應芳《七夕詠王美人百花畫衣》云：「七夕畫衣裁，一花一色開。」《類傳》

田貴妃宫衣，用紗縠雜綴諸剪繡，而隱以他色，如罨畫然。《彤史拾遺記》

秦淮妓王易容有百花畫衣。《晚香堂小品》

沂水高平仲初登第，觀政京師。製衣一稱寄内，自畫花卉其上，凡二十六種，作三十二叢。花之左右前後各題絶句，詩凡八十首。《漁洋詩話》

俺答妻三娘子入貢，總督吴兑贈以百鳳雲衣，三娘子以此爲兑盡力。《梅花渡異林》

有少年見美女七人脱五綵衣岸側，浴池中戲，藏其一。諸女浴竟就衣，化白鶴飛去。獨失衣女不能去，隨至少年家，爲夫婦。三年，還其衣，亦飛去。《職方乘》

象介見一美女，被服五彩，授介還丹方。《神仙傳》

韋皋在西川，凡將吏婚嫁，則以熟綵衣給其夫氏，以銀泥衣給其女氏。《國史補》

號、韓、秦三國燕樂扈從之時，每家爲一隊，隊著一色衣，三家合隊，相映如百花之煥發。《五車霏玉》

安妃侍女著朱衣。《真誥》

宋樂舞有「佳人剪牡丹」，衣紅色生砌衣，戴金鳳冠剪牡丹花。《續文獻通考》

卓人月《贈女鬟紅衣》云：「石家醋醋喜穿緋。」《蕊淵集》

易遷館左嬪王夫人，字太英，紫衣。《玄通記》

盧絳夢白衣婦人曰：「妾耿玉真也，他日相見於固子坡頭。」後坐誅，臨刑，有白衣婦人同斬，姿貌宛如所夢。問其姓名，曰：「耿玉真。」問受刑之地，即固子坡也。玉真因夫死，與前

婦之子通，當極法。《洞微志》

元夕，婦人皆戴珠翠、鬧蛾、玉梅、雪柳、菩提葉、燈毬、銷金合、蟬貂袖、項帕，而衣多尚白，蓋月下所宜也。《武林舊事》

阮明見一青衣女子，就之，女即軒雲而去。《異苑》

易遷受學仙妃李飛華，通青衣。《玄通記》

張功甫牡丹會：先有名姬十輩，皆衣白，凡首飾衣領皆牡丹。首帶照殿紅一枝，執板奏歌侑觴，歌罷樂作乃退。别有十妓易服與花而出，大抵簪白花則衣紫，紫花則衣鵝黄，黄花則衣紅。如是十杯，衣與花凡十易。酒竟，歌樂者無慮百數十人。《何氏語林》

虞琡婦裴氏有服食之術，嘗著黄衣，如天師。《何氏語林》

昭聖皇后劉氏生時，有黄衣女子入其母室中。《金史》

張平甫攜家妓觀梅，妓皆以柳黄爲衣。《白石道人歌曲》

易遷館右嬪劉夫人，字元微，緑衣。《玄通記》

奚倩遊瀛，日暮，見一婦人美而艷，倩曰：「可借宿乎？」婦人延入門，遂與之偶。明日送至野外，垂涕而别，贈倩以黄裏緑衣，即乘綵雲而去，蓋仙云。《謝氏詩源》

劉元遊虎丘，夜聞環珮音，一女子衣紫羅之衣，自稱吴王愛女，元曰：「豈非紫玉耶？」忽不見。《異苑》

漢成帝起宵遊宮，宮中美御皆服皂衣，自班婕妤以下，咸帶玄綬，簪佩更以木蘭紗綃罩之。《拾遺記》

自漢魏六朝至唐，宮中衣皆尚窄。吳曹不興畫美人，衣僅束身。畫家「曹衣出水，吳帶當風」。唐人垂帶多飄揚，而衣仍古制。韓偓詩：「窄窄楚宮衣。」李賀詩：「禿襟小袖調鸚鵡」，又「越羅小袖新香蒨」可證也。《升庵外集》

庾肩吾詩：「細腰宜窄衣。」《庾度支集》

四方風俗皆本京師。三十年前，吾鄉婦女皆窄衣。余始至京師，見婦女皆曳寬衣，飄大袖，甚訝其制之異，還鄉，又皆然矣。《碧里雜存》

心字衣，心字香薰之衣也。所謂心字香者，以香末縈篆成心字也，或言女子衣曲領如心字。《凝齋筆談》

晏幾道詞：「記得小蘋初見，兩重心字羅衣。」《小山詞》

嚈噠國王妃著錦衣，垂地三尺，使人擎之。《洛陽伽藍記》

烏蠻婦人以黑繒爲衣，其長曳地。《蠻書》

渤泥國婦人衣短衫，僅蔽胸背。《宋學士集》

安定女衣，短不掩臍，下曳長裾，每不相續，中露肌膚一圍似肉帶。《廣西通志》

嫁女，陪女冬夏上衣，紬緞紗羅不過十身，其次以厚縑爲之，無許置買札花滾龍等物。《婚

姻約》

琉球婦人，上衣之外，更用幅如帷，周蒙背上，見人必升之以蔽面。《臺灣府志》

婦人之衣，不貴精而貴潔，不貴麗而貴雅，不貴與家相稱，而貴與貌相宜。然往往爲俗尚所移。記予兒時所見，女子之少者，尚銀紅、桃紅，稍長者尚月白，未幾而銀紅、桃紅皆變大紅，月白變藍，再變則大紅變紫，藍變石青。今則石青與紫罕見，而皆衣玄。《閑情偶寄》

單袷之衣，取綾、取縐、取秋羅，色宜淺淡，繡取散花。《珮環餘韻》

倭國女人衣如單被，貫頭而着之。《後漢書》

赤土國婦女以朝霞、朝雲、雜色布爲衣。《隋書》

琉球國婦人織鬥鏤皮並雜毛爲衣。《太平寰宇記》

東苗婦人衣花衣，無袖，惟兩幅遮前覆後。《貴州通志》

日本國婦人一衣用二三縑。《宋史》

打箭爐女子衣，一稱有直錢二百萬者。《隴蜀餘聞》

吳道子畫龍女，衣皆流水紋。《筠廊偶筆》

庾肩吾《謝賚內人春衣啓》：「裾飛合燕，領鬥分鸞。」《庾度支集》

楊方《合歡詩》：「衣共雙絲絹。」《玉臺新詠》

秦築長城，孟姜女之夫范郎往赴其役，久不歸，製寒衣躬往送之。至，則范已死，痛哭，城

崩。《孟姜女集》

劉氏，葉正甫妻也。製衣寄夫，附詩云：「情同牛女隔天河，又喜秋來得一過。歲歲寄郎身上服，絲絲是妾手中梭。剪聲自覺和腸斷，綫脚那能抵淚多。長短只依先去樣，不知肥瘦近如何。」《輟耕録》

汪景純姬孫瑶華有《寄衣》詩。《本事詩》

太子納妃，有絳綾裏幞帊五、絹裏幞帊五。《東宮舊事》

後魏元文臥婦人於食輿，以帊覆之，輿入禁內。《北史》

染夫人終身不以己衣加夫衣於椸架上。《冬夜箋記》

女郎王麗卿《字字雙》詞：「架上朱衣殷復殷。」《才鬼録》

奩史卷六十三

東吳王初桐于陽纂述
茂苑宋思仁汝和校刊

衣裳門二

衣下

王后之上服曰褘，畫翬雉文。《釋名》

褘衣者，王后以從王祭先王之服也。《三禮圖》

《周禮》：「王后褘衣。」謂畫袍也。《丹鉛録》

隋初，皇后褘衣有青紗内單。煬帝制，皇后服有素衣内單。《唐六典》

明道二年，皇太后朝饗太廟，服褘衣。《澗泉日記》

皇后褘衣，深青，繪翟，赤質，五色十二等。《明史》

褕翟，王后從王祭先公之服也，侯伯之夫人服以從君祭宗廟。《三禮六服圖》

唐太宗朝罷歸，含怒曰：「終須殺此田舍奴。」長孫后問曰：「大家嗔怒，誰也？」帝曰：

「魏徵老兵，對衆辱我。」后入院，衣褕翟，下殿拜。帝驚問，后曰：「妾聞，主聖臣忠。徵能直言，非大家聖德不有忠臣，妾敢賀。」帝悦。《女世説》

皇后服褘衣，貴妃服褕翟之衣。《宋會要》

周漢國公主房奩，有褕翟衣一副。《南渡宫禁典儀》

闕翟，王后從祭群小祀服也。《三禮六服圖》

屈狄，亦王后衣也。《丹鉛録》

皇后翟衣，深青，織翟文十有二等，間以小輪花，紅領褾襈裾，織金雲龍文。皇妃翟衣，青質，繡翟，編次於衣及裳，重爲九等。皇太子妃翟衣，青質，織翟文九等，間以小輪花，紅領褾襈裾，織金雲龍文。《明史》

鞠衣，王后桑之服也，孤之妻服以從助君祭。《三禮六服圖》

皇后鞠衣，黄如菊花色也。《釋名》

鞠衣，黄桑服也。色如鞠塵，象桑葉始生。《九曜齋筆記》

皇后鞠衣，紅色，前後織金雲龍文，或繡或鋪翠圈金，飾以珠。大帶紅綫羅爲之，有緣，餘或青或緑。《明史》

展衣，王后以禮見王及賓客之服也，卿大夫之妻以從助君祭。《三禮六服圖》

褖衣，王后御於王之服，以從君助祭者也。《三禮圖》

皇后褖衣。褖，然黑色也。《釋名》

後周皇后服制：受繭則服鷩衣，聽女教則服鵪衣，歸寧則服鳺衣。《轉注古音》

後周皇后衣十二等，采桑服鳪衣。《唐六典》

正統二年，賜可汗妃織金綵綉蟒龍麒麟襲衣。《弇山堂别集·賞賚考》

嘉靖中，仁聖太后賜張江陵母青紅蟒衣四套，慈聖太后賜張江陵母青紅蟒衣二套。《弇山堂别集》

士庶家婦人不許著織金粧花灑綫補服。《崇儉書》

七夕節，各宮立乞巧山子，宮眷衣鵲橋補。自初一起，至十四止。《天啓宮詞注》

僰人婦人前後垂刺繡一方，如補服。《外國竹枝詞》注

古女子之衣與裳連，如披衫，短長與裙相似。秦始皇方令短作衫子。衫、裙之分自秦始。《二儀實録》

始皇詔宮人皆服衫子，亦曰「半衣」。《中華古今注》

秦始皇令三妃九嬪當暑披淺黃蘘羅衫。《炙轂子》

太子納妃，有白縠、白絹、白紗衫並紫結纓。《東宮舊事》

建康小吏曹著，爲廬山使君作迎，配以女婉。著意不安，求退。婉流涕序别，並贈織成單衫。祖台之《志怪》

後周宮人供奉者，著短袖衫子。《中華古今注》

陳宮中尚窄衫子。《二儀實録》

王世貞《正德宮詞》：「窄衫盤鳳稱身裁。」《弇州四部稿》

開元中，婦女服襴衫、衣胡服。其後安禄山反。《唐輿服志》

孝宗乾道中，中宮常服衫子用水黄紗、短衫以粉紅紗爲之。《文獻通考》

元順帝宮人凝香兒，帝嘗以秋夜泛舟禁池，香兒著瑣里緑蒙之衫。瑣里，夷名，産撒哈剌，蒙茸如氊毻，但輕薄耳，宜於秋時著之。有紅、緑二色。至元間進貢，帝命工以金籠之，粧出鸞鳳之形，製爲十大衫。香兒得其一焉，至此服之。《元氏掖庭記》

武昌陷，友諒愛妃欒氏投臺死，一校脱其金鴻戲藻衫去。《逐鹿記》

今之寬衫，即古之大衣，婦人禮服。《合璧事類》

妓女乘馬，披凉衫。《東京夢華録》

婦人上衣謂之「團衫」，用黑紫或皂及紺，掖縫，兩旁復爲雙襞積，前拂地，後曳地尺餘。《金史・輿服志》

皇后常服，諸色團衫，金綉龍鳳文；皇妃團衫金綉鸞鳳文；命婦團衫，以紅羅爲之，綉重雉爲等；士庶妻服淺色團衫，用紵絲、綾羅、紬絹。《明會典》

諸妃嬪導從四十人，幞頭，繡盤蕉紫衫，塗金束帶。妃嬪儀衛執扇宮人服紫四褛衫。《金

史·儀衛志》
縣主及郡王長子夫人服大紅紵絲大衫，奉國中尉安人及鄉君大衫用丹礬紅。《明會典》
貴人以大衫霞帔爲禮服，以鞠衣、褙子、褶子緣襈襖裙爲常服。《明史》
命婦禮服大袖衫，一品至五品用真紅色，紵絲、綾羅、紗隨所用；六品至九品，綾羅、紬絹隨所用。《明會典》
成宗春暮命宫人掃落花鋪蘭苕殿，施金帳。諸嬪衣碧鸞朱綃半袖衫，頭纏吉光錦，臂繫秋雲紫條帕，著白氍襦。《解酲語》
董姬登金焦，著西洋布退紅輕衫，觀競渡於江山勝處。千萬人爭步擁之，謂「江妃踏波而上」也。《螢芝集》
夏西洋布，薄如蟬紗，潔比雪艷。董姬以退紅爲裏製輕衫，不減張麗華桂宫霓裳也。《影梅庵憶語》
樂女生大袖女袍，黑生綃襯衫。《明會典》
日本婦女着白布衫，長垂至足。《黎媿曾筆記》
陳百四納凉，有好女子至，遂留共寢，曉去夕來。其兄知之，執符而宿弟榻。見此女來，着黄色衫，繫黄裙，解脱於椅上，裸而前。兄引手摑之，叫呼而出，即時不見。視椅上衣，皆虎皮耳。《夷堅志》

徐德昌工寫士女，墨衫輕媚。《圖畫見聞志》

宋玉《諷賦》：「主人之女，白縠單衫。」《古文苑》

晉辭：「單衫杏子紅。」《玉臺新詠》

庾信詩：「小衫裁裹臂。」《庾開府集》

梁簡文帝詩：「衫薄擬蟬輕。」《梁簡文帝集》

元稹詩：「憶得雙文衫子薄，鈿頭雲映褪紅酥。」《會真記》

李賀詩：「雲衫淺汚紅脂花。」又「青粉油衫寄郎主。」《昌谷集》

白居易詩：「鈿暈羅衫色似煙。」《白香山詩集》

元稹詩：「藕絲衫子柳花裙。」《元氏長慶集》

溫庭筠《握柘》詞：「綉衫金腰裹。」《溫飛卿集》

張佑《觀柘枝》云：「紅罨畫衫纏腕出，碧排方胯背腰來。」《憶柘枝》云：「鴛鴦繡帶拋何處，孔雀羅衫屬阿誰？」《唐詩類苑》

吳幾道詞：「鴛鴦繡字春衫好。」《小山詞》

陸游詞：「春衫初換麴塵羅。」《放翁詞》

黃機詞：「墨綠衫兒窄窄裁，翠荷斜彈領雲堆。」《竹齋詩餘》

吳夢窗《詠京市舞女》詞：「金蟬羅剪胡衫窄。」《乾淳歲時記》

高觀國詞：「吐花衫子碧雲寒。」《竹屋癡語》

高觀國詞：「剪翠衫兒穩四停。」《絶妙好詞》

楊基《上巳美人圖》云：「砑羅衫子繡丁香。」《眉庵集》

陳獻章詩：「江村婦女蕉衫窄。」《白沙集》

彭孫遹詩：「内裏齊穿水墨衫。」《金粟閨詞》

三代無帔說。秦有披帛，以繒帛爲之，漢以羅，晉永嘉中製縫暈帔子。是帔帛始於秦，帔始於晉也。唐時，令三妃以下通服。士庶女子在室搭披帛，出適披帔子，以别出處之義。宋代帔有三等，霞帔非恩賜不得服，爲婦人之命服，而直帔通於民間也。《二儀實録》

燕昭王賜旋娟以玉角紅輪之帔。《女紅餘志》

隋煬帝於江都宫水精殿，令宫人披紫羅帔。《中華古今注》

晉時，令宫人披淺黄銀泥飛雲帔。《中華古今注》

太子納妃，有絳真文羅一、幅帔一，絳杯文繡羅一、幅帔一。《東宫舊事》

辛夫人憲英不好華麗，或上夫人韠子帔，緣以錦，夫人不肯服。《夏侯孝若集》

女仙杜蘭香賚張碩黄麟羽帔。《集仙集》

正月十五夜，玄宗於長春殿張宴，撒深紅錦荔枝千萬顆，令宫人爭拾，多者賞以紅紬帔、緑暈衫。《影燈記》

霍小玉爲李生所負而死。既死，生乃爲之縞素，旦夕哭泣甚哀。將葬之夕，生忽見玉繐帷之中，容貌妍麗，宛若平生。著舊石榴裙，紫榼襠，紅緣帔子。斜身倚帷，手引繡帶，顧謂生曰：「媿君相送，尚有餘情。幽冥之中，能不感嘆！」言畢，遂不復見。《霍小玉傳》

王子懷妓賈三英，著胡錦鼎文帔。《群芳譜》

松外諸蠻女子絶布爲裙，仍披氈皮之帔。《南史》

白居易詩：「帔暈紫檳榔。」《白香山詩集》

張璪《題仕女圖》云：「繡帔砑銀鵝。」《郁氏書畫題跋記》

秦始皇始制婦人霞帔。《物原》

太宗賜蘇易簡母薛氏霞帔。《東都事略》

洪武三十年，賜田珠母楊氏霞帔。《弇山堂别集·賞賚考》

命婦：霞帔二條，各繡禽七，隨品級用，前三後四。《明會典》

女冠耿先生常被碧霞帔，精采卓異。《耿先生傳》

孝宗乾道中，中宫常服紅霞帔，藥玉爲墜。《文獻通考》

至正二十六年，安南國進皇后方物狀云：「紅綾銷金霞帔一片。」《天南行記》

皇后常服霞帔，皇妃大衫霞帔，燕居佩服之飾，第繡雲霞鳳文，不用雲龍文。郡王妃大衫霞帔，燕居佩服之飾，第繡雲霞翟文，不用盤鳳文。《明會典》

命婦一品，衣金繡文霞帔，金珠翠粧，飾玉墜子。二品，衣金繡雲肩大雜花霞帔，金珠翠粧，飾金墜子。三品，衣金繡大雜花霞帔，珠翠粧，飾金墜子。四品，衣繡小雜花霞帔，翠粧，飾金墜子。五品，衣銷金大雜花霞帔，生色畫絹起花粧，飾金墜子。六品、七品，衣銷金小雜衣霞帔，生色畫絹起花粧，飾鍍金銀墜子。八品、九品，衣大紅素羅霞帔，生色畫絹粧，飾銀墜子。《明會典》

一品命婦霞帔，上施蹙金繡雲霞翟文。三品命婦霞帔，上施蹙繡金雲霞孔雀文。五品命婦霞帔，上施蹙金繡雲霞鴛鴦文。六品命婦霞帔，上施蹙金繡雲霞練雀文。八品、九品命婦霞帔，繡纏枝花。縣主服青羅金繡孔雀霞帔，郡王長子夫人服青羅翟霞帔。《明史》

西王母侍女服紺綾之袍。《漢武內傳》

公主、貴妃皆得服錦繡羅縠十二色緑袍。《續漢書》

上元夫人服赤霜之袍，非錦非繡，雲綵亂目。《五色綫》

太子納妃，有絳綾袍一領。《東宫舊事》

有談生者，年四十無婦。夜有女子，年十五六，姿顔無雙，來爲生妻，遂生一兒。祝曰：「慎勿以火照我，後三年乃可照耳。」一生不能忍，盜照之。腰以上肉如人，腰以下但枯骨。婦求去，將生入華堂奧室，以珠袍與之。生至市賣袍，睢陽王識是女袍，收拷談生，談生具對。呼兒視之，貌似王女。《搜神記》

武后出緋紫單羅銘襟背袍以賜文武臣。《唐書》

武后賜狄仁傑紫袍龜帶，自製金字十二於袍，以旌其忠。《雞跖集》

武后幸龍門，令從官賦詩。東方虬詩先成，后以錦袍賜之。及宋之問詩成，后稱辭更高，奪袍賜之。《女世説》

玄宗幸溫泉，以金烏錦袍與貴妃衣之。《開成承詔録》

德宗幸韋綬院，韋妃從會。綬方寢時，大寒，帝以妃蜀襭袍覆之而去。《翰林記》

垂拱中，賜東女國瑞錦袍。《玉海》

東女國女王披青袍，其袖委地。《唐書》

范成大奉使過相州，市有秦樓婦人，衣金縷鵝黄大袖袍、金縷紫勒帛，褰簾，吳語，云是宋室女也。《攬轡録》

元婦人禮服，達靼曰「袍」，漢人曰「團衫」，南人曰「大衣」。服章有金素之别，處子不得衣也。《輟耕録》

伯顔奏答剌海謀爲不軌，有詔捕之。答剌海匿皇后袍下，伯顔復奏曰：「豈有兄弟謀不軌，而姊妹可匿之乎？」並執皇后，亦絞於東門外。《庚申外史》

鄭萬户事母極孝。母誕日垂至，預市文繡氊段，製袍爲壽。針工持歸，縫綴既成，爲油所污。時估貴重，工莫能償，自經不死。鄰婦有識其母者，潛送入白之。至日，臥不起。子至，候問安否，見有憂色，請其故。曰：「昨暮偶視新袍，適几上油缶翻，濺漬成玷，我情思殊不佳耳。」子曰：「一袍壞，復製一袍可也，何重惜乃爾？」母陽爲自解，遂起受子孫拜賀。《輟耕録》

后侍從二百八十人，皆衣翻鴻獸鉋袍。妃侍從二百人，皆衣雲肩絳繒袍。嬪侍從八十人，皆衣青絲縷金袍。《元氏夜庭記》

麗嬪張阿玄，製爲飛瓊流翠之袍，趨步之際，縹緲若月宫仙子。帝見之，指詔衆嬪曰：「張嬪氣宇清越，服帝子雲霓之服。」《元氏夜庭記》

婦人女子服花袍、蟒袍，猶以爲非時。尚有時而服五綵繡花袍，有時而服織金大紅袍。《楊用晦冠約》

民間婦人袍衫止紫、緑、桃紅及諸淺淡顔色，不許用大紅、鴉青、黄色。《明會典》

披袍犵狫女人衣長僅尺餘，上披以袍。袍方而闊，洞其中，從頭籠下，前短後長，左右無袖。《貴州通志》

和凝詞：「披袍窣地紅官錦。」《紅葉稿》

賀鑄詞：「宫錦袍，藍水麝香。」《東山寓聲樂府》

薩都剌《題宫人圖》云：「茶色宫袍靴色玄。」《雁門集》

饒州董國度在萊州買一妾，甚慧麗。居三年，董以母、妻隔別告妾，妾曰：「我兄善謀事，請爲君籌之。」旬日，果有客過門。妾使董相見，妾言前事以屬客。客去，明日控一馬來，曰：「行矣。」董請妾與俱，妾曰：「適有故，須少留，明年當相尋。吾手製一衲袍贈君。君返國，兄或舉數萬錢相贈，當勿取。如不可却，則舉袍示之。彼嘗受吾恩，今送君，未足報恩，當復護我去。萬一受其獻，則彼責已塞，無復顧我矣。」及至家，客出黃金二十兩爲董大夫人壽，董力辭，示以袍，客曰：「吾智果出彼下，吾事殊未了，明年挈君麗人來。」徑去不顧。董母、妻取袍視之，縫綻處黃色隱然。折視之，滿中皆箔金也。踰年，客果以妾至，偕老焉。《劍俠傳》

秦昭王囚孟嘗君，孟嘗求解於昭王幸姬，姬曰：「願得君狐白裘。」此時孟嘗君狐白裘已獻昭王。客有爲狗盜者，夜取所獻裘奉姬。姬言於王而釋之。《史記》

西王母披玄狐之裘。《黃帝出軍訣》

天漢二年，西王母遣使獻吉光毛裘。《十洲記》

桓玄曾以一羔裘與羅企生母胡。後玄破荆州，殺殷仲堪，企生以仲堪故吏，不往謝，被害。胡時在豫章，企生問至，即日焚裘。《女世説》

上元夫人披青錦裘。《茅君內傳》

則天后以南海所貢集翠裘賜張昌宗。《集異記》

東女國女王冬服羔裘，飾以紋錦。《唐書》

粵西多鳳凰，峒中蠻女緝以爲裘，甚麗。《隴蜀餘聞》

猺女握兵符者，衣鳳裘，緑含鳳毛所緝。《易易録》

宋玉《風賦》：「主人之女，翳承日之華，披翠雲之裘。」《古文苑》

宫人披襖子，蓋袍之遺制也。漢文帝賜宫侍承恩者披襖子，多以五色繡羅爲之，或以錦爲之。《中華古今注》

高祖見車上婦人冠帽而著小襦襖，以爲可怪。《後魏書》

煬帝宫中有雲鶴金銀泥披襖子。《隋遺録》

則天以赭黄羅銀泥襖子燕居。《唐則天實録》

楊貴妃有錦襖，飾以金雀。《言鯖》

李昌夔夫人獨孤氏出獵，女騎二千，皆着紅紫繡襖子，錦鞍韀，鳳靴，銀鐙。《宛委餘編》

崇濟寺有天后織成蛟龍被襖子及繡衣六事。《寺塔記》

高懷德帥襄陽，其愛姬與其皂私通，竊錦襖子與皂。高以他事陰去之。《丁晉公談録》

陳氏宫中有桑妃者，陳所至愛。海賈進金絲紐花襖，即以賜之。及敗，投武昌井死。《雲蕉館紀談》

皇后緣襈襖子，黄色，紅領褾襈裾，皆織金采色雲龍文。《明史》

凡婢使，高頂髻，絹布狹領長襖、長裙。《明會典》

有詠時世粧詩云：「寒回猶着新皮襖。」《風俗記》

吴王闔閭葬女以珠襦之寶。《吴越春秋》

昌邑王被廢，太后被珠襦坐武帳中，王前聽詔。《漢書》

勾踐入臣於吴，其夫人衣左開之襦。《吴郡圖説》

趙飛燕爲皇后，其女弟上襚三十五條，内有織成上襦、鴛鴦襦。《西京雜記》

梁鴻妻孟光布襦袴裙。《東觀漢記》

婦人夢上襦，得賢夫也。《夢書》

羅敷紫綺爲上襦。《古樂府》

傅玄《艷歌行》：「丹霞爲上襦。」《傅鶉觚集》

太子納妃，有紫縠襦、絳紗襦、繡縠襦。《東宫舊事》

宋永康公主嘗衣帖繡鋪翠襦，帝禁之。《正史全編》

淮南陳氏於田中種豆，見二女子姿色甚美，著紫纈襦青裙，天雨而衣不沾濕。《搜神後記》

竟陵王賫沈約母赫國夫人雲氣黄綾襦。《沈東陽集》

梨園弟子潘大同女，以歌舞重幸於楊貴妃。所服繡襦，出自御府。《東城父老傳》

邢鳳夢一古粧美人，高髻長眉，衣方領繡帶，被廣袖之襦。《博異記》

長沙朱氏女遇吴逆之亂，投江死。父母收殯，解其襦，得懷間絶句十章，重棫密紉，字不沾濡。《觚賸》

焦中卿妻，「妾有繡腰襦，葳蕤自生光。」《漢魏詩集》

蕭子顯詩：「合歡襦薰百和香。」《詩紀》

溫庭筠詩：「新帖繡羅襦，雙雙金鷓鴣。」《金荃集》

俞安期《昭涼變》詞：「蔔萄蜀錦襦，女閨得相兼。」《翏翏集》

袿，婦人之服。《開元占經》

王母侍女服青綾之袿。《漢武帝內傳》

俞安期《昭涼變》詞：「芙蓉紫綃袿，恰稱女秀身。」《翏翏集》

皇后謁廟，服袿襡大衣。徐廣《輿服雜注》

賈充使伎女服袿襡。郭頒《世語》

袿襡大衣，蓋嫁服也，謂之褘衣，皂上皂下。《隋書·禮儀志》

張君平《與妹書》曰：「念諸里舍，皆富財賄。袿襡襲蔽，紛華昭耀。於是之際，想汝懷愧。」《婦人集》

南岳夫人從少嫗三十，並着絳紫羅繡袿襡。《南史》

王母著黃金褡襡，文采鮮明，光儀俶穆。《漢武帝內傳》

安妃下降，著雲錦襡，上丹下青，文彩光鮮。《真誥》

直衿，婦人初嫁所著上衣也。《方言》郭璞注

章服，命婦一品至三品服渾金，四品、五品服金答子，六品以下惟服銷金並金紗答子。《元史》

諸于，婦人之衣，如袿衣。《北堂書鈔》

王禁女政君初入宮爲家人子，衣絳緣諸于。《漢書》

《漢書》：「更始諸將，服婦人衣，諸于繡镼。」注：「諸于，太掖衣也。镼，一作䘿。」諸于上加繡䘿，如今之半臂。《丹鉛録》

更始諸將服婦人衣，諸于襜褕，繡镼錦袴。《東觀漢記》

隋内宫多服半臂。《炙轂子》

房太尉家法，不着半臂。《粧樓記》

子京多内寵。嘗宴於錦江，偶微寒，命取半臂，諸婢各送一枚，凡十餘枚皆至。子京視之茫然，恐有厚薄之嫌，竟不敢服，忍冷而歸。《東軒筆録》

闞文衍爲愛姬畫《九華山圖》於白綾半臂，號「九華半臂」。《青陽記》

乞巧，小兒女多衣荷葉半臂。《乾淳歲時記》

邢子願《題管夫人畫》云：「尚衣羊肝半臂無。」《池北偶談》

半臂，俗名背褡。《看雲草堂集》

鍾繇見好婦，美麗非凡，知爲鬼。以刀斫之，傷髀。出，以新綿拭血竟路。使人跡之，至一

塚，塚中婦形體如生，著白練衫，丹緗兩襠，傷左髀，以兩襠中綿拭血。《異林》

神女智瓊别弦超，留贈裙衫裲襠。張華《神女賦序》

薛女都臨陣，着絳衲裲襠衫，半臂也。《丹鉛總録》

秦二世始作背子。《物原》

前古婦人無着背子者。或問：「婦人不着背子，則何服？」曰：「大衣。」問：「大衣非命婦亦可著否？」曰：「可。」《朱子語録》

背子，婢妾服，以其行直主母之背，故名背子。《胡德輝雜志》

隋煬帝宫人緋羅蹙金飛鳳背子。《中華古今注》

天寶年中，西川貢五色織成背子。《劉氏訓蒙》

孝宗乾道中，中宫常服背子，用紅羅。《文獻通考》

周漢國公主房奩，有真珠大衣背子。《南渡宫禁典儀》

皇后常服紅背子。《明會典》

皇后四襈褙子，深青，金繡團龍文。一品、二品命婦褙子，用深青段，上施金，繡雲霞翟文。三品、四品命婦褙子，上施金，繡雲霞孔雀文。五品命婦褙子，上施金，繡雲霞鴛鴦文。六品、七品命婦褙子，上施金，繡雲霞練鵲文。八品、九品命婦褙子，上繡摘枝團花。《輿服志》

郡王長子夫人服深青紵絲金繡翟褙子，縣主服深青紵絲金繡孔雀褙子。女子在室者，窄袖背

子。樂妓，皂褙子。《明會典》

《捉搦歌》：「誰家女子能行步，反著裌禪後裙露。」《樂苑》

御愛紫，無敢服者，獨婦人以爲衫禐。《燕翼貽謀録》

盧炳詞：「繡羅禐子間金絲。」《哄堂詞》

陳靈公與孔寧、儀行父通於夏姬，皆衷其衵服，以戲於朝。杜預曰：「衵服，近身衣。」《左傳》注

王宏檢婦人衵服，蓋衷服也，一曰澤服。《玉臺清照》

《李夫人別傳》曰：「帝必思我解粧袙服之時。」按「袙」當作「衵」，褻服也。《言鯖》

蘇子蕣愛謝耽，靡由得親。遣侍兒假耽恒著小衫，晝則私服於內，夜則擁之而寢。耽寄以詩曰：「蘇娘一別夢魂稀，來借青衫慰渴飢。若使閑情重作賦，也應願作謝郎衣。」亦取女衵服衷之，後爲夫婦。《元散堂詩話》

趙輝得石銿，姬侍以百數，而精神不衰。一少妾患苦之，竊以投於池。輝痛惜，乃竭池覓之，不得。或教以婦女衵衣投池，果自土躍出。《揮麈新談》

劉氏婦爲鬼所憑，萬尊師檄溫帥栲之，婦立起。次日，澣其衵衣，有朱書云：「淫鬼害人，今斬訖。」《啓禎野乘》

鄭妗，故襄王宮人。遭亂后，獨著慘紅衵服，云是故襄妃物也。《婦人集》　董以寧《楚遊聞見

録》：「張獻忠破襄陽，宫中無得免者。妗奉命往凌儀賓家送生日銀絲，因匿藻井獲免。」

洞庭女子遭亂，自投漢陽江。土人瘞之，獲寸帛於衵衣，油紙密固。展視，爲絶句十首。《婦人集》　畊塢老人曰：「女姓蘭，名玉真。」

鄭宏爲縣，有弟用兄錢而嫂詣宏者，宏以妻之中單賣錢與之。《會稽典録》

洪武三年，定皇后素紗中單，黼領，朱羅縠褾襈裾；皇妃青衫中單，黼領，朱縠褾襈裾。永樂三年，定制皇后中單，玉色紗爲之，紅領褾襈裾，織黼文十三；皇太子妃中單，玉色紗爲之，紅領褾襈裾，織黼文十一。《明會典》

中單，即今之汗衫，婦人裹衣。《合璧事類》

女人久垢汗衫，治鬼氣，燒灰酒服。《本草綱目》

池陽民婦詔其夫殺母，曰：「不可不得中衣來也。」兒遂車載母入山，將脱衣殺之，所持刀忽貫其項自殺。母却歸，昏至家。婦謂其夫還，逆問曰：「得中衣來否？」母馳告隣里，收其婦送官，轘殺之。《前秦録》

房氏嫁於顧，夫客外境。隣家失火，延燒氏居小樓。夜倉皇起，亡中衣。將出户，忽自訟曰：「吾婦也，奈何褻見舅姑？且不令外人睨耶！」急入樓，焚死。《梅花草堂筆談》

女人舊中衣，治金瘡，炙襠熨之。李筌《太白經注》

繫欽《定情詩》：「何以結愁悲，白絹雙中衣。」《玉臺新詠》

婦人内衣，治房勞、黄病，燒灰酒服。《三十六黄方》

魯永清守成都，有以姦訟者，魯令隷去婦衣，諸衣皆去，獨裏衣婦以死自持，隷亦無如之何。魯曰：「衣且不能去，况可他犯耶？」《耳談》

李賀詩：「金鳳刺衣着體寒。」注：着體，裏衣也。《李長吉歌詩彙解》

葉芊妻謝氏爲賊所掠，以剃頭刀自刎死。方婎孌，戚老爲斂其尸，厠牏悦皆結不解。《寧都先賢傳》

皇后弘吉剌氏製一衣，前有裳無衽，後長倍於前，亦無領袖，綴以兩襻，名曰「比甲」，以便弓馬，時皆倣之。《元史》

嚴州一少年，元夕過桃園，見少女倚墻，容色絶美。少年前行，忽聞後有步履聲，回視，即倚墻女也。少年惑之，偕行至家。就寢解衣，内外皆嶄然新製。與之合，猶處子耳。黎明自去，迨夜復至，既而無夕不來。少年之翁嫗疑而首諸郡守。守召少年至，不訊自伏。守知其妖祟，乃問女之姿貌果何似？衣裳何綵色？少年具言其外内裳袂，一一皆是紵絲，悉新裁製也。每寢解衣，堆積甚多，而前後只此，終未嘗更易一件。其間一青比甲，密着其體，不甚解脱。即脱之，與一柳黄袴同置衾畔，不暫舍也。時某通判有長女，未笄而殞，攢諸桃園。其容色衣飾，良與少年言合。守乃集弓兵至桃園，發判女塚視之。女棺之前有一竅，如指大，四圍瑩滑，若有物久出入者。即斲棺，視女貌如生。舉而焚之，其怪遂絶。《祝允明語怪》

番婦率以錦障之飾爲比甲。《使署閑情》

馬甲，或袷或薄綿，當用湖縐或廣紗，只取玄青、天青兩色。衣此者，自覺兩肩如削。《珮環餘韻》

纚，婦人上服也。《玉篇》

黄羅纚，乳母服也《宋書》注

宋王敬宏婢著青紋袜纚。《類篇》

高柔婦與柔書曰：「今奉織成袜一量。」《北堂書鈔》

婦人衣上之服制，如明衣謂之「景」。景，明也，所以禦塵垢而爲光明也。《江隣幾雜志》

景衣，女嫁時在途衣也。《名句文身表異録》

《禮·喪大記》注：「袡，婦人嫁時上服也。」《急就篇》補注

婦於嫁夕，純衣纁袡。厥明，則纚笄宵衣。陳祥道《禮書》

婚禮，傅母從者衣袗衣。《三禮圖》

香山畨女子華襬寶靨。《珠江奉使録》

後漢梁冀始制狐尾單衣。注云：「後裾曳地若狐尾。」至今婦人裙衫皆偏裁其後，俗呼「偏後衣」。《事原》

女人零軿碎補之服，俗名「水田衣」，又名「鬬背褡」。此制昉於崇禎末年，今尚有服之

者。《閑情偶寄》

艾仲儒祖母歸時，衣笥中得黑黪衣。妯娌詰之，云：「父母令候翁家私忌日，著此衣出慰之。」《丁晉公談録》

有一婦人高髻氈笠，錦衣弓鞋，結束爲急裝，腰劍，騎黑衛，其行甚駛。蓋劍俠也。《漁洋文略》

二帝后北狩至正定府，一番官妻自稱肅王女珍珍，已戎服，見太后訴以事。《宣和遺事》

高宗吳皇后常以戎服侍帝左右。《宋史》

則天詔天下尼用細白練爲衣。《冷齋夜話》

林邑國女嫁之時，著迦盤衣，横幅合縫如井欄。《晉書》

自做得師姑袈裟。《雜纂續》

順寧婦人多用綿織一幅爲袈裟衣之。《雲南志》

西藏婦女內著小袖短衣齊腰，外披裁絨小方單，如衲子袈裟。胸前披銀鑲珠石環，兩頭有鈎。所披方單，自兩肩以其環扣著於胸。《衛藏圖識》

玄宗女壽安公主，小字蟲娘，上呼爲「師娘」。以九月誕，不出降，常令衣道服，主香火。《酉陽雜俎》

薛濤暮年屏居浣花溪，著女冠服。《郡閣雅談》

恭懿夫人吳氏頗尚黄老，居常被道士服。《吴越備史》

韋太后北歸，聞岳飛死獄，遂怒帝，欲出家，故終身在宫中道服也。《七修類稿》

李少雲夫死，著道士服，往來江淮間。有詩云：「幾多柳絮風翻雪，無數桃花水浸霞。」無脂粉氣。《許彦周詩話》

李當當，教坊名妓也，姿藝超出流輩。忽翻然若有所悟，遂著道士服。《輟耕録》

木瀆仙姬，自稱慈雲侍者降乩。敘生平云：姬武林人，姚氏，小字娟娟。年十五爲某太守妾，雜置下陳中。群妾妒其能，誣以他罪，遂罹害。華山破雲仙師憐其寃死，教以真訣，遂召隸仙籍，令主木瀆，爲水神。降壇詩云：「經年憔悴到梅花，木瀆寒風石徑斜。記得相思明月下，爐煙縹緲認兒家。」有欲爲姬寫照者，問其結束，答云：「幅巾深衣，手拈竹杖。」蓋道裝也。《西堂雜俎》

玉京道人常著黄衣，作道人裝。《梅村集》

向子諲《詠郭小娘道裝》云：「翠羽雙垂珥，烏紗巧製巾。」《酒邊集》

齊景公好婦人丈夫飾者，國盡服之，公使禁之，曰：「女子以男飾者，裂其衣，斷其帶。」裂衣斷帶，相望不止。公乃使内勿服，不環月而國人莫服。《晏子春秋》

女人衣男子服曰詭，唐李畲母是也。《書敘指南》

寶津樓前呈戲，有女童皆妙齡翹楚，結束如男子，短頂頭巾，各着雜色錦繡撚金絲番段窄袍，紅緑吊敦束帶，莫非玉羈金勒，寶鐙花韉，艷色曜日，香風襲人，馳驟團轉，各呈驍藝。下馬就地，如男子拜，山呼。大抵禁庭作男子裝者，便隨男子禮。《東京夢華録》

宋徽宗《宫詞》：「女兒裝束效男兒，峭窄羅衫稱玉肌。盡是真珠勾絡縫，當中簇帶萬枝花。」

李密簡驍勇數十人，衣婦人服，戴羃羅，藏刀裙下，詐爲婢妾，須臾變服出，據其城。《孔氏六帖》

貞元中，長安街東有康崑崙，琵琶號第一手，登樓彈「新翻調緑腰」。街西亦出一女郎，抱樂器登樓彈之，移在「楓香調」中，妙技入神。崑崙大驚，請拜爲師。女郎更衣出見，乃莊嚴寺段師善本也。《女世説補》

元康末，婦人衣出裲襠加乎交領之上。《宛委餘編》

趙飛燕爲皇后，其女弟在昭陽殿，上襚三十五條，内有金錯繡襠。《西京雜記》

倭國婦人衣裙襦裳皆有襈。《北史》

太宗時，宫人惟繫皂袖襜。元德皇后嘗以金綫緣襜，而怒其奢。《容齋隨筆》

尹吉甫子伯奇母早亡，吉甫更娶，後妻譖之曰：「伯奇見妾美，欲有邪心。」吉甫曰：「豈有此也。」妻曰：「置妾空房中，君登樓察之。」妻乃取毒蜂綴衣領，令伯奇掇之。於是吉甫大怒，放伯奇於野。《琴操》

承雲，衣領也。昔姚夢蘭贈東陽以領邊繡、脚下履。領邊繡，即承雲也。《女紅餘志》

皇后謁家廟後，散付親屬宅眷物件，内有畫領、刺繡領、細色疋段翠領。《武林舊事》

周漢國公主房奩，有真珠翠領。《南渡宫禁典儀》

至正二十六年，安南國進皇后方物狀，有赭色珠金朝領一領、盛用銀匣一口。《天南行記》

吴氏女寄鄭生繡領，云是十年工夫所繡者，極其精巧。鄭作詩云：「領中垂繡蹙雙鸞，幼小工夫此最難。日久羅襦香欲褪，多情拆寄鄭郎看。」《春夢録》

沈約詩云：「領上蒲桃繡，腰中合歡綺。」《沈隱侯集》

孝宗乾道中，中宫常服，領用生色紅羅爲之。《文獻通考》

命婦翟衣，黼領，以緅爲領緣。《明史》

廣川王公姬刺方領繡。晉灼曰：「今之婦人直領也，繡爲方領，上刺作黼黻文。」《漢書》注

高祖見婦女之服爲夾領小袖，責之。《魏書》

命婦大袖衫，領闊三寸，兩領直下一尺。《明會典》

獩狛婦女衣皆着曲領。《魏志》

元制，歲責高麗貢美女，故張光弼《輦下曲》云：「宫衣新尚高麗樣，方領過腰半臂裁。連夜内家爭借看，爲曾着過御前來。」《輼光樓雜志》

張率詩：「方領備蟲彩。」《詩林廣記》

凡中宮供奉女樂、奉鑾等官妻，青羅圓領。提調女樂，大紅羅銷金花圓領。《明會典》

宮女衣皆以紙爲領，一日一換，欲其潔也。江西玉山縣貢。《戒庵漫筆》

樂女生綿領。《明會典》

琉球婦女穿大領衣，有時以手扯裳，有時以衣覆腦，若兜衣之狀。《使琉球紀》

姚翻《陌上行》云：「日照茱萸領。」《樂府詩集》

紫姑爲鄧氏女，賦《衣領》云：「小剪雲羅雪色明，香煤隨意作真行。新詩便是班昭戒，勝却閑書坐右銘。」其二云：「時樣新裁鬬色衣，不將采綫縷花枝。殷勤只要詩仙句，繡出分明一段奇。」《夷堅志》

楊炎詞：「生紫衫兒，影金領子，著得偏宜。」《西樵語叢》

壽聖皇太后生辰，小劉婉容進自製曲，內人瓊瓊、柔柔對舞。上賜細色北段十疋，太后又賜七寶花十枝、珠翠芙蓉領緣一幅。《西湖遊覽志餘》

洪武三年，定皇后以緅爲領緣，用翟爲章三等。永樂三年，定皇后以緅爲領緣，織金雲龍文。《明史》

天寶末，交趾貢瑞龍腦，惟賜貴妃十枚。上夏日嘗令賀懷智獨彈琵琶，貴妃立於局前。時風吹貴妃領巾於懷智巾上，良久，回身方落。懷智歸，覺滿身香氣非常，乃卸幞頭貯於錦囊中。及上皇復宮闕，追思貴妃不已，懷智乃進所貯幞頭，具奏他日事。上皇泣曰：「此瑞龍腦香也。」

《酉陽雜俎》

東坡在黄日，醉墨淋漓，不惜與人。妓有李琪者，小慧，知書札，未嘗獲公賜。將移汝郡，妓取領巾乞書。公取筆大書：「東坡七歲黄州住，何事無言及李琪。恰似西川杜公部，海棠雖好不題詩。」《庚溪詩話》

明節劉后寵傾六宮，忽苦痁疾，臨終戒左右云：「我有遺囑在領巾上，候我氣絶，奏官家親自來解。」語畢而終。左右馳奏，上至哀慟，悲不自勝。領巾上蝇頭細字，其辭曰：「妾出身微賤而無寸長，一旦遭遇聖恩，得與嬪御之列。命分寒薄，至此夭折，雖埋骨於九泉，魂魄不離左右。切望陛下以宗廟社稷之重、天下生靈之衆。大王帝姬之多，不可以賤妾一人過有思念，深動聖懷。况後宫萬計，勝如妾者不少，妾深欲忍死而與君父訣别，謫限已盡，不得少留。冤痛之情，言不能盡，淚下有數百點。悲切之音，不能盡記。」後左右每欲寬解，必提領巾，上愈傷感。林靈素謂：「后是九華安妃。臨終聞本殿異香、音樂。」次年有青坡術士見后於巫山，髽鬟鈿合金釵也。《錢氏私志》

一品命婦長襖緣襈，上施蹙金，繡雲霞翟文；三品緣襈，繡雲霞孔雀文；五品緣襈，繡雲霞鴛鴦文；六品緣襈，繡雲霞練鵲文；八品、九品緣襈，繡纏枝花。《明會典》

苗婦女衣緣領袖，皆綴雜組藻彩。《峒谿纖志》

伊尹始制婦人大袖。《物原》

商周之代，命婦服諸翟。唐則裙襦大袖。《實録》：大袖在背子下，身與衫子齊而袖大。《事物紀原》

文宗禁婦人大袖，袖闊四尺者，令闊一尺五寸。《太平御覽》

孝宗乾道中，中宮常服皆深紅大袖。《文獻通考》

皇后、皇妃常服真紅大袖衣，用織金及繡鳳文。《明會典》

李夫人著繡襦，作合歡廣袖。故《羽林郎》曰：「廣袖合歡襦。」《謝氏詩源》

張后性淡靜，愛憎稍與衆異。客氏教宮人效江南作廣袖低髻，猶爲后所厭。薄春秋佳日，駕幸西苑等處，坤寧宮侍從多不踰三四十輩，其裝束如圖畫所見古人像，客氏往往目笑之。秦徵蘭《天啓宮詞注》

漢哀帝愛幸董賢，恐驚其眠，至於斷袖。自是宮人衣皆效作斷袖，又曰「割袖」。《拾遺記》

女則半袖襦。《唐六典》

隋煬帝作婦人長袖。《物原》

小婢使雙髻、長袖、短衣、長裙。《明會典》

天寶初，貴族婦人衫袖皆尚窄小。《古今服飾儀》

沈亞之夢秦公主着偏袖衣。《夢遊録》

建炎初，有人發古冢，刻成婦人皆假紒寬袖。《睽車志》

近日婦人之衣與男子無異，直垂至膝下，去地僅五寸，袖闊四尺餘。時有謔詩：「碧羅舞袖雙垂地，籠却纏頭無處尋。」亦妖服也。《升庵外集》

魏仲先、寇萊公留題僧寺。後同到，見萊公詩已用碧紗籠，而仲先詩塵昏滿壁。時有從妓以袖拂之，仲先曰：「若得時將紅袖拂，也應勝似碧紗籠。」《青箱記》

嫁女服飾，衫袖務要著中，不用蘇袖，及時樣荔紅、柿黄等色。《婚姻約》

定州被兵，郝生妻李氏居母家，指庭中井訣曰：「若有變，即潔身此中。」以衣袂爲識，旁有白綫一行者，即我也。」城破，入井死。《明史》

有詠時世粧詩云：「貂鼠圍頭鑲錦裪。」裪，袖口也。《風俗記》

梁元帝詩：「風吹竹葉袖。」《梁元帝集》

白樂天《蘇家女子簡簡吟》：「飄飖風袖薔薇香。」《海録碎事》

樂天詩：「誰能截得曹綱手，插向重蓮衣袖中。」《琵琶録》

蘇軾詩：「玉腕半揎雲碧袖。」《東坡集》

晏幾道詞：「藕絲衫袖鬱金香。」《小山詞》

宣和之季，婦人便服不施衿紐，束身短製，謂之不製衿。始自宫掖，未幾而通國服之。明年，金人入，中國不能制。亦服妖也。《桯史》

彭孫遹詩：「對襟衫子薄羅裳。」《金粟閨詞》

倡家所服背心，多作琵琶襟。《煙花説》

成帝與趙飛燕戲於太液池，每輕風時至，飛燕飄颻殆欲隨風入水，帝以翠纓結飛燕裾。今太液池尚有避風臺，即飛燕結裾之處。《三輔黃圖》

崔子武夜夢一女，姿色甚麗，自云封龍王女，願與崔郎私通。子武悦之，牽其衣裾，微有裂綻。未曉告辭，結帶而別。至明訪問，乃是山神。遂往祠中觀之，傍畫女容狀，即夢中見者。裂裾尚存，結帶猶在。《北齊書》

梁武帝采女石氏，侍褰户幔，有風回裾，帝意感幸之。采女夢月墮懷中，遂孕孝元。《南朝史精語》

天寶十三年，宫中下紅雨，色若桃花。太真喜甚，命宫人各以碗杓承之。用染衣裾，天然鮮艷，惟襟上色不入處若一「馬」字，心甚惡之。明年七月，遂有馬嵬之變。血汙衣裾，與紅雨無二，上甚傷之。《致虛雜俎》

仁宗母章懿皇后李氏，嘗夢二日在天，其一忽墜，以裾承之，自是有娠。《元符宫石刻》

范純仁母李氏，夢兒墮月中，承以裾得之。《女世説補》

孝宗乾道中，中宫常服紅羅長裾。《文獻通考》

近日畫衣，皆以墨彈色，又内外層層吐出五色，號「月華裾」。《看雲草堂集》

李錡之擒也，侍婢一人隨之，錡裂衿自書，教侍婢結之衣帶，云：「我死，汝必入内，當奏

之。」《唐國史補》

桓豁女，字女幼，製緑錦衣帶，作竹葉樣，遠視之無二。故無瑕詩云：「帶葉新裁竹，簪花巧製蘭。」女幼，庾宣婦也。《女紅餘志》

譚氏二女於誕山下修黄老術，不知所之。一日，同里以不雨爲憂，二女至，謂里翁曰：「餉我即雨。」翁餉之，果大雨如注。翁追覓，不復見。山下呼則上應，山上呼則下應。循至一巨石，四周無草木，二女之衣帶在焉，因立廟祀之。《十國春秋》

汴京失守，金人驅后妃北行。番官有澤利者，中途設牛酒對酌，命朱后唱歌勸酒。后辭不能，利怒，將毆之。后不得已，咽涕而歌。利醉起拽后衣，曰：「坐此同飲。」后怒罵之，泣曰：「願速殺我。」即投庭井，左右救之。迢遞北行，備極艱險。得達燕京，朝見金主，行藩臣禮，出居驛舍。是夕，后自縊，年二十歲。衣帶有詩云：「月墜花飛胡地杳，珠沉璧碎楚江深。」《靖康拾遺録》

謝疊山妻李節婦繫金陵獄，一將官欲納之，李解衣帶自經死。郭天錫《詩文雜記》

孫氏字吳廷桂，吳死，孫挾納采雙金雀以見舅姑，遂縊死。書衣帶中云：「男母附尸，女母啓衣。」《甌寧志》

單秋厓妾溺死津門，閱二載，秋厓道經德水，止宿旅店，殘燈明滅，展轉不寐。忽於東壁影出紅綃一縷，頃之，又於紅綃上疊現青綃一縷，宛似婦人衣帶。未幾，湘裙垂地，玉顔半露，擁

髻低徊，移步而前，則昔年沉水之妾也。欷歔而言，仍隱壁而去。《觚賸》

少婦春時三五爲伴，於山椒水湄歌唱竟日，以衣帶相贈答而去。《粵述》

一品命婦長襖看帶，上施蹙金，繡雲霞翟文；三品看帶，繡雲霞孔雀文；五品看帶，繡雲霞鴛鴦文；六品看帶，繡雲霞練鵲文；八品、九品看帶，繡纏枝花。《明會典》

婦人中衣帶，治金瘡，燒灰水服。《外臺秘要》

丁六娘《十索詩》：「腰細君自知，從郎索衣帶。」《玉臺新詠》

王建《宮詞》：「新衫一樣殿頭黃，銀帶排方獺尾長。」

季女贈賢夫以黃金雙蝶之鈕，製極精巧。《嫏嬛記》

皇后紐約用青組。《春明夢餘録》

命婦大袖衫，兩頭直下，間綴紐子三，末綴紐子二。紐在掩紐之下，拜則放之。《明會典》

解大紳見女人衣上用數重紐扣，作詩謔之曰：「一幅鮫綃剪素羅，美人體態勝姮娥。春心若肯牢關鎖，鈕扣何須用許多。」《醒睡編》

洞仙女詞：「玉腕寬環，紗衫緩鈕。」《夢遊仙記》

尤侗《詠閨人鈕》云：「鈿片鐫成梵字襴。」《看雲草堂集》

王策詞：「鈿綴通犀。」《香雪詞》

皇后大衫霞帔，衫黃，霞帔深青，織金雲霞龍文，或繡或鋪翠圈金，飾以珠玉墜子，瑑龍

文。《明史》

郡王長子夫人帔用金墜頭，縣主及輔國將軍夫人抹金銀墜頭，輔國中尉宜人銀墜頭。《明史》

一品命婦霞帔鈒花金墜子，五品鍍金銀鈒花墜子，六品鈒花銀墜子。《明會典》

仁聖太后賜張江陵母玉花墜七件。《弇山堂别集》

墜子中級花禽一，四面雲霞文。禽如霞帔，隨品級用。《明會典》

和凝詞：「蛸蠐領上訶梨子，繡帶雙垂。」訶梨，婦女之雲肩也。《風庭掃葉録》

歌章女樂青緑羅，彩畫雲肩。《明會典》

雲肩，以護衣領，不使沾油，制之最善者也。《閑情偶寄》

雲肩，俗名披肩。董以寧詞：「一圍蝶翅披肩。」《畫響》

楊子器《元宫詞》：「金繡雲肩翠玉纓。」《明文纂》

尤侗《詠雲肩》詩：「倩特飄帶欲留仙。」《看雲草堂集》

正統十四年，賜可汗妃紵絲織金胸背虎豹青二疋、織金胸背白獐紅二疋。《弇山堂别集·賞賚考》

樂女生黑素羅銷金葵花胸背。《明會典》

婦人脇服曰「袜」，謂抹胸也。《識小編》

袜，女人脇衣也。隋煬帝詩：「寶袜楚宫腰。」謝偃詩：「細風吹寶袜。」劉緩詩：「袜小稱

腰身。」盧照隣詩：「倡家寶袜蛟龍被。」《升庵詩話》

建和元年納后，后服朱袜。《漢雜事秘辛》

錢芳標詞：「繡袜著來腰更細。」《湘瑟詞》

楊貴妃與安禄山戲，禄山爪傷其乳，恐明皇知之，乃爲訶子以掩之。訶子，即今婦女之抹胸也。《言鯖》

成恭后御衣有粉紅紗抹胸。《建炎以來朝野雜記》

陸殿直夫人有珠子裝抹胸。《家世舊聞》

閩俗稱抹胸爲「襴裙」，又曰「襴子」。《夷堅志》

毛熙震詞：「繡羅紅嫩抹酥胸。」《花間集》

袜肚，文王所制，謂之「腰巾」，但以繒爲之。宫女以綵爲之，名曰「腰綵」。至靈帝賜宫人蹙金絲合勝袜肚，亦名「齊襠」。《中華古今注》《古今服飾儀》：「綵腰，如今之暖腰。」

王筠《詠裁衣》詩云：「袙腹兩邊作八撮。」段成式詩云：「見説自能裁袙腹。」袙腹，今之裹肚。謝華《啓秀》

成恭后御衣，有正紅羅裹肚。《建炎以來朝野雜記》

漢南女子韓襄客《閨怨》詩云：「連理枝前同設誓，丁香樹下共論心。」熙寧中，北方婦女刺此聯於裹肚上，其下復刺丁香連理男女設誓之狀。《詩史》

庾信《夢入堂内》云：「纏絃搯抱腰。」抱腰，疑即抱腹。纏絃抱腰，如古鞶帶之飾。又《夜聽擣衣》云：「小鬟宜粟瑱，圓腰運織成。」圓腰，亦疑抱腹。按《釋名》：「抱腹，上下有帶，裹其腹上，無襠者也。」《庾子山集》倪璠注

蠻女著青布衣，多緣繡，亦止及腰。内絡花兜，敞襟露胸以示麗。《廣西通志》

奩史卷六十四

東吴王初桐于陽纂述
岳陽張國泰石橋校刊

衣裳門三

下服

夏姬美，陳靈公與孔甯儀行父皆通焉。或裝其播，以戲於朝。播，蔽膝也。《左腴》

《禮·雜記》注：「袡，婦人蔽膝也。」《急就篇》補注

館陶公主迎武帝，蔽膝登階。《兩漢雋言》

王莽妻着布蔽膝見客。《漢書》

婦人蔽膝，齊謂之「巨巾」，田家婦女以之覆頭。《釋名》

潘夫人夢人授龍頭，以蔽膝受之，遂生亮。《吴志》

南徐一士子從華山畿往雲陽，見客舍女子，悦之，遂感心疾。母問其故，具以啓母。母爲至華山尋訪，見女，具説。女聞，感之，因脱蔽膝，令母密藏於席下臥之，當已。少日，果差。忽

舉席，見蔽膝，持抱而泣，遂吞食而死。氣欲絶，謂母曰：「葬時，車從華山度。」母從其意。比至女門，牛不肯前。須臾，女粧點沐浴竟，出歌曰：「華山畿，歡既爲儂死，獨活爲誰施？歡若見憐時，棺木爲儂開。」棺應聲開。女入抱之，遂活。兩家相慶，配爲夫婦。《誠齋雜記》《古今樂録》云：「女透入棺，家人叩打，無如之何，乃合葬。」

皇后蔽膝隨衣色，織翟爲章三等，間以小輪花四。皇太子妃蔽膝隨衣色，織翟爲章二等，間以小輪花三。妃蔽膝隨裳色，加文繡重雉爲章二等。《明會典》

婦人蔽膝曰「香衩」。《釋名》

《廣雅》：「褸衩，即女飾之香衩。」李商隱詩：「裙衩芙蓉小」，又「十歲去踏青，芙蓉作裙衩」。《集韻》注作「襢衣」。《丹鉛總録》

《説文》：「薉貉中女子無袴，以帛爲繜衣。」即裩也。《藝林伐山》

魏文帝賜宮人緋交襠，即今之裩也。《中華古今注》

東昏侯出遊，宮人皆露褌。《南史》

樊某女爲妖所魅，陳法官命取炭熾之，誦咒畢，女裸身單裩自內出，狂奔躍入水塘中，抱一大黑魚而出，拽入火中，炙殺之，少選女甦。《客窗涉筆》

胞衣不下，以本婦裩覆井上。《千金方》

陰陽易病，取婦女中裩近陰處燒灰服。《本草綱目》

漢章帝賜百官母妻羅文勝袴。《中華古今注》

皇太子納妃，有絳直文羅袴、七彩杯文錦袴、七綵杯文綺袴、長命杯文袴。《東宫舊事》

石虎皇后著金縷合歡袴，女騎一千人，皆著熟錦袴。《十六國春秋》

東昏侯潘貴妃着織成袴褶。蕭子顯《齊書》

齊東昏侯潘妃嘗着裲襠袴。《金樓子》

王裕之左右常侍二老婢，戴五條辮，着青羅紋袴，飾以朱粉。《宋書》

波斯國婚姻法，婿婦皆著金綖綿袴，戴天冠。《梁書》

西河無蠶桑，婦女以外國異色錦爲袴褶。《西河記》

周生市得一袴，丹縠鮮好，置床側衣桁上。夜將寢，忽一好女子搴幃，驚問之，曰：「妾非人也。」生懼趨出。比曉，鄰里競來偵視，聞有聲自袴中出，久之形見，姿首綽約。曰：「妾韓氏女也。被俘，駡賊而死。此袴平生所着，故附之以來。諸公見憐，爲作佛事，當往生淨土，永脱輪回。」言訖嗚咽。衆乃召僧禮佛焚袴。《池北偶談》

孝感縣一婦不孝於姑，雷下繫之，婦急以血袴蒙頭，雷爲所厭，欻然墜地。又一日，乃震死。《訒庵偶筆》

上官皇后，霍光外孫也。光欲后擅寵有子，雖宫人使令皆爲窮袴，多其帶。注：窮袴，有前襠，不得交通。《漢書》

古樂府：「護惜安窮袴，隄防托守宫。」《娱書堂詩話》

窮袴，今襠袴也。古人袴皆無襠，女人所用有襠者，其制起於漢昭帝時。《冷齋夜話》

孝宗乾道中，中宫常服襠袴以白。《文獻通考》

古詩：「燕趙多佳人，美者顔如玉。被服羅裳衣，當户理清曲。」然燕中青樓之伎多著窮袴，其被服羅裳者亦鮮也。《析津日記》

晉屠岸賈攻趙氏，趙夫人遺腹生男，屠岸賈索之，夫人置兒袴中。及索，兒無聲。《史記》

平文皇后王氏生昭成，平文崩，昭成在襁褓。時國内有難，將害帝子，后匿帝於袴中，得免。《後魏書》

元稹詩：「玲瓏合歡袴。」《元氏長慶集》

白居易詩：「袴花紅石竹。」《白香山詩集》

勾踐入臣於吴，其夫人衣無緣之裳。《吴越春秋》

朔幼時，爲虎嚙脚，隣母裂青布裳裹之。《東方朔傳》

趙飛燕爲皇后，其女弟上織成下裳。《西京雜記》

祭遵夫人裳不加緣。《後漢書》

越女收野繭，繰之。夢神告云：「此繭壁魚所化，絲織爲裳，必有奇文。」織成，果如所夢。《天華山房秘藏玉杵臼》

煬帝建迷樓，擇下里稚女居之，使衣輕羅單裳。倚檻望之，勢若飛舉。《大業拾遺記》

西河婦女皆着碧纈裙，上加細布裳。《西河記》

和政公主貧，親紉椗裳。《合璧事類》

凝香兒服玉河花蕊之裳，于闐國烏玉河生花蕊草，採其蕊織之爲錦。《元氏掖庭記》

近世夫人競爲長衣短裳。《西墅雜記》

琉球婦人下裳摺細而制長，足不令顯。《臺灣府志》

陸游詩：「娉婷初試藕絲裳。」《放翁詞》

周文王時，令女人服裙，以絹爲之。《古今注》

周昭王延娟以奇錦爲裙，晝看成鳳，夜看成龍，名「交龍鬬鳳裙」。《女紅餘志》

秦始皇宫人服五色花羅裙。《中華古今注》

帝與趙后遊太液池，帝御流波文縠無縫衫，后衣南越所貢雲英紫裙，碧瓊輕綃。后歌《歸風送遠》之曲，帝以文犀簪繫玉甌，令后所愛侍郎馮無方吹笙，以倚后歌。歌酣，風大起，后揚袖曰：「仙乎，仙乎！去故而就新乎？」帝曰：「無方爲我持后。」無方捨吹，持后履。久之，風霽，裙爲之縐。他日，宫姝襞裙爲縐，號曰「留仙裙」。《飛燕外傳》

明德馬后禿裙不加緣。《續漢書》

孟光裙布。《列女傳》

戴良嫁五女，皆布裙無緣。《汝南先賢傳》

胡太后夢日入裙下，遂有娠。《三國典略》

燉煌俗，婦人作裙，攣縮如羊腸，用布一疋。皇甫隆禁改之。《粧樓記》

皇太子納妃，有絳紗複裙、絳碧結綾複裙。《東宫舊事》

崇進皇太后，有緗絳紗複裙。《晉宋舊事》

武后時，童謡云：「紅緑複裙長，千里萬里聞香。」《讀史漫録》

陳蕭鄰《詠複裙》詩云：「晶晶金沙淨，離離實縫分。纖腰非學楚，寬帯爲思君。」《升庵詩話》

皇太子納妃，有丹碧紗紋雙裙、紫碧紗紋雙裙、紫碧紗文繡纓雙裙、紫碧紗縠雙裙、丹碧杯文羅雙裙。《東宫舊事》

崇進皇太后，有絳絹雙裙、白絹雙裙。《晉宋舊事》

皇后梓宫，有緗絳雙裙六腰。《山陵故事》

任齊與太武攻赫連昌。齊入其宫中，得婦人裙，繫之槊。帝乘而上，因此得拔。《後魏書》

梁武帝造五色繡裙，加朱繩、真珠爲飾。《南部煙花記》

北齊後宫，一裙之費至直萬疋。《隨隱漫録》

胡皇后造真珠裙，所費不可勝計，後被火燒之。《北齊書》

紫清上宫九華安真妃著雲錦裙，上丹下青。《真誥》

神女智瓊服織成裙衫。《神仙傳》

中央黄老君授夫人丹青飛裙。《南岳夫人傳》

隋煬帝製五色夾襭花羅裙，賜宫人及百官母妻。又製單絲羅花籠裙，常侍、供奉、宫人所服。崔豹《古今注》

隋宫人裙，剪絲鳳綴於縫上。《中華古今注》

南極夫人被錦繡青羽裙。《真人三君内傳》

仙女天衣，有金縷單絲錦縠銀泥五暈羅裙。《許老翁傳》

天后著七破間裙。《舊唐書》

安樂公主使尚方合百鳥毛織二裙，正視爲一色，旁視爲一色，日中爲一色，影中爲一色，而百鳥之狀皆見，以其一獻韋后。《五行志》

安樂公主初出降，益州獻單絲碧羅籠裙，縷金爲花鳥，細如絲髮，大如黍米。《淵鑑類函》

安樂公主有織成裙，花卉、鳥獸皆如粟粒。《香奩雜録》

自安樂公主造百鳥毛裙以後，百官百姓人家效之，山林奇禽，絅羅無數。《玉臺清照》

簡文以殷不害善事其親，賜其母蔡氏錦裙襦。《陳書》

趙郡李君家藏古錦裙一條，幅長四尺，下廣上狹。下闊六寸，上減三寸半，皆周尺如直。

其前，則左有鶴二十，勢若飛起，率曲折一脛，口中銜莩葩輩；右有一鸚鵡，聳肩舒毛，與數鶴相等。二禽大小不類，而又有花卉均布無餘地。界道四向，五色間雜。道上累細鈿點綴其中，微雲瑮結，互以相帶，有若駁霞殘虹，流煙墮霧，春草夾徑，遠山截空，壞墻古苔，石泓秋水，印丹浸漏，蕊粉塗染，盤絙環珮，雲隱涯岸，濃淡霏拂，靄仰冥密，殆如不可辨別。及諦視之，條段斬絶，分畫一一有去處。非繡非繪，縝緻柔美又不可狀也。裏用繒綵，下制綫尚仍舊，兩旁皆解散，蓋拆滅零落，僅存此故耳。縱非齊梁物，亦不下三百年矣。昔時之工，如此妙耶！曳其裙者，復何人焉？《錦裙記》

瓦官寺有天后錦裙一幅，所製幡裙紺碧色，錦作雲龍紋，四角綴十二鈴。《笠澤叢書》

天后武氏羅裙，組繡奇妙。《錦裙記》

高槎客有《羅裙譜》。《笛漁小稿》

京兆韋氏子嘗納妓於潞，十六歸京兆，二十一而彫落，韋悲咽悼痛。有嵩山任處士者，得返魂之術，舒幃於壁，仍須一經身之衣，以導其魂。韋搜衣盡篋，皆換福於梵王家矣，惟餘一裙之金縷者。任面幃而招，俄頃映幃微出，斜睇而立。韋忍淚泣坐，無異平生。居逾刻，燭跋紛然而滅，生乃捧幃長慟。嘗賦詩曰：「惆悵金泥簇蝶裙，春來猶得伴行雲。不教布施剛留得，渾似初逢李少君。」《唐闕史》

沈氏宅中，一夕有婦人著紅衣至廳廡，手執黃羅裙，次夕失火。《括異志》

郭元振落梅粧閣，有婢數十人，拖鴛鴦襭裙。《玉臺清照》

上都安邑坊十字街東有陸氏宅，人常謂凶宅。後有進士臧夏僦居其中。晝寢，忽夢魘，良久方寤。曰：「始見一女人，緑裙紅袖，自東街而下，弱質纖腰，如霧濛花。收泣而云：『聽妾一篇幽恨之句。』其辭曰：『卜得上峽日，秋來風浪多。江陵一夜雨，腸斷木蘭歌。』」《河東記》

周行逢將死，湖南婦女悉著不縫裙，名曰「散幅」。《三楚新録》

周行逢爲武安節度使，使婦人所著裙皆不縫，謂之「散幅」，或曰「裙幅」。以多爲尚，周匝於身，今乃散周，是不周也。不周，不縫，姓名去矣。幅者，福也。福已破散，其能久乎？未幾，行逢卒。陶岳《荆湖近事》

宋徽宗時，宫人多以麝香色縷金羅爲衣裙。《藝林伐山》

孝宗乾道中，中宫常服裙以明黄。《文獻通考》

理宗時，宫中繫前後掩裙，名曰「上馬裙」，一時皆效之，乃上馬北行之讖。《西湖遊覽志餘》

李太無夢見陳喜兒，帶鎖，衣白衣黄裙。陳喜兒者，應之才之母也。《輟耕録》

燕山倡伎，無寒暑必繫錦裙。《雞肋編》

有老婦誣隣人爲盜，王恕閲其贓，有二裙，一寬而長，一短而窄。老婦謂其子婦之裙，其鄰謂其嫂與妻之裙。公詰老婦曰：「爾一人之裙，詎宜有長短廣狹不同耶？」《玉堂叢語》

劉太后常服絁繻練裙。《宋史》

婦人服襜裙，編繡全枝花，周身六襞積。《金史·輿服志》

洪武三年，定皇后常服，紅羅長裙。《明會典》

皇后緣襈裙，紅色緑襈，織金，采色雲龍文。《明會典》

命婦朱縠褾襈裙。《明史》

宮女紅裙。《春明夢餘録》

陳瑞送妻歸寧，半路妻溲於厠，久不返。陳往尋不得，望前村攢屋中紅裙外露，急往視之，果其妻裙也。似被人曳入棺中，露半幅於外。即訪棺主，有張某云：「此我姑母棺。死時年三十。」陳請開棺救妻。及開，則一白鬚男子，手持其妻之裙，並無其妻之身。《子不語》

皇甫松《採蓮子》詞：「更脱紅裙裹鴨兒。」《花間集》

歌章女樂，大紅羅銷金裙襖。《明會典》

粧花裙，用膝攔數重，或瓔珞、或海馬。吕坤《雜著》

賊入宮，周后朝服自縊，著緑錦鳳凰裙。《霜猿集》

陶成慕一妓，妓不肯與交。成自織錦裙、鍛金環以見，精類鬼工。妓大喜，與之稠密。《無聲詩史》

俺答妻三娘子入貢，總督吳兑贈以紅骨朵雲裙，三娘子以此爲兑盡力。《梅花渡異林》

西藏婦女著卍字褐裙，鑲錦花邊。《衛藏圖識》

張主簿見婦人用裙兜土揚其身，次早卒。《江湖紀聞》

劉氏婢，犬囓其裙即昏迷。少頃，犬與婢交。《白醉瑣言》

蔡希閔家居，暑雨雷電，墮一婦人於庭。衣黄袖裙，言語不通。後能漢語，問其鄉國，不知。《廣銷夏》

長安士女遊春，遇名花，則藉草而坐，解裙四圍遮繞，謂之「裙幄」。《記事珠》

唐太后常於民間借婦女裙襦以充妓衣，於玄武門遊戲。《孫伏伽表諫》《册府元龜》

唐中宗時，宫中言韋后衣箱中裙上五色雲起，帝令圖示百官。《舊唐書》

沈鸞家城隍廟西，其妻晨炊，令小女出外取火，女逕入廟，於香爐内取火而歸。時天暑，女但着裙，而未穿袴。沈有甥女，神忽憑之，自稱：「我城隍也。昨日沈家婦使十四歲女子到廟取火，甚是不潔，呼使跪而責之。」語訖，甥女灑然而寤。《湖海搜奇》

有妓浴罷，不穿褲，單裙行走。曹秀娥作詞嘲之。《買愁集》

横波夫人有畫蘭裙子。《香嚴詞》

毛奇齡以淺黄色絹爲曼殊製裙，曼殊喜，囑曰：「假使絹有桃暈紅者，當復製一裙。」《西河合集》

前人詩云「飄颺血色裙拖地」、「紅裙妒殺石榴花」，總見古制未善。蓋裙色宜淺不宜深，紅則村婦矣。近日有彈墨裙，頗饒别致。《閑情偶寄》

獻帝時，女子好爲長裙十二披，名「仙裙」。《南部煙花記》

崔夫人奉姑敬畏，平居，必著長裙。《家世舊聞》

廣西婦人長裙曳地四五尺，行則兩婢前攜。《誠齋雜記》

命婦常服長裙，各色紵絲、綾羅、紗隨用，橫竪金繡纏枝花文。《明會典》

文宗朝，禁婦人長裙，裙曳地四五寸者減三寸。《太平御覽》

唐宋婦人禮席有短裙。《古今注》

婦人製旋裙，必前後開胯，以便乘驢。其風開於都下妓女，而士人家婦女反慕效之，曾不知恥。《江隣幾雜志》

南平獠婦人橫布兩幅穿中而貫其首，名「通裙」。《唐書》

墨僰濮婦人以一幅布爲裙，或以貫頭。《廣志》

木邦婦人上衣白衣，下圍桶裙。《郡大記》

打牙犵狫女人以青羊毛織爲長桶裙。《貴州通志》

女國毛裙。《北户録》

東女國女王服青毛縷裙。《唐書》

黔女裙尚淺藍色。《咸春堂遺稿》

周氏媪一夕見老媪，衣藍布裙，色甚鮮。周私憶：「同一藍色，何彼獨鮮？」問：「阿婆藍

布從何處染？」不答。周怒曰：「豈是鬼乎？」曰：「是也。」忽不見。《新齊諧》

蠻女裙以繡，緣襞積頗繁，行則扱左右於腰。《廣西通志》

苗婦以筒布爲裙。《滇行紀程》

披袍，犵狫女人裙，以五色羊毛織成。《貴州通志》

驃國婦人著青婆羅裙。《南夷志》

顧非熊嘗見鬱棲中壞裙幅旋化爲蝶。《酉陽雜俎》

張寡婦奇窮苦守，一心念佛，却不揀淨穢，即登厠亦念不輟，後以痢疾而終。遺下破裙一條，即其平日所用，曾無替换，病時用以襯體，污穢不可近。拋之河中，即見蓮花朵朵，五色燦爛，散布水面。見者稱異，將裙送相近庵中，作佛座卓圍。《果報聞録》

《羅敷行》云：「湘綺爲下裙。」《樂府詩集》

《古詩詠焦仲卿妻》云：「着我繡裌裙，事事四五通。」《玉臺集》

《幽州馬客吟歌辭》云：「女著彩裌裙。」《樂苑》

張率詩：「曲裙雜鴛鴦。」《詩林廣記》

繁欽《定情詩》：「何以合歡欣，紈綺三條裙。」《玉臺新詠》

傅玄《艷歌行》：「白素爲下裙。」《傳鶉觚集》

丁六娘詩：「裙裁孔雀羅。」《古樂苑》

李賀詩：「粉霞紅綬藕絲裙」，又「結綬金絲裙」，又「竹葉剪花裙」。《昌谷集》

王建《宫詞》：「金砌雨來行步滑，兩人擡起隱花裙。」

元稹《夢遊仙》詩：「紕軟鈿頭裙。」《元氏長慶集》

戎昱在零陵，于襄陽聞有伎善歌，取之。昱以詩遣行，云：「寶鈿香蛾翡翠裙，粧成掩泣欲行雲。殷勤好取襄王意，莫向陽臺夢使君。」于遂遣還。《唐詩紀事》

溫庭筠詞：「裙上縷金雙鳳。」《金荃集》

羅虬詩：「誇裁宫纈砑裙長。」《比紅兒詩》

王衍詞：「畫羅裙，能解束，稱腰身。」《花草粹編》

和凝詞：「却愛藍羅裙子，羨他長束纖腰。」《紅葉稿》

張先詞：「裙縷鵜鶘。」《安陸集》

蘇軾詩：「青裙縞袂於潛女。」《東坡集》

賀鑄詞：「越羅裙，染鬱金黄。」《東山寓聲樂府》

秦觀詞：「揉藍衫子杏黄裙。」《淮海詞》

楊无咎詞：「掌拓鞋兒，肩拖裙子，悔不做閑男女。」《逃禪集》

周密詞：「瘦約楚裙尺二。」《蘋洲漁笛譜》

樓槃詞：「背燈暗卸乳鵝裙。」《絶妙好詞》

郭翼《遊女曲》：「芙蓉小釵金鵣裙。」《林下野言》

楊維禎《西湖竹枝詞》：「茜紅裙子柳黄衣。」

陳維崧《吴門詞》：「桐橋船裏墨花裙。」《烏絲詞》

尤侗《贈喬校書》詩：「裙染槐花淡淡黄。」《西堂小草》

彭孫遹詩：「留仙裙下繡囊新。」《金粟閨詞》

婦人裙不過五幅，曳地不過三寸。《唐輿服志》

李群玉《贈美人》詩：「裙拖六幅湘江水。」《文山集》

孫光憲詞：「六幅羅裙窣地，微行曳碧波。」《翬湖編玩》

唐人詩：「裙拖八幅湘江水。」裙幅以多爲佳，八幅太少，古制未善。《閑情偶寄》

彭孫遹詩：「閨閣新興十幅裙。」《金粟閨詞》

鎮遠人拾得一裙，呼爲「聖婆裙」。一十二幅，每與苗戰，即揭裙以爲幟，苗見幟即敗去。《貴州通志》

狆家婦人長裙細褶多至二十餘幅。《貴州通志》

婦人着裙制乃三十餘幅。《秦州記》

土人女子拖長裙三十餘幅。《貴州通志》

裙幅貴多，多則行動時雖無風，亦有翩躚之致。《珮環餘韻》

彭孫遹詩：「裙幅皆成士女圖。」《金粟閨詞》

八番婦人被細褶裙，摺如蝶版，古致可觀。《峒谿纖志》

東苗婦着細摺裙，僅蔽其膝。《峒谿纖志》

天河婦人裙作細摺，後累五層，重數斤。《廣西通志》

章淵《子夜吳歌》：「桃根復桃葉，羅裙十二褶。」《稿簡贅筆》

同光年，上因暇日晚霽登興平閣，見霞彩可人，命染院作霞樣紗，製千褶裙，分賜宮嬪。自後民間尚之，競爲裙衫，號「拂拂嬌」。《清異録》

安南女圍裙無摺。李仙根《安南雜記》

張槃詞：「金爐鈒就裙紋褶。」《芸窗詞》

裙襉細而多，曰「馬牙襉」。《事物紺珠》

近日吳門尚百襉裙，可謂盡矣。又有月華裙者，一襉之中五色俱備，猶皎月之現光華也。《閑情偶寄》

吳偉業詞：「百襉細裙金綫柳。」《梅村集》

庾信《夜聽搗衣》詩：「裙裾不奈長，衫袖偏宜短。」《庾子山集》

兵圍魚復侯子響，密作啓，藏妃王氏裙腰中，自明。《齊書》

福娘詩：「東隣起樣裙腰闊，刺蹙黄金綫幾條。」《北里志》

白居易詩：「裙腰銀綫壓。」《長慶集》

今俗，婦人裙腰繫處忽爾解散，謂之「腰歡喜」，輒相賀曰「必有喜事」。此語唐詩已有之。王建《宫詞》云：「忽地下階裙帶解，非時應得見君王。」《天香樓偶得》

慕容公主適段豐，豐誅，將命改適，主歸第沐浴，自縊。書其裙帶曰：「死後埋我段氏側。」《南燕録》

沈亞之夢以巾犀小合獻秦公主，公主愛重，常結裙帶上。《夢遊録》

窈窕思張叔良，不得數見。藏其指甲，著閤婆錦囊中，佩之裙帶。時私啓視，恍如握手。《嫏環記》

李薦飲沈氏，醉題侍兒小瑩裙帶。《墨莊漫録》

《濟南集》：「小瑩後名艷瓊。」

隨駕北狩内嬪某氏，有欲犯之者，乃書於裙帶上，曰：「誓不辱國，誓不辱身！」遂自經。《大義集》

嚴氏女夜眠解衣，忽有火自裙帶間出。《簪雲樓雜記》

令病不復，取女人裙帶一尺，燒研米飲服。《肘後方》

沈遼遊京師，偶爲倡優書淫冶之詞於裙帶，流傳達於宫禁，近幸嬪御服之，遂塵乙覽。《揮麈餘話》

蔡卞妻王夫人，是荆公女。蔡每有國事，先謀之床第，然後宣於廟堂。蔡拜右相，家宴張

樂，伶人揚言曰：「右丞今日大拜，都是夫人裙帶。」《清波雜志》

蘇軾過華清宮，夢明皇令賦太真妃裙帶，乃作六言詩云：「百疊猗猗風縐，六銖縱縱雲輕。植立含風廣殿，微聞環珮搖聲。」《漁隱叢話》　《冷齋夜話》作「軾夢神宗使宮女送出，睇視，裙帶間有六言詩」云云。縱縱，作「縰縰」。

胡姬長裙連理帶。《樂府詩集》

《讀曲歌》云：「欲知相憶時，但看裙帶緩幾許。」《樂苑》

梁元帝《烏棲曲》：「芙蓉爲帶石榴裙。」

《江陵女歌》：「拾得娘裙帶，同心結兩頭。」《古樂府》

李賀詩：「裙垂竹葉帶。」《昌谷集》

紫姑爲鄧氏女賦《裙帶詩》。《夷堅志》

羅漢苗婦人無裙，以布一幅垂之，曰「衣尾」。《貴州通志》

吳中婦女衣外加布裙，以績苧上竈，謂之「圍前」。《言鯖》

奩史卷六十五

東吳王初桐于陽纂述
蘭陵孫星衍淵如校刊

冠帶門一

冠

婦人首服，周但有副、笄。漢宮掖承恩者，始賜芙蓉冠子。則婦冠自漢始矣。《二儀實録》

秦始皇令三妃、九嬪帶芙蓉冠子，碧羅爲之。晉宮人戴黄羅冠子。隋煬帝宮人戴通天百葉冠子。《中華古今注》

漢吕后作婦冠。《物原》

王安石與程顥語，子雱攜婦人冠以出。《宋史》

李昭母夫人事姑二十年，惟梳髮髻，姑亡始戴冠。今士大夫家子婦，三日已冠而與姑宴飲矣。《談苑》

杜氏女爲賊所逼，紿以粧飾而出。既入，抹朱粉，具衣衫，登几，縻帛於梁，而圈其下。度

不容冠，抽之，籠其首，整髮復冠，乃死。《龍川文集》

明道二年，皇太后朝饗太廟，戴九龍花釵冠。《澗泉日記》

公主笄禮，冠笄、冠朵、九翬四鳳冠，各置於盤，蒙以帕，首飾隨之，陳於服㡘之南。《文獻通考》

周漢國公主房奩，有真珠九翬四鳳冠、玉龍冠、北珠花冠。《南渡宮禁典儀》

皇妃、親王妃禮服冠，九翬四鳳冠。《宋史·輿服志》

皇太子妃九翬四鳳冠，漆竹絲爲匡，冒以翡翠，上飾翠翬九、金鳳四，皆口銜珠滴。《明會典》

皇后三釵頭冠。《西湖遊覽志餘》

皇后花珠冠，用盛子一，青羅表，青絹襯，金紅羅托裏，用九龍四鳳。《金史·輿服志》

皇后禮服，其冠圓匡，冒以翡翠，上飾九龍四鳳。中一龍銜大珠一，上有翠蓋，下垂珠結，餘皆口銜珠滴。《明史》

崇禎五年皇后千秋，命婦朝賀，皇后升殿，冠九龍四鳳冠，大花十二樹，小花如大花之數。《春明夢餘録》

皇后常服冠，雙鳳翊龍冠，又有龍鳳珠翠冠。《明會典》

皇妃常服鸞鳳冠。《明史·輿服志》

皇妃九翟冠，以皂縠爲之，附以翠博山，飾大珠翟二、小珠翟三、翠翟四，皆口銜珠滴。《明會典》

世子妃、郡王妃、郡主冠皆七翟，夫人冠皆五翟，淑人、恭人冠皆四翟，宜人、安人冠皆三翟。《明史·輿服志》

縣主珠翠五翟冠，郡君冠四翟，縣君冠三翟。《明會典》

皇太子妃常服犀冠，刻以花鳳。《明會典》

永樂二年，賜寧國長公主特製鳳冠一頂。《弇山堂别集·賞賚考》

命婦常服，一品以下用珠翠慶雲冠，八、九品通用小珠慶雲冠。《明史·輿服志》

宋神宗元豐八年，太皇太后冠朵舊用九、花舊用五，至是各增爲十二。皇太后冠朵用牙魚。《文獻通考》

太廟后冠，係珠寶結就，外有雕龍沉香匣套額，費三萬金。《看花行者談往》

皇后禮冠，有珠翠雲四十片；常服之冠，珠翠雲二十一片。皇太子妃常服之冠，珠翠雲二十六片。《明史》

皇妃冠中，有寶珠一座、翠雲頂一座。《明史》

皇后、皇太子妃皆有珊瑚冠觜一副。《明史》

命婦冠，一品珠翟五個，二品至四品珠翟四個，五品、六品珠翟三個，七品至九品翠翟二

個。《讀書紀數略》

命婦一品冠，珠翠翟三、金翠翟一，皆口銜珠結子；二品冠，珠翠孔雀三、金孔雀二，皆口銜珠結；三品冠，小珠翠鴛鴦三、鍍金銀鴛鴦二，皆挑珠牌；六品冠，鍍金銀練鵲三，又鍍金銀練鵲二；八品冠，銀間鍍金銀練鵲三，又銀間鍍金銀練鵲二，皆挑小珠牌。《明會典》

命婦一品至六品冠，用珠牡丹開頭二個；七品以下冠，用珠月桂開頭二個。命婦一品冠，珠半開五個；二品至四品冠，珠半開四個；五品、六品冠，珠半開五個；七品以下，珠半開六個。《讀書紀數略》

命婦冠，有翠雲二十四片。《明會典》

九品冠，有翠月桂葉一十八片。《讀書紀數略》

皇后、皇太子妃禮冠，皆有托裏金口圈一副。常服之冠，皆有翠口圈一副。《明會典》

命婦冠口圈，一品以下上帶金寶鈿花八個、金翟二個，五品以下上帶抹金銀寶鈿花八個、抹金銀翟二個。《讀書紀數略》

命婦一品以下，冠用金事件；五品以下，用抹金銀事件。《明會典》

西王母戴太真晨嬰之冠。《學道傳》

靈妃元皇夫人建晨纓寶冠。《太上飛行羽經》

上元夫人戴九雲夜光之冠。《漢武帝內傳》

上元夫人戴玄皇靈芝夜光之冠。《真誥》

九天玄母戴紫元玄黄冠。《金根經》

玉清之母巾無極進賢之冠，九天真女戴玄黄七稱進賢之冠，太極帝妃冠無極進賢之冠。《大有經》

女真已笄者，戴遠遊冠。《真誥》

凡女子學上清之法，皆元君夫人之位，當冠元君之冠。無此冠，不得升於上清。《四明科》

玉女建白冠。《山西經》

明皇賜秦國夫人七葉冠，蓋希代之珍。《太真外傳》

唐持盈公主玉葉冠，希世之寶。《明皇雜録》

舞女飛鸞、輕鳳，戴輕金之冠，以金絲結之，爲鸞鶴狀，仍飾以五采細珠，玲瓏相續，可高一尺，稱之無二三分。《杜陽雜編》

浮動，冠名。白樂天詩：「貴主冠浮動。」《古今服飾儀》

雍熙二年，賜吴越王夫人龍鳳珠冠。《十國春秋》

徽宗册貴妃鄭氏爲后，將受册，有司創制冠服。后言：「國用未足，冠珠多費，請命工改製妃時舊冠。」《宋史》

侂胄有四妾，皆郡夫人。其次有十婢，均寵。有獻北珠冠四枚者，侂胄喜，以遺四夫人。十婢者皆慍曰：「等人耳，我輩不堪戴耶？」侂胄患之。時趙師羼守臨安，亟出十萬緡，市珠冠十枚，瞰侂胄入朝，獻之。十婢者大喜，分持以去。侂胄歸，十婢咸來謝。翌日，都市行燈，十婢皆頂珠冠而出，觀者如堵。《西湖遊覽志餘》

咸淳中，有鬻珠冠者過吉水龍華寺，有女子出買珠冠一頂，先酬千錢，餘約次日。如期再往，僧曰：「寺中豈有女子客？」不之信。僧令遍索，則某家女棺寄於寺，冠在其上，千錢無有也。《異聞總録》

皇后有花珠冠。《金史·輿服志》

洪武三十年，賜田珠母楊氏珠冠。《弇山堂别集·賞賚考》

阿丹國婦人頂珠冠纓絡。《瀛涯勝覽》

太宗賜蘇易簡母薛氏寶冠。《東都事略》

俺答妻三娘子入貢，總督吳兑贈以八寶冠，三娘子以此爲兑盡力。《梅花渡異林》

婦人首冠之制，用以黄塗白，或鹿胎之革，或玳瑁，或綴綵羅，爲攢雲、五岳之類。既禁用鹿胎、玳瑁，乃爲白角者，又點角爲假玳瑁之形者，然猶出四角而長矣。後至長二三尺許，而登車檐皆側首而入。俄又編竹而爲團者，塗之以緑，浸變而以角爲之，謂之團冠。後以長者屈四角而下，至於肩，謂之「嚲肩」。又以團冠少裁其兩邊，而高其前後，謂之「山口」。又以嚲肩直其角而短，謂之「短冠」。今則一用太妃冠矣。始者角冠棱托以金，或以金塗銀飾之，今則皆以

珠璣綴之。其方尚長冠也，所傅兩角梳亦長七八寸。習尚之盛，在於皇祐、至和之間。蓋大官粗疏耳。《麈史》

錢明逸知開封府時，都下婦人白角冠，闊四尺，梳一尺餘，禁官上疏禁之。《嘉祐雜志》

宋仁宗時，宮中尚白角冠梳，人爭效之，謂之「内樣」，其冠名曰「垂肩」、「等肩」。《文獻通考》

舊制，婦人冠以漆紗爲之，而加以飾，金銀珠翠，采色裝花，初無定制。仁宗時，宮中以白角改造冠並梳，冠之長至三尺，有等肩者，梳至一尺。議者以爲妖，仁宗亦惡其侈。皇祐元年十月，詔禁中外不得以角爲冠、梳，冠廣不得過一尺，高不得過四寸，梳長不得過四寸。終仁宗之世，無敢犯者。其後侈靡之風盛行，冠不特白角，又易以魚魫；梳不特白角，又易以象牙、玳瑁矣。《燕翼貽謀録》

皇后有犀冠，減撥花樣，縷金裝造。《金史·輿服志》

臧慶祖妻程氏亡，臧念之弗替。每日上饍靈几，必自設匕箸於側，與相對飲饌。嘗出往田舍，戒妾謹潔供羞。有商客常以篋領釵珥販鬻者，是時到其家。程在簾下，擇買魚魫冠一頂，以七百錢償直。客暮還旅店，就主人語曰：「今日只臧孺人買一冠耳。」主人言：「彼家孺人已没，那得尚買冠子？」客大驚，捬腰間布囊中錢視之，乃楮也。急往臧宅，見妾，告之，妾曰：「吾娘子下世已久，誰買汝冠？」客請入堂訪索，見玄冠在靈席上。《夷堅志》

婦人取巨魚魫爲冠，曰「魫服」。《事物異名》

皇后謁家廟後，散付親屬物件有翠冠。《武林舊事》

楊基《上巳美人圖》云：「軟翠冠兒簇海棠。」《眉庵集》

酒樓諸妓皆戴杏花冠。《武林市肆記》

曩霄妻野利氏戴金起雲冠。《續資治通鑑長編》

每晏，教坊美女必花冠錦繡，以備供奉。《灤京雜録》

白居易詩：「雲鬟半偏新睡覺，花冠不整下堂來。」《長慶集》

婦人滿冠，蓋以首飾副滿於冠。《玉臺清照》

樂妓明角冠，樂女生黑縐紗描金蟬冠。《明會典》

嫁女，首飾女冠，花素不過二頂。《婚姻約》

龍家婦人細布冠，以五綵藥珠爲飾。《外國竹枝詞》注

有小胥與隣女私通，楊仲弓知爲邪鬼，教以來時匿彼冠履一二種，胥如其言。雞鳴，女起而失翠冠及一履，怫然而去。胥視二者，乃揑泥所製。訪之，蓋唐四娘廟侍女也。頭上無冠，一足只着襪。《夷堅志》

和凝詞：「碧羅冠子穩犀簪。」《紅葉稿》

毛熙震詞：「碧玉冠輕嫋燕釵。」《唐詞紀》

李之儀詞：「避暑佳人不著粧，水晶冠子薄羅裳。」《姑溪集》

潘江贈歌妓云：「鈿雀銀蟬玉蕊冠。」《木厓集》

郝經《宣和内人圖》云：「金翠冠梳抹且肩。」《陵川集》

王世貞《西城宫詞》云：「芙蓉新樣紫霞冠。」《弇州四部稿》

鄭后受册，請服爲妃時冠，增篦插三枝。《文獻通考》

周漢國公主房奩，有北珠冠花篦環、七寶冠花篦環。《南渡宫禁典儀》

皇后謁家廟後，散付親屬宅眷，有翠篦環。《武林舊事》

石季龍女官李松，拔人長髮以爲冠纓。《後趙録》

樂女生冠用黑絲纓。《明會典》

段成式詩：「彭纓長戞鳳凰釵。」《漢上題襟集》

妹喜冠男子之冠，桀亡天下。《晉傳咸奏議》

宋賜吴越國賢德順睦夫人珠翠冠帔。《吴越備史》

蔡襄母有賢行，仁宗賜冠帔寵之。《宋朝類苑》

嚮見官妓舞柘枝，戴一紅物，體長而頭尖，儼如角形，即今之罟姑也。《席上腐談》

受虜爵人之婦戴固姑冠，圓高二尺餘，竹篦爲骨，銷金、紅羅飾於外。若在北行，婦人帶回回帽，加皂羅爲面簾，仍以帕子羃口，障沙塵。《心史》

凡車中戴固姑，其上羽毛又尺許，拔付女侍手持，對坐車中。雖后妃駝象亦然。《灤京雜詠》注

凡諸臣正室，則有顧姑冠。用鐵絲結成，如竹夫人，飾以紅青錦繡或珠玉。《蒙韃備録》

元朝后妃及大臣之妻皆帶姑姑，高圓三尺許，用紅羅，蓋唐金步摇冠之遺制。《草木子》

阿目茄八剌帶罟罟娘子十五人。《輟耕録》　褚人穫曰：「顧姑、罟姑、姑姑、罟固、固姑，罛罟字有五異，實一物也。」

聶碧窗胡婦詩：「爭捲珠簾看固姑。」《歸潛志》

李禎《至正妓人行》：「綵綫挼絨綴罛罟。」《運甓漫稿》

趙飛燕爲皇后，其女弟上金華紫輪帽。《西京雜記》

西王母宴群仙，有舞者帶砑光帽，帽上簪花，舞《山香》一曲。曲終，花皆落去。《東坡志林》

元順帝時，宫女奏樂，或用唐帽窄衫。《日下舊聞》

后侍從二百八十人，冠步光泥金帽。《元氏掖庭記》

宫人烏紗帽，飾以花，帽額綴團珠結。《春明夢餘録》

妃嬪儀衛，執扇宫人服雲紗帽。《金史》

麗人薛素素好理繁細，凡笄帕、貂帽皆自製。戚里貴家婦女，多取則焉。《詩話類編》

歐陽玄《正月都城》詞：「國人姬侍金貂帽。」《圭齋集》
高昌女子所戴油帽，曰「蘇幕遮」。《高昌行記》
流求國婦人以羅紋白布爲帽。《外國竹枝詞》注
魯特女子插雉尾以飾帽。《外藩紀略》
倭國婦女以錦繡雜采爲帽，似中國胡公頭。《南史》
回鶻婦人，既嫁，皆戴氈帽。《五代史》
西藏婦女戴紅綫栽绒尖頂小帽，富家婦女則戴珍珠帽，價有值千金者。《衛藏圖識》
木魯烏素番婦戴白羊皮帽或狐皮帽。《衛藏圖識》
王建《宫詞》：「未戴柘枝花帽子。」
吳文英詠京市舞女詞：「茸茸貍帽遮梅額。」《夢窗甲稿》
楊維禎詩：「内人珠帽輦步齊。」《西湖竹枝詞》
齊隋婦人施冪䍦，全身障蔽。《孔氏雜説》
唐初，宫人著冪䍦，王公之家亦用之。《近事會元》
秦王楊俊爲妃作七寶冪䍦，車不可載，以馬負之而行。《宛委餘編》
宣和七年春，封丘門有一婦人着紅背子，戴紫冪首，自云：吾乃太社之神。《異聞總録》
唐武德、貞觀中，宫人騎馬多着冪䍦。永徽後，皆用帷帽，施裙到頸，漸爲淺露。至神龍末，

羃羅殆絶。其象類今之方巾，繒帛爲之。《中華古今注》

唐高宗敕曰：「比來婦人多著帷帽，遂棄羃羅。」《近事會元》

閻立本畫明君入匈奴，而婦人有着帷帽者。豈知帷帽創於隋代，非漢宫所作。劉子玄《太子什議》

婦人帷帽興於國朝。《歷代名畫記》

女子圍帽，四圍垂絲網之，施以珠翠。《中華古今注》

古者女子出門，必擁蔽其面。後世宫人有圍帽，謂之「席帽」。至煬帝淫侈，欲見女子之容，詔去席帽，戴皂羅巾幗，而以席帽油御雨云。唐開元初，宫人馬上着胡帽，靚粧露面，古制蕩盡矣。今雲南大理婦女戴次工大帽，亦古意之遺焉。《丹鉛總録》

李易安在建康日，每值大雪，即頂笠披蓑，循城遠覽以尋詩。得句，必邀其夫賡和，明誠苦之。《清波雜志》

蠻女笠製極工，以皂布羃邊，半露其面。《廣西通志》

孟定府婦人出外，戴漆藤大笠。《一統志》

土旺女以竹絲爲笠。《粤述》

琉球名族大姓之妻，出入戴箬笠。《使琉球略》

日本婦女笠用蒲，或竹，或椙木。《静志居詩話》

唐婦人帷帽，若今之蓋頭。《孔氏雜説》

唐末，婦人戴皂羅，方五尺，謂之「幞頭」，今曰「蓋頭」。凶者以三幅布爲之，或白碧絹若羅。《事物紀原》

婦女步通衢，以方幅紫羅障蔽半身，謂之「蓋頭」。《清波雜志》

妓女乘馬，將蓋頭背繫冠子上。《東京夢華録》

雞林方言，女子蓋頭曰「子母蓋」。《雞林類事》

扶南國女子爲貫頭以自蔽。《齊書》

鈕兀婦人盤頭露頂，以花布爲套頭。《郡志》

東螺番女戴頭箍，用篾爲之，插雉尾爲飾。《裸人叢笑篇》

彰化番婚姻，以犬毛紗頭箍爲定。《臺灣志略》

嚈噠王妃頭戴一角，長三尺，以玫瑰五色裝飾。大臣妻頭亦戴角，團圓下垂，狀似寶蓋。《洛陽伽藍記》

滑國女人頭上刻木爲角，長咫尺，以金銀飾之。《通典》

巴塘番婦首戴八桂，如翠圍式。《衛藏圖識》

《周禮》：「王后首服爲副。」鄭氏云：「副，婦人首飾，三輔謂之假髻。」《半農禮説》《集韻》「副」作「鬜」。《廣韻》作「鬜」。

紒，髻也。《東平王蒼傳》注：「假紒，婦人首飾也。」紒又作「結」，古無「髻」字，但借「結」爲字。《丹鉛總録》

假髻，用鐵絲爲圈，外編以髮。《周禮説略》

章帝以光烈皇后假髻、帛巾及衣一篋遺東平王蒼，以慰凱風寒泉之思。《東觀漢記》《續漢書》「帛」作「皂」。

太元中，王公婦女緩鬢傾髻，以爲盛飾。用髮豐多，不可恒戴。乃先於籠上裝之，名曰「假髻」，或曰「假頭」。至於貧民，不能自辦，自號「無頭」。亦服妖也。《晉中興徵祥説》

後齊時，婦人皆剪剔以著假髻，危邪狀如飛鳥，南面則髻心正西。始自宮內爲之，被於四遠。《集異記》

婦人首飾，以髮爲之者曰「假髻」。作俑於晉太元中。弘治末，婦女悉反戴之，殆非佳兆。《願豐堂漫書》

張弼《假髻曲》：「東家美人髮委地，辛苦朝朝理高髻。西家美人髮及肩，買粧假髻亦峨然。」《鶴城稿》

貴妃常以義髻爲首飾，而好服黃裙。天寶末，京師童謠曰：「義髻抛河裏，黃裙逐水流。」其後果應。《太真外傳》

貴妃以假髻爲義髻。《續博物志》《容齋四筆》曰：「義髻、義襴、義領，皆以義名。」

嫫母作特髻。《物原》

假髻，今特髻也。《事物紀原》

唐武宗以宫人特髻爲皂羅供奉。《清異録》

皇妃常服，山松特髻、假鬢花鈿或花釵鳳冠。《明史》

命婦禮服，用山松特髻，一品翠松五株、金翟八，口銜珠結，正面珠翠翟一，後鬢珠翠飛翟一。二品特髻上金翟七，口銜珠結。三品特髻上金孔雀六，口銜珠結，正面珠翠孔雀一，後鬢翠孔雀二。四品特髻上金孔雀五，口銜珠結。五品特髻上銀鍍金鴛鴦四，口銜珠結，正面珠翠鴛鴦一，後鬢翠鴛鴦二。六品、七品特髻上翠松三株，銀鍍金練鵲四，口銜珠結，正面銀鍍金練鵲一，後鬢翠練鵲二。《明會典》

玉清之母戴七神朱玉之髻。《大有經》

西王母頭上太華髻。《漢武帝内傳》

盜發孟后陵，得一髻，長六尺餘，其色紺碧，髻根有短金釵。《輟耕録》

步摇、蔽髻皆爲禁物。《晉令》 成公綏有《蔽髻銘》。

大金國民間婦人多綰髻，而戴冠者少。貴人家即用珠瓏璁冒之，謂之「方髻」。《攬轡録》

凡中宫供奉女樂、奉鑾等官妻，本色鬏髻。《明會典》

婦人戴鬏髻，天下皆同。然獨福州興化，即嫁仍如未嫁處子，絶不戴鬏髻。有則亦爲簪首飾

之具。見舅姑之後即滅去矣。《閩小紀》

鵶髻，今俗謂爲「丫髻」。《管城碩記》

古挽髮爲髻，今以紗絹爲之，俗名「丫髻」。《看雲草堂集》

元順帝時，奏樂宫女練槌髻勒帕。《日下舊聞》

婦人之髻，即冠也。明季，鐵絲爲之，覆以烏紗。其後漸用五梁髻，以金飾之。楊用晦《冠約》

婦人髻，鐵絲頭髮，襯之以盛風蘭，則花茂。《花史》

婦人之髻，時樣屢易。有金髻，有銀髻，有珠髻，有玉髻，有髮髻，有翠髻，有字髻。楊用晦《冠約》

板傜婦人黄蠟泥髮，木板爲髻，形似扇面，平置頂上，覆以繡帕，綴以琉璃珠，纍纍若纓絡然。《粤西偶記》

蔡家婦人以氊爲髻，飾以青布，若牛角狀。高尺許，用長簪綰之。《貴州通志》

婦人之髻愈變愈新，或爲「鬆頭」，又爲「精頭」，又爲「垂髮頭」，有一歲而三易新樣者。楊用晦《冠約》

溫庭筠《握拓詞》：「花髻玉瓏璁。」《溫飛卿詩集》

任詢詩：「蘇州女兒嫩如水，髻聳花籠青鳳尾。」《中州集》

瞿佑有《詠花藍髻》詩。《存齋樂全集》

彭孫遹詩：「買得揚州花綫髻。」《金粟閨詞》

乾符後，宮娥皆用木圍頭，以紙絹爲襯脚，用銅錢爲骨，就其製成而戴之，取其緩急之便。《幙府燕閑録》

宮中女童隊雜戲，女童四百餘人，或戴花冠，或仙人髻鵶霞之服，或卷曲花脚幞頭，四契紅黄生色銷金錦繡之衣，結束不常。《東京夢華録》

真宗以宮女二人賜王旦，又賜香藥，乃珍寶也。宮女解紅綃金項帕繫於袖中，拜賜而出。《孫公談圃》

御史何郯察文潞公於成都，張俞往迎，命酒設樂。有營妓善舞，郯狎，問其姓，妓曰：「姓楊。」郯曰：「所謂楊臺柳者。」俞即取妓項帕羅題曰：「蜀國佳人號細腰，東臺御史惜妖嬈。從今喚作楊臺柳，舞盡春風萬萬條。」《焦氏類林》《西谿叢語》曰：「營妓王宮花舞以佐酒，郯醉，贈之曰：『按徹梁州更六幺，西臺御史惜妖嬈。從今改作王宮柳，舞盡春風萬萬條。』」

元夕，婦人皆戴珠翠銷金合蟬貉頭項帕。《乾淳歲時記》

皇后禮服，有珠皂羅額子一，描金龍文，用珠子二十一。皇太子妃禮服，有珠皂羅額子一，描金龍文，用珠子二十一。《明史》

馬援征蠻病死，至今婦人皆用方素帕蒙首，屈兩角繫腦後，云爲伏波將軍持服。《岳陽風土記》

漢中婦女皆以白布裹頭，或用黃絹而加白帕其上。昔人謂爲諸葛武侯帶孝，後遂不除。《隴蜀餘聞》

章獻稱制，柴氏、李氏二公主入見，猶服髲鬆。太后曰：「姑老矣。」命左右賜以珠璣帕首。時潤王元份婦安國夫人李氏老，髮且落，見太后，亦請帕首。太后曰：「大長公主，皇帝女，先帝諸妹也。若趙家老婦，寧可比耶？」《宋史》

抹絳巾者，帕首之謂。《東坡詩注》

遼皇后服，有雙同心帕。《遼史·國語解》

懿德皇后初立，宮中語曰：「孤穩壓帕女古韡，菩薩喚作耨斡麼。」孤穩，玉也。女古，金也。耨斡，后土也，麼母也。言以玉飾首，以金飾足，以觀音爲皇后也。《焚椒録》

帕首，即幞頭，今之抹額。《席上腐談》

皇后戴紅帕，祭則絳帓。《遼史》

歌章女樂，大紅羅抹額。《明會典》

女人額帕曰「包頭」。《事物紺珠》

吳中鈕式包頭，尖垂眉心，始自鈕姓。《粧臺續記》

《花間詞》：「翠靨眉心小。」宋詞：「小唇秀靨，團鳳眉心倩郎貼。」可知翠靨貼於眉心，此飾五代、宋初爲盛。今閨中以珠翠金鳳綴於包頭結上，垂之眉心，即其遺制。《言鯖》

元稹《贈劉采春》詩：「謾裹常州透額羅。」《全唐詩話》

梁小玉《詠包頭》詩：「輕霞薄霧小香羅，傍著蟬鬢香更多。最愛春山縹緲上，橫粧一帶淺青螺。」《娜嬛集》

包頭上加兜，有西施兜、美人兜、漁婆兜、採桑兜。《蘇故》

貂額，或謂之「貂搭」。《粧臺續記》

趙士喆《遼宮詞》：「錦韡貂額戎裝好。」《東山詩史》

時粧有昭君套。《看雲草堂集》

尤侗《詠昭君套》云：「一握小丁貂，艷色茸毛，金璫滿座總粗豪。粧向美人頭上去，別樣妖嬈。」《百末詞》

歐陽玄《正月都城詞》云：「漢女姝娥金搭腦。」《圭齋集》

神龍元年，詔加女侍中貂蟬。任城王諫曰：「高祖、世宗皆有女侍中官，未見綴金蟬於象珥，極鼲貂於鬢髮。僞晉穆何后有女尚書加貂璫，此衰世妖妄之服。請依常儀，追還前詔。」帝從之。《後魏書》

纏頭，帕類。《事物紺珠》

國王妻以白繒纏首。《西域志》

灣甸州婦人以紅氈帶纏頭。《郡志》

暹羅國婦女白布纏頭。《島夷志》

番女未婚者，多以艾葉之類纏頭。《使署閑情》

何允夢見神女二十許人並衣帢。《南史》

高惠文婦與惠文書曰：「今奉總帢拾枚。」《詞叢類採》

皇后親蠶絲絮，皇后得以作絮巾。《漢舊儀》

石虎皇后出，以女騎一千爲鹵簿。冬月，皆著絮綸巾。《鄴中記》《晉書·載記》作「綸巾」。

則天製葛巾子，呼爲「武家高巾子」，亦曰「武氏内樣」。《中華古今注》

先天二年，元夜張燈，宮女千數，衣綺羅，曳錦繡，耀珠翠，施香粉。一花冠、一巾帨皆至萬錢。《朝野僉載》

賀德基少遊學都門，於白馬寺前逢一婦，容服甚盛。呼德基入寺門，脱白綸巾贈之，謂曰：「君方爲重器，不久貧寒，故以此相贈。」問其姓氏，不答而去。《女世説》

午日，宮人披帛，謂之「奉聖巾」，亦曰「續命巾」。《古今注》

陸承澤遷新居，有一女子戴巾蒙面入，問之不應。陸怒，令人起巾，乃一臭爛髡首。《志怪録》

麗嬪張阿玄私製一崑崙巾，上起三層，中有樞轉，玉質金枝，紉綵爲花，團綴於四面。又製

爲蜂蝶雜處其中，行則三層磨運，百花自摇，蜂蝶欲飛，皆作鑽蕊之狀。《元氏掖庭記》

妃待從二百人，冠懸梁七曜巾。嬪侍從八十人，冠文縠巾。《元氏掖庭記》

樂女生黑漆唐巾。《明會典》

丹霞玉女戴紫巾，又戴紫華芙蓉巾，又金精巾、飛巾、虎文巾、金巾。《登真隱訣》

女道士巾，有九陽巾、一陽巾、玉板巾、蓮花巾。《事物紺珠》

李白詩：「吳江女道士，頭帶蓮花巾。」《青蓮集》

時髻剪雲垂帶，號「妙常巾」。《看雲草堂集》

有詠時世粧詩云：「妙常巾帶下垂尻。」《風俗記》

吳中婦女戴浩然巾，又名「當風」。《粧臺續記》

康國王妻幪髻以帛巾。《隋唐》

拂林國婦人以錦爲頭巾。《唐書》

宋內夫人例裹巾，巾帶之末，各綴一金錢。每晨，用以掠鬢入巾，久則兩鬢致禿。《輟耕録》

《後漢·烏桓傳》：「婦人著句决，飾以金碧，若中國之簂。」簂，或爲幗。《輿服志》：「夫人有紺繒幗。」古畫婦女有頭施紺羃者，即此制也。諸葛孔明以巾幗遺司馬懿。巾幗，女子未笄之冠，燕京名「雲髻」，蜀中名爲「曇籠」。蓋笑其堅壁不出，如閨女之匿藏也。《丹鉛續録》

婦人年老者，以皂紗籠髻如巾狀，散綴玉鈿於上，謂之「玉逍遥」。《金史·輿服志》

明皇命宫妓佩七寶瓔珞，舞《霓裳羽衣》曲。曲終，珠翠可掃。《碧雞漫志》

正德元年，婦女多用珠結蓋頭，謂之「瓔珞」。《明史》

苗婦人以海肥、銅鈴結纓絡爲飾。《峒谿纖志》

女蠻國人危髻金冠，瓔珞被體，謂之「菩薩蠻」。《杜陽雜編》

西域婦人編髪垂髻，飾以雜華，如中國塑佛像瓔珞之飾，故曰「菩薩蠻」。《升庵詞品》《萍洲可談》曰：「廣中呼蕃婦爲菩薩蠻。」

布魯克巴番婦，頂垂珠石纓絡，圍繞至背。《衛藏圖識》

女人披帛，古無其制。開元中，詔令二十七世婦及寶林、御女、良人等，尋常宴參侍，令披帛，至今然矣。則今時畫工，凡畫唐明皇以前女人用披帛者，皆失款也。且開元之制，亦但施之内官。今世俗婚娶，不論男婦，皆披絳帛，亦流傳之失耳。《古今注》

女媧之女以羊毛繩繫髻，後世易之以絲及綵絹，名「頭繻」。《二儀貭録》

王雙每寢，即有一女子來就之，恒著白頭繻。《異苑》

婦人或服布頭繻，用略細麻布一條，長八寸，以束髮，而垂其餘於後。《朱子家禮》

女子在室者，作三小髻，金釵珠頭繻。《明會典》

慶一娘回定之儀，有轉官毬繻掠一副，疊金篋帕女紅五事，藉用官緑紗條；疊疊喜繻掠一副，

盛綫篋帕女紅十事，藉用金褐擇絲。《長安客話》

女尼妙音，舊宮人也。國破後，祝髮於文殊庵。譚宮中舊事甚悉。言宮中侍姬都以青紗護髮，外施釵釧。自遭喪亂，香奩寶鈿悉爲人奪，惟存青紗數幅，猶昭陽舊物也。《婦人集》

王荆公女長安縣君能詩，嘗見婦女有服者帶白羅繫髻，戲爲詩云：「香羅如雪縷新裁，惹住烏雲不放回。還是遠山秋水際，夜來吹散一枝梅。」《墨莊漫録》

時美娶一妾，以白布總髮，問之，泣曰：「父爲州掾，卒，母扶櫬不能歸，故賣妾耳。」乃惻然送還。《餘師録》

蠻中貴家女以繒帛韜其髻，謂之「頭囊」。《蠻書》

回鶻婦人總髮爲髻，以紅絹囊之。《五代史》

朝鮮婦人髻髮垂肩，約以絳羅。《朝鮮圖説》

平地猺女髻裹蕉葉，掛礬珠。《廣西通志》

蕭壠番婦盤髮以青布，大如笠。《諸羅志》

面衣，前後全用紫羅爲幅下垂，雜他色爲四帶，垂於背，爲女子遠行、乘馬之用，亦曰「面帽」。《事物紀原》

趙飛燕爲皇后，其女弟在昭陽殿，上襚三十五條，内有金華紫輪面衣。《西京雜記》

山西蒲州婦人出，以錦帕覆面，至老猶然。《丹鉛總録》

北方婦女騎馬者，用罩面紗。《花南老屋歲鈔》

吳偉業贈妓寇白門詩：「細馬馱來紗罩眼。」《梅村集》

婦人遭喪有面衣，期已下著䉡。《政和冠昏喪祭禮》

夫餘國居喪，婦人着布面衣。《魏志》

柳城婦人以皂布蒙頭。《明史》

哈烈婦女以白布蒙首，僅露雙目。《卬竹杖》

番婦烏布蒙頭。《赤嵌筆談》

奩史卷六十六

東吳王初桐于陽纂述
長沙劉李之少白校刊

冠帶門二

帶

古者婦人長帶，結者名曰「綢繆」，垂者名曰「纖褵」，結而可解曰「紐」，結而不可解曰「締」。《升庵外集》

宋玉東家女因玉見棄，誓不他適。膏沐不施，恒以帛帶交結胸前後，操織作以自給。後人效之，富家至以珠玉寶花飾錦繡流蘇帶束之，以增妖冶。《下帷短牒》

宋韓憑妻爲康王所奪，自投臺下死，於帶中得《烏鵲歌》，曰：「南山有烏，北山張羅。烏自高飛，羅當奈何？」又曰：「烏鵲雙飛，不樂鳳凰。妾是庶人，不樂宋王。」《彤管集》

魏武帝賜宫人金隱起師子銙腰帶。《中華古今注》

扶南婦人悉着鈎絡帶。《吴時外國傳》

皇太子納妃，有織成衮帶。《東宫舊事》

自公主、封君以上皆帶綬，以綵組爲緄帶。《晉書》

石虎皇后女騎一千人，腰中皆著金環參鏤帶。《鄴中記》

荀奉倩將别，其妻曹洪女，割蓮枝帶以相贈。後人分釵即此意。《女紅餘志》

九華安真妃腰纏緑繡帶，右帶係鈴，左帶玉佩。《真誥》

中央黄老君授夫人虎帶。《南岳夫人傳》

唐晅娶張氏，病卒，晅感而賦詩。一夕，聞暗中若泣聲，初遠漸近。晅曰：「倘是十娘子之靈，何惜一相見！」俄命燈燭，立阼階之北。晅趨前執手，叙生平甚悉，妻遂裂帶題詩，至天明而没。《大唐奇事》

季女贈賢夫以素絲鎖蓮之帶，製極精巧。《嫏嬛記》

婦人帶用紅黄，前雙垂至下齊。《金史·輿服志》

安南國進皇后方物狀，有真金垂帶四條。《天南行記》

皇后、貴妃大帶，以青加革帶。《宋會要》

皇后大帶，表裏俱青紅相半，末純紅，下垂織金雲龍文，上朱緣，下緑緣。《明史》

皇后大帶，朱裏紕其外，上朱錦，下緑錦。《春明夢餘録》

命婦大帶，皆隨衣色。《明會典》

皇后有青綺副帶一。《明史》
皇后常服之帶用金、玉，皇妃、皇太子妃用金、玉、犀。《明史》
命婦一品玉帶，二品犀帶。《明會典》
皇后玉革帶，青綺鞓，描金雲龍文。《明史》
皇后玉革帶，有玉事件十、金事件四。《明史》
周漢國公主房奩，有金革帶一條。《南渡宫禁典儀》
命婦三品金革帶，五品以下烏角帶。《明會典》
命婦革帶，用玉、犀、金、烏角不等。《春明夢餘録》
宫人金束帶。《春明夢餘録》
提調女樂鍍金花帶，樂女生塗金束帶。《明會典》
民間婦人帶用藍絹布。《明會典》
士庶家婦人不許束銀帶。《崇儉書》
李沆有世僕逋金遁去，有女將十歲，美姿格，自寫一券繫於帶，願賣以償。沆惻然，囑夫人如己女育之。及笄，具奩幣嫁之。《儆告》與竇禹鈞事同。
鄰女有自經者，其所懸之帶，以潤州朱絲數百條，長九尺許，爲十股細辮，手自盤製，逾月甫成。同伴以爲纏腰物也，而不知其用意如此。《疑雨集》

嚴續請韓熙載爲父撰神道碑，以一姬爲潤筆。及文成，而續嫌之，令其改竄，熙載即以歌姬還之。姬登車，書一絕於泥金雙帶，云：「風柳搖搖無定枝，陽臺雲雨夢中歸。他年蓬島音塵斷，留取尊前舊舞衣。」《稗史彙編》

羅漢苗婦人，繫雙帶，結於背。《貴州通志》

蠻女不闌帶，狀如經帶。不闌，班也。《溪蠻叢笑》

木魯烏素番婦著褚巴，繫硨磲帶。《衛藏圖識》

梁武帝《子夜歌》：「繡帶合歡結。」《梁武帝集》

吴均詩：「帶減蓮枝繡，鬟亂鳳凰簪。」《吴朝請集》

白居易詩：「帶纈紫蒲萄。」《白香山詩集》

王建《宮詞》：「粟金腰帶象牙錐。」《十家宮詞》

王珪《宮詞》：「粟金腰帶小牌方。」《王岐公詩集》

王懌《段七娘詩》：「春篗封荳蔻，羅帶綰芎藭。」《本事詩》

朱敦儒詞：「輕紅寫遍鴛鴦帶。」《樵歌》

雞林方言，女子勒帛曰「實帶」。《雞林類事》

金陵妓朱斗兒，號素娥，嘗托所歡買束腰。其人以書問尺寸，斗兒答之云：「既許紅綾束，何須問短長？纖腰君抱過，尺寸自思量。」《静志居詩話》

女子束腰之帶，俗呼爲「鸞絛」。《閑情偶寄》

有母女朝禮元帝，中途舟漏，借宿人家。夫見女姿，授計於妻，僞言夫宿别處，令母獨卧，婦共女一床。夜半夫潛歸，姦之，羞不敢白母，次早謝去。進香畢，女見回廊遺一大紅汗巾，母曰：「可以報取擾之家。」舟過其家，酬之，婦曰：「昨女愛汝，以此留記耳。」夫喜以繫腰，須臾變一赤蛇，絞痛而死。《果報録》

尤侗《詠汗巾》云：「羅帶雙回垂半條。」《看雲草堂集》

褘，婦人邪交落帶繫於體者。《類篇》

九天玄母衣霜羅九色之褵。《龜山元籙》

紫微王夫人着雲錦褵，上丹下青，文采相照。《列仙傳》

凝香兒侍宴於天香亭，帶雲肩迎風之組。《元氏掖庭記》

皇后赤綬玉璽，貴人緺綬金印。蔡邕《獨斷》

貴人緺綟。緺，音戈，綬文也。綟，音列，綬也。《北堂書鈔》

皇妃服金題白珠璫，繞以翡翠爲革綬。《續漢志》

西王母帶靈飛大綬。《漢武帝内傳》

九天玄母帶流蘇紫綬。《元始經》

九天玄母著青寶神光錦繡霜羅九色之綬。《金根經》

和熹鄧后賜馮貴人玉赤綬。《後漢書》

趙飛燕爲皇后，其女弟上五色文綬。《西京雜記》

公主、貴人金印藍綬。魏武帝《內誡令》《魏書》作「藍韍」。

皇太子妃纁朱綬，郡公主朱綬。《晉令》

皇太子納妃，有絳地織成綺綬。《東宮舊事》

虞潭母拜武昌侯太夫人，加金章紫綬。《中興書》

皇太后、皇后、長公主、天子貴人，赤綬四采；諸國貴人，緑綬三采。《中華古今注》

上元夫人曳鳳文琳華之綬。《真誥》

玉清之母著玄黃素靈之綬，太極帝妃衣五色鳳文之綬。《大有經》

靈昭李夫人帶青玉色綬，如世人帶章囊狀。《登真隱訣》

花蕊夫人封綬，與穿鑰錢相似。李孝美《錢譜》

皇后白玉雙佩黑組大綬，貴妃玉佩錦綬。《宋會要》

明皇后、皇妃、皇太妃、公主、命婦俱佩綬。《印典》

皇后綬五采，黃、赤、白、縹、緑，纁質，間施二玉環。《明史》

皇后玉花采結綬，以紅緑淺羅爲結，玉綬花一，瑑雲龍文，綬帶玉墜珠六，金垂頭花瓣四，小金葉六，紅綫羅繫帶一。白玉雲樣玎璫，璫如佩制，有金鈎、金如意、雲蓋一。下懸紅組五、貫金

方心雲板一，俱鈒雲龍文。襯以紅綺，下垂金長頭花四，中小金鍾一，末綴白玉雲朵五。《明會典》

瑯琊草可以染綬。《女紅餘志》

宋徽宗《宮詞》：「蕊綬華紳簪玉笋。」《二家宮詞》

孔子生，有麟吐玉書於闕里。徵在知神異，乃以繡紱繫麟角而去。至定公二十四年，魯人田於大澤，得麟，以示夫子。夫子抱麟解紱，而涕泗焉。《素王事紀》

獻帝逃竄傷趾，后脱繡紱拭血，刮玉釵以覆於瘡，應手而愈。《拾遺記》

皇后玉穀圭，長七寸，韜以黄囊，金鳳文。《明史》

西王母佩金剛靈璽。《漢武帝内傳》

王母佩虎章。《西王母傳》

舜在位，西王母獻玉佩。《尚書·帝驗期》

皇太后、皇后皆雀鈿白玉佩。《晉宋舊事》

皇太子納妃，有白玉佩。《東宫舊事》

皇太子妃佩瑜玉，諸長公主珮玄玉。《晉令》

石崇常擇美容姿相類者十人，裝飾衣服大小一等，使忽視不相分別，常侍於側。使愛婢翔風調玉以付工人，爲倒龍之珮，縈金爲鳳冠之釵，言刻玉爲倒龍之勢，鑄釵象鳳凰之冠。結袖繞楹而舞，晝夜相接，謂之「恒舞」。欲有所召，不呼姓名，悉聽珮聲，視釵色，玉聲輕者居前，金

色艷者居後，以爲行次而進也。《拾遺記》

上元夫人曳六出火玉之佩。《漢武帝內傳》

淑妃、修媛、修華、修容、婕妤佩彩瓊玉，貴人佩于寘玉。《尚書舊傳》

陳宮人佩玉，盡畫鸞鳳。《南部煙花記》

繪實，仙草也。磨入紫龍涎，畫金玉，其色透入一寸。宮人佩玉畫鸞鳳，須得良工，一筆誤，終不可改。《賈子説林》

周漢國公主房奩，有真珠玉珮一副。《南渡宮禁典儀》

祭山儀，皇后懸玉珮。《遼史》

皇后玉珮二，各用玉珩一、瑀一、琚二、衝牙一、璜二，瑀下垂玉花一、玉滴二，瑑飾雲龍文描金，自珩而下，繫組五，貫以珠玉，行則衝牙二滴與二璜相觸有聲。《明會典》

裴知古能聽婚夕環珮之聲，知其夫妻終始。《舊唐書》

裴知古，武后朝以知音直太常，嘗觀人迎婦，聞婦珮玉聲，曰：「此婦不利姑。」是夕，姑有疾亡。《震澤長語》

繁欽《定情詩》：「何以致恩情，佩玉綴羅纓。」《玉臺新詠》

鄭交甫至漢皋臺下，見二女，皆麗服華粧，佩兩明珠，大如鳩卵，遊於江漢之湄。交甫説之，不知其神也，遂與言曰：「願請子之佩。」一女解佩以贈，交甫受而懷之。趨去數十步，視

其懷空無佩，顧二女，忽不見。《列仙傳》

梁武帝《遊女曲》：「珠佩婐姬戲金闕。」《梁武帝集》

麗娟以琥珀爲佩，置衣裾裏，不使人知，乃言骨節自鳴。《洞冥記》

元康中，婦人之飾，有五兵珮。《搜神記》

徐君蒨侍妾數十，皆佩金翠，曳羅綺，服玩悉以金銀。《宛委餘編》

唐武后改佩魚爲佩龜，以玄武爲龜也。《天禄識餘》

新安婦人繞腰以螺蛤聯穿繫之，謂之「珂佩」。《雲南記》

曹植《美女篇》：「腰佩翠琅玕。」《陳思王集》

陳允平《香奩詩》：「雲錦珮玎璫。」《西麓詩稿》

賀裳詞：「腰細常嫌珮重。」《紅牙集》

皇后玉佩上金鈎，有小綬五采以副之。《明史》

西王母腰佩分景之劍。《漢武帝內傳》

上元夫人帶流黄揮精之劍。《神仙傳》

齊孟姬曰：「妾聞妃后進退，則鳴玉佩環。」《列女傳》

晉富陽縣令王範有妾桃英，殊有姿色，與閣下丁豐、史華期二人姦通。範嘗出行不還，帳內都督孫元弼聞丁豐户內有環佩聲，覘視，見桃英與同被而臥。元弼叩户，面叱之。桃英即起，攬裙理鬢，躡履還内。元弼又見華期帶佩桃英麝香。二人懼元弼告之，乃共謗元弼與桃英有私。範不辨察，遂殺元弼。未幾，範死，妾亦暴亡。《還冤記》《見聞録》張妾雲屏事同。

皇太后朔望三朝，内外婦駢擁，環珮之聲滿宫。《唐書》

黄帝時，西王母獻白環。《瑞應圖》

舜攝位，王母授白玉環。《西王母傳》

西王母白環二枚，所在處，外國歸服。《酉陽雜俎》

秦昭王遣使遺齊王后玉連環，曰：「能解此乎？」后引椎椎破之，謝秦使曰：「謹亦解矣。」《春秋後語》

趙飛燕爲皇后，其女弟上襚，有五色文玉環。《西京雜記》

西蜀帝生公主，詔乳母陳氏乳養。陳氏攜幼子入宫，與公主共居，常弄玉環爲戲。後以宫禁逐出，子以思公主之故，疾急。陳氏入宫，有憂色，主詰其故，陳以實告。公主憫之，託幸祆廟，期與子會。公主入廟，子方沉睡，遂解幼時所弄玉環，附之子懷而去。子醒見之，怨氣成火，而廟即焚矣。《華陽國志》

王才人擲玉環，誤中紫瓷盆，缺其半菽。《杜陽雜編》

崔氏鶯鶯《報張生書》云：「玉環一枚，是兒嬰年所弄，寄充君子下體之珮。玉取其堅潤不渝，環取其終始不絶。」《會真記》

季女贈賢夫以瑪瑙宛轉環，丹山白水，宛然在焉。握之而寢，則夢入其中。始入甚小，漸進漸大，有名山大川之勝，異木奇禽，宮室璀璨。心有所思，隨念輒見。因名曰「華胥寶環」。《真率齋筆記》

周漢國公主房奩，有綬玉環。《南渡宫禁典儀》

金人犯京師，康王邢夫人從三宮北遷。上皇遣曹勛歸，夫人脱所御金環，使内侍持付勛，曰：「幸爲吾白太王，願如此環，得早相見也。」《女世説》

皇后二玉環，皆織成，小綬三色，同大綬。《明史》

藤州婦人以青石爲環玦，代珠玉也。《郡國志》

西王母獻舜玉玦。《禮斗威儀》

趙飛燕爲皇后，其女弟上襚，有珊瑚玦。《西京雜記》

齊武成召故太子百年，知不免，割帶玦留與妃斛律氏。及見殺，妃年十四，把玦哀號不已，月餘亦卒，玦猶在手，拳不可開。《女世説》

鞶囊，小囊也，盛帨巾者。《禮》曰：「女鞶絲。」《太平御覽》

鄧攸夢見一女子，猛獸自後斷其鞶囊。《晉書》

李宸妃始入掖庭，纔十餘歲。惟有一弟七歲，臨别，手結刻絲鞶囊與之，拊背泣曰：「汝雖淪躓，無棄此囊。若長門雖遠，未是天涯，則煢煢姊弟相訪有期，當以此爲物色也。」及宸妃

貴，令院子物色得之，解其鞶囊進，宸妃悲喜言而官之。《東軒筆録》

后始加大號，婕妤上五色同心結一盤。《飛燕外傳》

隋文帝以陳宣帝女爲宣華夫人，有寵。及寢疾，召太子入居殿中，陳夫人旦出更衣，爲太子所逼，拒之得免。上怪其神色有異，問故，夫人泫然曰：「太子無禮。」俄而帝崩，夫人戰慄失色。晡後，太子封小金盒，遣使者送夫人。夫人以爲鴆毒，發之，乃同心結也。夫人恚而却立，不肯致謝。諸宮人共逼之，乃拜使者。其夜，太子烝焉。《經濟類編》

欽山詣村舍求水，舍中獨一女子，爲具熟水，而盞中有同心結。山諭意而藏之，遂與女納昏。《後山談叢》

沈警過張女郎廟祀之，既暮，宿傳舍。忽見一女子褰簾云：「張女郎仲妹見。」警未離坐，而二女已入。大女郎曰：「妾是四女郎妹，適廬山夫人長男。」指小女郎云：「適衡山府君小子。並以生日，同覲大姊。屬大姊層城未旋，因欲奉屈無憚勞也。」遂攜手出門，共登一輜軿車，馳空而行。俄至一處，朱樓飛閣，備極煥麗，簾幌珠璣，光照室内。二女郎具酒殽共酌。酒酣，大女郎出門，顧謂小女郎曰：「潤玉可伴沈郎寢。」警見小婢已施臥具，遂掩户就寢，備極歡昵。將曉，小女郎起謂警曰：「人神事殊，無宜於晝。」警乃贈小女郎指環，小女郎贈警金合歡結。歌曰：「心纏千萬結，縷結幾千回。結怨無窮極，結心終不開。」須臾，大女郎至，遂送警出。《南北朝詩話》

鑾女腰束花巾，懸荷包。《百川學海》

奩史卷六十七

東吴王初桐于陽纂述
同里曹仁虎習庵校刊

襪履門

襪履

婦人夢得履襪，必得子息。履爲男，韈爲女。《夢書》

曹操賜蔡文姬頭巾、履襪。《後漢書》

崔彦昭與王凝，外昆弟也。凝先顯，待彦昭甚倨，彦昭憾焉。後彦昭爲相，凝爲兵部尚書。彦昭母敕婢多製履襪，曰：「王氏妹必與子皆逐。吾姊妹恩深，義當偕行，誓不分飛也。」彦昭遂不敢爲怨。《古今事類合璧》

皇后及貴妃並青襪舄。《宋會要》

皇后纁質織成青韈舄，飾以描金雲龍。《明會典》

崇禎五年皇后千秋，命婦朝賀，皆青襪舄，皇后青襪、青舄，舄以金飾。《春明夢餘録》

樂女生白襪黑鞵。《明會典》

近古婦人常以冬至日進履襪於舅姑。崔浩《女儀》

北朝婦人常以冬至日進履襪及鞾。《酉陽雜俎》

憲聖太后喜清儉，收楊花爲鞵韈之屬。《山家清供》

合德出入宫中，衣故短繡裙、小袖、李文襪。《飛燕外傳》

三代及周著角襪，以帶繫於踝。至魏文帝吴妃始改襪様，以羅爲之，後加以綵繡畫。《中華古今注》

魏文帝吴妃裁縫綾羅紬絹爲襪。《炙轂子》

吴妃始裁縫爲襪，以綾爲之。《二儀實録》

薛昭藴詞：「慢綰青絲髮，先砑吴綾襪。」《花間集》

隋煬帝宫人織成五色立鳳朱錦襪靿。《中華古今注》

太真著鴛鴦並頭蓮錦袴襪，上戲曰：「貴妃袴襪上，乃真鴛鴦蓮花也。」太真問之，上笑曰：「不然，其間安得有此白藕乎？」貴妃由是名褲襪爲「藕覆」。《致虚雜俎》

楊貴妃死之日，馬嵬媪得錦袎韈一隻。遇客，一翫百錢，前後獲錢無數。《記事珠》

明皇作《妃子所遺羅襪銘》曰：「羅襪羅襪，香塵生不絶。細細圓圓，地下得瓊鈎。窄窄弓弓，手中弄初月。又如脱履露纖圓，恰似同衾見時節。方知清夢事非虚，暗引相思幾時歇。」《翰

府名談》

李肇《國史補》注言：「楊妃死於馬嵬梨樹下，店媼得錦襪一隻，過客傳玩，每出百金，由此致富。」《玄宗遺録》又載：「高力士於妃子臨刑遺一襪，取而懷之。後玄宗夢妃子云云，詢力士曰：『妃子受禍時遺一襪，汝收乎？』力士因進之，玄宗作《妃子所遺羅襪銘》，曰：『羅襪羅襪，香塵生不絶。』」二説不同，皆言妃子有遺襪事。僕始疑其附會，因讀劉禹錫《馬嵬行》有曰：「履綦無復有，文組光未滅。不見巖畔人，空見凌波襪。郵童愛蹤跡，私手解鞶結。傳看千萬眼，縷絶香不歇。」乃知當時果有是事，甚合《國史補》注之説。《野客叢書》

巴邛人家橘園有兩大橘，如三斗盎。剖開，每橘有二老叟，相對象戲。一叟曰：「我輸阿母女態盈娘子路虛龍縞襪八緉。」《玄怪録》

婦女氈襪後跟，治心痛。《壽域方》

曹植《洛神賦》：「凌波微步，羅襪生塵。」《陳思王集》

杜甫《麗人行》，古本有「足下何所着，紅渠羅襪穿鐙銀」，今本亡之。《野客叢書》〔一〕 杜詩：「羅襪紅渠艷。」

杜牧《詠襪》詩：「鈿尺裁量減四分，纖纖玉筍裹輕雲。五陵年少欺他醉，笑把花前出畫

〔一〕本條出處有誤，《野客叢書》未見。《升庵詩話》卷十四「麗人行逸同」與此同。

裙。」《樊川集》

韓渥詞：「羅襪况兼金菡萏。」《全芳備祖》

王珪《宮詞》：「銷金羅襪鏤金環。」《王岐公詩集》

王觀《踏青》詞：「不道吳綾繡襪，香泥斜沁幾行斑。」《冠柳集》

姜夔詞：「籠鞋淺出鴉頭襪。」《白石道人歌曲》

龍輔詩：「背人解素襪，裂斷寄郎邊。」《女紅餘志》

鄭允端《詠襪》詩：「輕輕小韈製香羅，三寸量來不較多。」《肅雝集》

吳偉業詩：「羅襪小蓮袎。」《梅村集》

秦嘉婦與嘉書曰：「今奉細布韈二量。」《二酉彙刪》

高文惠妻與夫書曰：「今奉織成韈一量，願著之，動與福並。」《詞品》

舊時婦人皆穿襪，即窅娘亦著素襪而舞。襪製與男子相同，有底，但瘦小耳。自纏足之後，女子所穿有弓鞋、繡鞋、鳳頭鞋，又往往用高底，遂不用有底之襪，易以無底直桶，名曰「褶衣」，亦曰「膝衣」，亦曰「綾波小襪」，以罩其上。蓋婦人多以布纏足，而上口未免參差不齊，故須以褶衣覆之。今稱褶衣爲膝褲也。《在園雜志》

彭孫遹詩：「膝衣繡作芙蓉瓣，兩朵蓮花覆玉弓。」《金粟閨詞》

昔人以羅襪詠女子，六代相承，唐詩尤衆，蓋唐以前婦人皆着襪也。然今婦人纏足，其上亦

有半襪罩之，謂之「膝褲」，恐古羅襪或此類。《丹鉛新録》

何孟春曰：「膝褲者，縛膝下褲脚，婦女下體之飾。」《朱子語録》

袴襪，今俗稱膝褲。《致虚閣雜俎》

襪，足衣，今之膝褲。秦檜死，高宗曰：「朕今日始免膝褲中帶匕首矣。」宋時男子之襪亦稱膝褲，今惟婦人稱之，男子無稱膝褲者矣。《言鯖》

尤侗《詠膝褲》詩：「開箱試取紅鸞帶。」《看雲草堂集》

北方婦女褶衣，但以片帛兜裹褲梢而結束之，謂之「裹腿子」。《粧臺續記》

緰，女襪飾也。王符《潛夫論》曰：「飾襪必緰。」《事物紺珠》

七林《詠美人足飾》云：「文綦綵緤，緰襪羅縢。」緤，足衣也。縢，足纏也。《丹鉛續録》

殿脚女着雜錦綵粧褸子，行纏鞋韈。《大業雜記》

《雙行纏》云：「新羅繡行纏，足趺如春妍。他人不言好，我獨知可憐。」《樂苑》

羅舉妻張氏避亂遇賊，解行纏自縊。《沙縣志》

高氏從夫避亂，語夫令疾行，乃解足紗自經。《高郵州志》

有女夭卒，忽然起坐，曰：「我王巡司也，何以作婦人裝？」急解其足紈投於地，蓋借屍回生也。《觚賸》

《周禮》：「后素葛履。」鄭注：「複下曰舃，單下曰履。」徐乾吉《履儀》

西王母曳丹玉之履。《拾遺記》

秦始皇令三妃九嬪鞁蹲鳳頭履。《中華古今注》

秦漢前有洞主吳氏女葉限，衣翠紡上衣，躡金履出遊。及反，遺一隻履，爲洞人所得。貨於陀汗國。國主得之，命其左右履之，足小者履減一寸，乃令一國婦人履之，無稱者。其輕如毛，履石無聲。《續酉陽雜俎》

秦嘉與妻徐淑書云：「令奉虎龍組緹履一緉。」《玉臺清照》

漢昭帝葢鈎弋夫人，棺空，但絲履存。《列仙傳》《漢武故事》作「武帝」。

漢有鴛鴦履，婦人冬至日上舅姑。《中華古今注》

魏文帝宮人段巧笑始作絲履。崔豹《古今注》

《古詩爲焦仲卿妻作》云：「足下躡絲履。」《玉臺新詠》

纖纖絲履，粲爛鮮新。表以文綦，綴以珠蠙。《初學記》

陶潛《閑情賦》云：「願在絲而爲履，附素足以周旋。」《陶淵明集》

梁武帝詠盧莫愁云：「足下絲履五文章。」《古樂府》

漢南陽公主學道華山，後昇仙。駙馬王咸追之不及，嶺上見朱履一雙，取之，化爲石，因名其山爲「公主峰」。《仙鑑》《述異記》曰：「潘安仁有《公主峰記》。」

交州刺史何敞夜宿鵲奔亭，有女從樓下出，訴曰：「妾姓蘇，名娥，字始珠。婢名致富。妾與致富往傍縣賣繒，留止此亭。亭長龔壽持妾臂求淫，妾不從，壽即刺妾及致富死，合埋樓下，取財物去。」敞問：「汝屍以何爲驗？」女曰：「妾上下著白衣，青絲履，猶未朽也。」敞發之，果然。乃捕壽置法。《搜神記》

秦堅婢妾韋沓絲履。《鹽鐵論》

婦履美者鞝繡，庶人妾以緑履。《急就章》注

東陵聖母嘗從獄中飛出，遺所著履一緉。《仙鑑》

孝女李娥父爲鐵官，冶鐵不流。娥憂父刑，遂投爐中，鐵乃湧溢。娥所躡雙履浮出爐上。時人號曰「聖姑」。《紀聞》《池州府志》曰：「李娥，吴大帝時人。」

前於江陵得雜綵絲履，以與家人，約當着盡此履，不得效作也。魏武《內戒令》

晉宮人有鳳頭履，又有聚雲履、五朵履，皆草木織成。崔豹《古今注》

晉永嘉元年，始用黄草爲履。宮內妃御皆著之，謂之「伏鳩頭履」。梁天監中，以絲爲之，名「解脱履」。《炙轂子》

昔製履，婦人圓頭，男子方頭，所以別男女也。太康歸人皆方頭履，與男子無異。《太平御覽》

皇太子納妃，有絳地文履一緉。《東宮舊事》

婢履色無過紅、青。崔豹《古今注》

袁州銀匠姓郭，年三十餘無妻。有把賣媪常詣郭買賣釵鐶之屬，媪女年十五六，一夕奔郭，曰：「願爲君妻。」郭駭之，女曰：「妾慕君久矣。適佯死，母殮我棺中，妾啓棺而出，復掩之，母將空棺瘞之矣，不復我索也。」郭置之密室，不令出入。月餘，母偶闞郭亡，窺其室，見女所殮紅履在焉。推户取之，呼告隣里，曰：「郭盗開女墳。」郭歸，隣里告之故，大駭。女曰：「母卒至，急避之，忘取履焉。」遂與郭逃住潭州。年餘，有道人過而視之，女忽仆地，則一死屍。《異聞總録》

宋宫人有重臺履。崔豹《古今注》

元微之《夢遊春》詩：「金蹙重臺履。」《侯鯖録》

齊高帝性儉素，宫人皆著紫絲履。《少室山房筆叢》《南史》作「紫皮履」。

劉瓛妻王氏椓壁挂履，土落母床上，瓛即去妻。《南齊書》

梁宫人有笏頭履、分柏履、立鳳履、五色雲霞履。《古今注》

大同末，歐陽紇南征至長樂。紇妻纖白甚美，一夕失之。紇大憤痛，辭疾駐軍以索之。逾月，忽於百里外叢篠上得其妻繡履一隻。紇尤悽悼，求之益堅。至一山，聞笑語音。東向石門，有婦人數十，帔服鮮澤，出入其中。紇問之，知妻至此月餘矣，今病在床。紇入視之，其妻臥石榻上，重茵累席，珍食盈前。紇隱於食廩，令諸婦人俟其神返，醉以酒而縛之。紇持兵而入，乃大白猿也，刺其臍下而死。搜其藏，珍寶充備，婦人三十輩，皆絶色。紇取珍寶及諸婦人以歸。

《白猿傳》

有婢見人長數寸，婢以履踐之，乃是鼠婦。《搜神記》

隋煬帝令宮人靸瑞鳩頭履，謂之「飛仙履」。《古今注》

李仲文喪女，既葬，有張子長者夜夢一女，顔色不常。五六夕後，忽然晝見，衣服薰香殊絶，遂爲夫婦。寢息，衣皆有污，如處女焉。後仲文遣婢至子長家，見此女一隻履在子長床下。婢持履歸，以示仲文。仲文驚愕，遣問子長：「何由得亡女履？」子長具道本末。仲文發棺視之，女顔如生，右脚有履，左脚無也。《搜神後記》

婦人皆平頭小花草履、綵帛縵成履，而禁吳越高頭草履。《唐書》

馬嵬媼始得太真襪以致富。其女玉飛得雀頭履一雙，真珠飾口，以薄檀爲苴，僅三寸。玉飛奉爲至寶，不輕示人。則纏足必在貴妃之先。《姚鷟尺牘》

滕王極淫，諸官妻美，無不嘗遍，詐言妃喚，即行無禮。時崔簡妻鄭氏初到，王遣喚焉。鄭入門，王逼之，鄭大叫，左右曰：「王也。」鄭曰：「王豈如是，必奴耳。」取一隻履擊王頭破，抓面流血。妃聞而出，鄭氏乃得還。《耳目記》

眉娘將葬，舉棺覺輕，撤其蓋，惟有藕履。《仙傳拾遺》

東女國女王足履索䩸。《唐書》

張殖善役六丁，有天女着繡履、繡衣，冠劍侍前。《仙鑑》

徐知誨惡妻呂氏非嫡出，刺殺之，數爲厲。後有僕於江心遇綵舟，見一婦漸邇。視之，呂也。招家人曰：「爲我謝相公，我今他適矣。」因遺繡履。及僕歸，出履示知誨。知誨熟視未終，呂氏已在側。《馬令義養傳》

宋秘府有唐文德后遺履，時命米元章圖跋。《湘煙録》

周約夢登科作尉，就舍得女子隻履。後數歲中第，爲延州尉。入廨舍，果得女子隻履。《後山談叢》

織成，洞庭君侍兒也。翠襪紫綃履，細瘦如指。《樓君雜説》

雷洞，龍神所居，投婦人敝履觸之，雷風暴發。《吴船録》

江西水災，豐城農夫挈其母及妻子就食他所。過小溪，密語妻曰：「我襁兒先渡，母老不能來，可棄之。」婦不忍，掖姑以行。足陷泥淖，方取履，見白金爛然在水中，拾得之。登岸，視其夫，已爲虎食矣。《虎苑》

蕭氏小字挼蘭，耶律中妻。天慶中，爲賊所執，潛置刃於履。賊欲污之，即自殺。《遼史》

至正己亥，盜發古墓，有誌石，乃宋錢參政之妹，諱惠淨，封孺人。破棺，顔色如生，口脂面澤，若初傅者，冠服鮮新，亦不朽腐，得金銀首飾器皿甚多。至收其繡履，傳相玩弄。《輟耕録》

李汾月夜見女子，端正無比，留宿極歡。汾偷女子青壇履一隻，女泣求，不與。及明視履，

乃豬蹄殼也。《搜神記》

有人宿楊氏宅，夜見一青衣婦人來，乃留之寢宿。匿其所曳絲履，求之不得，狼狽而去。取履視之，則羊蹄也。尋至宅東寺中，見長生青羊雙蹄無甲。贖而殺之，其怪遂絶。《廣異記》

程烈女聘安氏，無何，安氏子卒，烈女摧絶，顧時製履，甚工也。母憐而撫之曰：「若夫已矣，何履爲？」烈女則刀斷所制履。一日更製，乃弗工。人詰之，烈女曰：「死人履，而須工耶？」着製履殉經。《書影》

王賽玉，小字玉兒，服藕絲履，僅三寸，纖若鈎月，輕若凌波。衆相傳爲鞋杯。《曲中志》

楊吳時，有蔡氏女年十六，父母欲嫁之，女因投井，追至無蹤，但見雙履浮水上，因名「龍女井」。《九國志》

魏珠死，妾張氏佯爲履移，珠母尋，乘間自經。《朝邑志》

皮三姑，小名鳳仙，懷繡履一雙，珠嵌金綴，工巧殊絶。《瑣窗閑話》

景生夭，妻陳氏取己履與夫履並置，乃縊。《啓禎野乘》

李氏女與桑生相愛，臨去，贈繡履一鈎，曰：「此妾下體所著，弄之，足寄思慕。然有人，慎無弄也。」受而視之，翘翘如解結錐，心甚愛悦。越夕無人，便出審現，女飄然忽至，遂相款昵。自此，每出履，則女必應念而至。《驪珠雜録》

有虎逐人，其人登大樹，而虎守其下。忽張文忠母腹懷文忠自母家歸，天微雨，憩坐虎脊上，復取履在虎皮上擦泥，樹上人見之膽落。已而虎去，其人始下。追問張母：「何由坐虎脊？」張母曰：「巨石也。」《異識資諧》

楚江，花史侍兒也。與幼婢小紅皆端麗明慧，日侍香案。王母賜以玉璫一事、翠鳳履一雙。《瑤宮別傳》

鳳陽士人久遊不歸，其妻盼切。忽夢麗人，問：「欲見郎君乎？」即挽女手出。麗人行迅速，女步履艱澀，呼麗人少待，將歸著複履。麗人自脱複履借女著之，行見士人。《舌華録》

西藏婦女脚履康。番稱華鞮曰「康」。《衛藏圖識》

日本婦人赤足着缺後朱履，名曰「淺拖」。《臺灣府志》

木魯烏素番婦著卷皮履。《衛藏圖識》

五代蒲履盛行，婦人亦用之。劉克明詩云：「吳江江上白蒲春，越女初挑一樣新。」《雅言系述》

古樂府：「足下金鑮履，手足雙黄邪。」《樂苑》

江總詩：「步步香飛金薄履。」《江令公集》

繁欽《定情詩》：「何以消滯憂，足下雙遠遊。」《漢魏詩集》

曹植《洛神賦》：「踐遠遊之文履。」《曹子建集》

陸機《織女賦》：「足躡刺繡之履。」《陸平原集》

甄述《美女詩》：「足躡承雲履，豐趺皜春錦。」《古詩紀》

高允詩：「脚著花文履。」《高令公集》
梁簡文帝詩：「履高疑上砌。」《梁簡文帝集》
元稹詩：「珠瑩光文履。」《會真記》
張先詞：「文鴛繡履，去似楊花塵不起。」《安陸集》
陸卿子贈婢詩：「剪破楚山雲，繪作芙蓉履。」《元芝集》
無瑕《子夜歌》：「儂性惡芬華，布履恒自著。」《彤管遺編》
西王母納丹豹文履於穆王。《拾遺記》
季女贈賢夫以緑華尋仙之履，製極精巧。《鄉嬛記》
高文惠妻與夫書曰：「今奉織成履一緉，願著之，動與福並。」《丹鉛新録》
月華贈楊達灑海剌二尺作履，以踐霜雪，應履而解，真西番物也。因貽詩曰：「金刀剪紫羢，與郎作輕履。願化雙仙鳬，飛入深閨裏。」《鄉嬛記》
龍輔《製履寄外》詩：「何物寄殷勤，宫鞋緑錦文。」《女紅餘志》
趙飛燕爲皇后，其女弟上三十五物，内有同心七寶綦履。《西京雜記》
左思《嬌女詩》：「務躡霜雪戲，重綦常累積。」《玉臺新詠》
彭孫遹《美人春睡》詞：「玉鈎微卸錦綦鞋。」《延露詞》
王后服履爲赤繶青絇。繶，履縁。絇，履飾也。《周禮注》

古婦人履絇繶皆畫五色。《古今注》

内命婦之服，有絇履。《唐六典》

陳宫人有沉香履，箱金屈膝。《南部煙花記》

有估客下都，經宫亭湖，見二女子，云：「可爲買兩量絲履，自厚相報。」客至都，有好絲履，並箱盛之，自市一書刀，亦在箱中。既還，以箱及香置廟中而去，忘取刀。至河中流，忽有鯉魚跳入船中，破魚，得刀。《搜神記》

梁武帝詠盧莫愁云：「平頭奴子擎履箱。」《古樂府》

《周禮》：「屨人，掌王及后之服。」屨爲素屨、葛屨，辨外内命夫命婦之命屨、功屨、散屨。蓋古者婦人屨與男子同也。《丹鉛新録》

洪子中妻張氏病卒，所遺屨在箱中。其姒朱氏戲着之，少頃，如有物鑽刺，便得病。夢婦人黄衫搭帔立於前。覺而益懼，設供靈几前謝過，乃愈。《夷堅志》

有延陳先生教子弟開講前堂者，適有邀先生飲，主人與偕同。舍子之母乘先生出詣堂以視，主人之妻與焉。妻置業屨於床，俄報先生至，忘攜以歸。主人請先生假寐，爲拂床，業屨在焉。執入内，以爲與先生有私，礪刃欲殺之。妻曰：「願察之，果爾，死未晚也。」夜二鼓，先生方對書，主人執刃與妻至軒外，令妻作厚語叩門，先生曰：「誰？」妻曰：「余某之婦。欲問先生起居耳。」先生曰：「亟歸，明當與而夫言之。」主人入内，咨嘆。先生初不知其情，旦促裝

歸。主人乃謝罪請留。《慎獨記》

盜發楚王冢，得宮人玉屐。《襄陽耆舊傳》

趙姬在山中着金鞮屐。《交州集》

宋延熹中，婦女始嫁，作漆畫屐，五色采爲系。《粧樓記》

戴良嫁女，布裳、木屐。《汝南先賢傳》

韋生客汧陽，憩於張女郎廟。見二屐子，乃草結成者，文理甚細，製度極妙。生取以歸，置屐於前而寢。其屐忽化爲白鳥飛去。《宣室志》

肇慶婦人多跣足，又好着木屐。《肇慶府志》

毛熙震詞：「裙遮點屐聲。」《花間集》

晉王彪二女，姊聖姑，妹素姑，著木屐履水而行，邑人神之，没後立祠。《吴郡志》

麻姑能着屐行水上。《聞奇録》

丹陽縣梅姑者，有道術，能著屐行水上。《異苑》

陳氏女著屐徑上大楓樹顛，顧家人曰：「我應爲神，今便長去。」舉手辭訣。於是飄聳輕越，極睇乃没。《説郛》

王后翬衣黑舄、褕翟赤舄。《三禮圖》

建和元年納后，后服朱舄。《漢雜事秘辛》

西王母履玄璚鳳文之舄。《漢武帝內傳》

上真仙母有神雲鳳舄。《龜山玄籙》

梅妃爲楊氏遷於上陽東宮後，上憶妃，夜遣小黄門滅燭，密以戲馬召妃至翠華西閣。繼而上失寤，侍御驚報曰：「妃子已留閤前，當奈何？」上披衣，抱妃藏夾幙間。太真問：「梅精安在？」上曰：「在東宮。」太真大怒曰：「御榻下有婦人遺舄，夜來何人侍陛下寢，至於日出不視朝？」上愧甚，拽衾向屏復寢，曰：「今日有疾，不可臨朝。」太真歸私第。上覓妃所在，已爲小黄門送令步歸東宮。上以遺舄並翠鈿命封賜妃。妃謂使者曰：「上棄我之深乎？恐憐我則動肥婢情。」《梅妃傳》

徐玉台泊舟高郵，見隣船新娘乃舊曾識面之林氏女也。見徐曰：「君非徐郎耶？」擲一鳳舄與之，遽閉窗入。徐藏舄篋中。既而見林氏之弟，問之，林弟曰：「予姊於半月前死矣。」徐大驚，啓篋視所贈鳳舄，惟紙灰而已。《秋燈叢話》

張平子賦：「金華之舄，動趾遺光。」《升庵外集》

晚下，如舄，其下晚晚而危，婦人短者著之。《釋名》

《史記·貨殖傳》：「倡優女子鳴瑟，跕屣，遊媚富貴。」注：「躡跟爲跕。」《漢書·地理志》：「趙地倡優女子彈絃，跕躧。」師古曰：「躧與屣同，謂小履之無跟者也。跕謂輕躡之也。」今人夏月以生帛爲屣，其三面稍隆起，惟當脚跟處正低，即師古所指也。《演繁露》

倡婦鞋曰「利屣」。《史記》：「搖修袖，躡利屣。」《修詞指南》

左思《嬌女詩》：「動爲鑪鉦屈，屣履任之適。」《玉臺新詠》

晉永嘉中，以菲爲屩，宮中妃嬪皆著。《復齋漫録》《炙轂子》「菲」作「絲」。

東昏侯每出遊，宮人皆著緑絲屩。《南史》

響屧，行則有聲，吴宮製。《蘇州圖經》

屧，音紲，履中薦也，曰「步屧」，曰「舞屧」。吴王宮中有響屧廊，以板藉地，西子行則有聲。如今之高底鞋，故名「響屧」。今越中諸暨男女多著木屧，不分晴雨，西子遺製也。梁詩「畫屧重高墻」，當是闊頰屐繪以五采也。《言鯖》

東昏侯潘妃以金蓮花步地，曰「步步生蓮花」，其寶屧直千萬。《升庵外集》

梁臨川王蕭宏所幸江無畏，服玩侔於東昏潘妃，寶屧直千萬。江本吴氏女，世有國色。《玉臺清照》

無瑕屧墻之內皆襯沉香，謂之「生香屧」。《女紅餘志》

韓渥《屧子》詩：「白羅繡屧紅托裏。」《韓內翰別集》

石虎以女騎一千爲鹵簿，皆著五絞色織成韡。《晉書·載記》

石虎皇后出，女騎千人，皆着五采靴。《鄴中記》

慕容熙后苻氏卒，慕容隆妻張氏，熙之嫂也，美姿容，有巧思。熙將以爲苻氏之殉，欲以罪

殺之，乃毀其緣韡，中有獘氈，遂賜死。《晉書·載記》

北齊鄭太后微時，燃馬屎，自作靴。《海録碎事》

并州婦人臨汾水浣衣，有乘馬人換其新靴而去，婦人持故靴詣州言之，州守召城外諸嫗，以靴示之，紿曰：「有乘馬人於路被賊劫害，遺此靴焉，得無親屬乎？」一嫗哭曰：「兒昨着此靴向妻家。」如其語，捕獲。《北齊書》

天寶中，士人妻着丈夫靴衫鞭帽，内外一體。《中華古今注》

唐代宗朝，令宮人著紅錦鞠韡。《圖畫見聞志》

大歷中，宮人著錦鞠韡侍於左右。《通雅》

唐高宗武德以來，婦人皆著綫韡。《近事會元》

東坡夢神宗召入禁中，宮女圍侍，一紅衣女童捧紅靴一隻，命軾銘之。覺而記其一聯云：「寒女之絲，銖積寸累。天步所臨，雲蒸霧起。」《苕溪漁隱叢話》

遼皇后服，有絡合縫韡。《遼史》《國語解》一作「絡縫烏韡」。

妃嬪儀衛，執扇宮人束帶緑韡。《金史》

正統六年，賜淮王也先妃靴鞋等物。《弇山堂别集·賞賚考》

提調女樂皂韡，歌章女樂描金牡丹花皂韡。《明會典》

仲春之月，妓靴化爲鞋。《京師月令》《客座贅語》曰：「陳鐸《京師月令·俱善名狀》『韡化爲鞋』，更可笑也。」

陳寶鑰觀察青州，燕坐齋中，忽有小鬟搴簾入，曰：「林四娘見。」逡巡間，四娘已至前，蠻髻朱衣，繡半臂，鳳觜鞾，腰佩雙劍。陳疑其仙俠，揖就坐。四娘曰：「妾故衡王宮嬪也。早死，殯於宮中。今宮殿荒蕪，欲假君亭館延客，願無疑焉。」陳唯唯。自是每張筵，初不見有賓客，但聞笑語酬酢。嘉肴旨酒，不知從何至也。《池北偶談》

娼女溫姬慕某公子，一夕冒雨而至，脱足上小鞾，五文新錦，沾濡殆盡。《林下偶談》

單秋厓之妾溺於津門，求其尸，再宿乃得，錦靴未脱，金環在指。《觚賸》

鄭獬詞：「謝娘扶下繡鞍來，紅繡踏殘雪。」《鄖溪集》

秦始皇令宮人靸金泥飛頭鞋。漢有伏虎頭鞋，加以錦飾，曰「繡鴛鴦履」。《古今注》

永嘉中，以絲爲鞋，貴妃以下皆着之。《炙轂子》

麻鞋，周以麻爲之。至秦，以絲，令宮人侍從着之。至東晉，又加精好，公主及宮嬪以下皆着焉。《麻鞋實録》

凡娶婦之家，先下絲麻鞋一緉，取和諧之義。《事始》

開元以來，婦人例著綫鞋，取輕妙便於事。《近事會元》

章仇公鎮成都，有真珠之惑，或上詩以諷之，云：「神女初離碧玉階，彤雲猶擁牡丹鞋。應知子建憐羅襪，顧步褰衣拾墜釵。」《麗情集》

陳淳祖爲賈似道之客，守正，爲諸客所疾，内人亦惡之。一日，諸姬爭寵，密竊一姬鞵藏淳祖床下，意欲並中二人也。賈入齋，心疑焉。夜驅此姬至齋誘之，淳祖不答，繼以大怒。賈方知其無他，遂勘諸姬，得其情，由是極契淳祖。《警心録》

范寺丞妻美而妒，范寵憚之。一日范出，其同事戲取妓鞋密置范卧具中。及歸，妻展衾得鞋，神色沮喪，泣怨良久，乃入室闔户，自經死。《虚谷閑抄》

仲殊造郡中，見庭下一婦人投牒，立於雨中，作詞云：「鳳鞵濕透立多時，不言不語，厭厭地。」《中吴紀聞》

蔡伸詞：「鳳鞋弓小稱娉婷。」《友古詞》

程鵬舉被虜，於興元張萬户家爲奴，張以虜到宦家女妻之。既婚之三日，即竊謂夫曰：「觀君之才貌，非久在人後者，何不爲去計？而甘心於此乎？」夫疑其試己也，訴於張，張命箠之。越三日，復告曰：「君若去，必可成大器。否則終爲人奴耳。」夫愈疑之，又訴於張，張命出之，遂鬻於市人家。妻臨行，以所穿繡鞵一易程一履，泣而曰：「期執此相見矣。」程感悟，奔歸宋，以蔭入官。國朝，爲陝西行省參知政事。自與妻别，已三十餘年。義其爲人，未嘗再娶。至是，遣人攜向之鞵履，往興元訪求之。市家云：「此婦到吾家，執作甚勤，遇夜未嘗解衣以寢。每紡績達旦，毅然莫可犯。吾妻異之，視如己女。將半載，以所成布匹償元粥鏹物，乞身爲尼。吾妻施貲以成其志，見居城南某庵中。」所遣人即往尋，見故遺鞵履在地。尼見之，詢所從來。曰：「吾主翁程參政使尋其偶耳。」尼出韈履示之，合。亟拜曰：「主母也。」尼曰：「韈履復全，吾之願畢矣。」竟不再出。告以參政未嘗娶，終不出。旋報程，移文本省，檄輿元路官爲具禮，防護其車輿至陝西，重爲夫婦。《輟耕録》

明懷宗見田妃繡鞋精巧，審視之，有細書一行，曰「臣周延儒恭進」。上不悦，由是薄延儒也。《霜猿集》

林振光妻顧氏，年二十而寡。父母憐其少，命刺紅繡鞋遺其嫂，微示之意。顧氏遂絶粒以卒。《莆田志》

東昌卞氏有小女，字胭脂，才姿慧麗。對户龔姓妻王氏，女之友也。一日送至門，見一少年過，丰采甚都。女目之，王曰：「此南巷鄂秀才。以娘子才貌，得配若人，庶可無憾！」女暈紅上頰。數日，王復來，女寢疾。王曰：「倘爲鄂郎，當委冰焉。且可先令夜來一聚。」女曰：「遣媒則可，私約則斷斷不可。」王頷之，遂去。王素與隣生宿介通，是夜宿來，因述女言爲笑。宿久知女美，聞之竊喜。次夜，踰垣入，直達女所，以指叩窗，内問「誰何？」答以「鄂生。」女曰：「妾所以念君者，爲百年，不爲一夕。」宿姑諾之，苦求一握纖腕爲信。女不忍過拒，力疾啓扉。宿遽入，即抱求歡。女無力撑拒，仆地上，氣息不續。宿急曳之，女曰：「狂暴如此，必非鄂郎。若復爾爾，便當嗚呼。」宿恐假跡敗露，不敢復强，捉足解其繡鞋而去。既出，又投王所，而鞋已失之。以情告王，遍燭竟不可得。先是有毛大者嘗挑王氏不得，知宿與洽，思掩執之。是夜過其門，踏一物，拾視，則巾裹女鞋。伏聽之，聞宿自述甚悉。踰數夕，遂入女家，誤詣翁舍。翁窺窗，見男子，操刀直出，毛奪刀殺之逃。媪與女聞喧起，燭之，翁已絶。得繡鞋於墻下，媪視之，胭脂物也。逼問女，女哭而實告。天明，送於邑，邑宰拘鄂，酷訊誣服。後濟南府吳公鞫之，釋鄂拘宿，宿又承招。學使施公知其冤，移案再鞫，得毛大，吐實，就刑。邑令爲鄂委禽，送鼓吹焉。《聊齋志異》

薩天錫《詠繡鞋》云：「蓮花帖帖秋水擘。」《雁門集》

沈愚《詠繡鞋》云：「南陌踏青春有跡，西廂立月夜無聲。」《寓圃雜言》　一作蘇平詩，人目爲「蘇繡鞋」。

周憲王《詠繡鞋》云：「花簇香鈎淺涴塵。」《誠齋集》

靖康中謡云：「喝道一聲，下階齊脱了紅繡鞵。」後金人入汴，宫人皆驅逐北行。《古今風謡》

元樂府《朱履曲》，即《紅繡鞋》也。《詞林摘豔》

宫人弓様鞋，上刺小金花。《明史》

崇禎五年皇后千秋，宫女皆弓影鞋。《春明夢餘録》

湖州一婦人，颜色潔白，着皂弓鞋，呼賃小船。既登，即臥，自取葦席以蔽。舟人舉席視之，見小烏蛇數千條，大驚，復以席覆之。抵岸，奮而起，儼然人矣。《旌異記》

汪德輝娶董氏女，數年而亡，後復娶其女兄。當初夏多雨，畏地濕，偶故妹有籠鞋在笥，取

著之，即時右足一指痛，俄發腫。夫知鞋爲祟，勸使焚之。《夷堅志》

盼盼，瀘南妓。黄山谷贈詞云：「脚上鞋兒四寸羅。」《林下詞選》

周憲王《元宫詞》：「簾前三寸宫鞋露，知是嫔嫔小姐來。」《誠齋新録》

董以寧《碧玉歌》：「蓮瓣纖鞋三寸楚。」《本事詩》

袁海母病，婦徐氏禱於空，願進香武當以謝。姑愈，夫妻與母皆往至南巖，徐言：「向姑危切時，妾實請以軀代，今當如約。」姑與夫愕然，方止之，宛轉已不見。徐乃潛至飛昇臺傍，投身萬仞之崖，留鞵巖畔。覓者見鞵，哀慟而已。俄而母與夫持香殿上，遥見一人在殿下拜禮，即徐也。駭問之，徐言：「方隕軀而下，忽若衆擁持之，不覺已在此。」《祥符志》

錢瑛母、妻避難遇賊，妻就縛，擲袖中鞵，與姑訣曰：「婦無用此矣。」睨姑稍遠，即罵賊，不行，賊殺之。《明史》

某士人爲某指揮西賓，病寒，令徒取被，誤捲母鞋而出，墮師床下，師徒皆不知。指揮見之，疑與妻通，訊焉，不服。令婢詭以妻命邀之，己持刀尾後，俟啓門，兩殺之。師聞叩門，問何事？婢曰：「主母奉屈。」師怒斥之。明日辭去，指揮始釋然，謝罪。《迪吉録》

殷娘夜夢牛皮上有二土及赤玉，因自解之曰：「牛皮爲革，二土爲圭，是鞋字也。赤，朱色。朱玉，珠字也。其當得珠鞋乎？」果然。《名媛璣囊》

楊氏婦産兒後即孀居，有一外交相好甚篤。未幾，外交死，魂入其室，與婦共寢。兒啼，則

魂下床，匿於婦鞋中。兒睡，復來交媾如人。《述異記》

女鞋之製，莫善於網繡套鞋。然套鞋惟宜於夏秋，三冬及初春之鞋，當於鞋頭內綴碎貂皮，至鞋口而止。若用綿，則鞋頭粗。《珮環餘韻》

一人嗜茶成癖，方士令以女人新鞋盛茶食之，食盡再盛一鞋，如此三鞋而愈。《續名醫類案》

女冠王修微詞：「慙愧鞋兒謎。」沈天羽曰：「雖然長著地，也有向天時。」此鞋兒謎也。《草堂詩餘》

三月三日，婦女上踏青鞋履。《盧公範饋飾儀》

毛滂詞：「紅羅先繡踏青鞋。」《東堂詞》

楊基《花朝美人圖》詩：「鳳頭新繡踏青鞋。」《眉庵集》

晉時，用黃草爲靸鞋，宮內妃御皆著之。《炙轂子》

草履無跟，名曰「靸鞵」。婦女非纏足者通曳之。《輟耕録》

豫章胡文婦早寡守節，足常着草鞋，隣里從其夫姓，呼爲「胡草鞋」。每自織布持至橋，橋上人爭買之，曰：「此胡草鞋夫人布，不二價者也。」因名「草鞋橋」。《三餘帖》

溫庭筠《錦鞋賦》：「闌裏花春，雲邊月新。耀粲織女之東足，嫵婉常娥之結璘。碧繶緗鉤，鸞尾鳳頭。鞻稱雅舞，履號遠游。若乃金蓮東昏之潘妃，寶屧臨川之江姬。匍匐非壽陽之步，妖蠱實苧蘿之施。羅襪紅蕖之豔，豐趺皜錦之奇、凌波微步瞥陳王，既蹀躞而容與；花塵香跡逢石氏，倏窈窕而呈姿。擎箱回津，驚蕭郎之始見；李文明練，恨漢后之未持。重爲系曰：瑶池仙子董雙成，夜明簾額懸曲瓊。將上雲而垂手，顧轉盼而遺情。願綢繆於芳趾，附周旋於綺楹。莫悲更衣床前棄，側聽東晞珮玉聲。」《漢上題襟集》

李郢詩：「一聲歌罷劉郎醉，脱取明金壓繡鞋。」《丹鉛要録》

王珪《宫詞》：「試穿金縷鳳頭鞋。」《王岐公宫詞》

和凝詞：「叢頭鞋子紅編細。」《紅葉稿》

王觀詞：「結伴踏青去好，平頭鞋子小雙鸞。」《冠柳集》

石孝友詞：「鴛鞋小研紅。」《金谷遺音》

趙長卿詞：「蒙金領子滿絣鞵。」《惜香樂府》

楊旡咎《鞋》詞：「端正纖柔如玉削，掌上細看纔半捻，巧偷強奪嘗春酌。」《逃禪集》

張元幹《鞋》詞：「吴綾窄，藕絲重。一鈎紅。翠被眠時要人煖，著懷中。六幅裙窣輕風，見人遮盡行蹤。正是踏青天氣好，憶弓弓。」《蘆川詞》

史浩《即席覓還哥鞋·調浣溪紗》云：「一扢鈎兒能幾何，弓弓珠蹙杏紅羅，即時分惠謝奴哥。香壓幽蘭蘭尚淺，樣窺新月月仍多。秖堪掌上壓瓊波。」《鄮峰真隱漫録》

趙貞吉《美人睡起》詞：「見郎笑匿合歡鞋。」《萬青閣詩餘》

彭孫遹《繡鞋》詩：「端妍誇女伴，窄小泥檀郎。」《才情别集》

朱昆田詩：「雙飛願作並頭鞵。」《笛漁小稿》

賈蓬萊有《謝姊惠鞵詩》。《彤管遺編》

陳宮人臥履，皆以薄玉花爲飾，内散以龍腦諸香屑，謂之「塵香」。《南部煙花記》

徐月英臥履，皆以薄玉花爲飾，内散以龍腦諸香屑，謂之「玉香獨見鞋」。《采蘭雜志》

夏侯審《詠被中繡鞋》云：「雲裏蟾鈎落鳳窩，玉郎沉醉也摩挲。陳王當日風流減，只向波心見襪羅。」《升庵詩話》

陸世科爲諸生時，館於富家。黄霉，令館僮焙被，館僮轉付使女，焙之於主妾之房。至晚，夾帶主妾之睡鞋而出。世科整被見之，抛之帳頂。後主人入館，見帳頂妾鞋，即袖藏之。更深，逼妾密叩先生之門，而自操刀隨其後。世科問：「爲誰？」妾低聲應之曰：「妾也。」世科曰：「焉有昏夜而女客可見先生乎？」明日辭去。主人深愧，遂出鞋示之，備述所以焉。《果報聞見録》

張劭《睡鞋》云：「樣減銷金軟勝綿。」《三家詠物詩》

彭孫遹《睡鞋》詞：「一彎香沁，半捻紅分。」《延露詞》

陳全爲金陵妓何瓊仙《題睡鞋》云：「新紅睡鞋剛三寸，不着地，偏乾淨。」《買愁集》

北方婦女冬日著韡，韡内皆有軟底紅綾襯鞋。臨睡脱韡不脱襯鞋，即以爲睡鞋焉。《粧臺續記》

宋蔣捷詞：「裙鬆翠褶，鞋膩紅帮。」帮，女履墻也。梁簡文帝詩：「舞屧動高墻。」《丹鉛

總録》

劉伯山女弟將嫁，雷發一聲，左足失履，衆爲尋索，得之户外，履帮已裂，剔出紙一片，有天字滿行，蓋此女用小兒學書紙爲襯托也。《夷堅志》

徐渭《詠纖趾》詞：「紅絨祇半索，繡滿帮兒雀。」《櫻桃館集》

朱彝尊《贈伎》詞：「淺露著鞋帮紅挾。」《江湖載酒集》

丁董俞《詠足》詞：「繡帮三寸紅鮮。」《玉鳧詞》

從來名婦人鞋曰「鳳頭」，世人遂以金銀製鳳，綴於鞋尖以實之。抑知婦人趾尖妙在低而能伏，使如鳳之昂首，其形尚可觀乎？《閑情偶寄》

趙吉士詞：「鞋尖的的，紅珠小鳳啣。」《萬青閣詩餘》

毛先舒詞：「除却鞋尖似舊時，餘多是今春瘦。」《鸞情集》

梅妃侍燕，上命破橙往賜諸王。至漢邸，潛以足躡妃履，登时退閣。上命連宣，報言：「適履珠脱綴，綴竟當來。」久之，上親往命妃。妃言「胸腹疾作」，卒不至。《梅妃傳》

皇后青襪舃，每舃首加珠五顆。《明史》

女子鞋頭綴珠一粒，滿足俱呈寶色。《閑情偶寄》

柴廷賓納妾林氏，其妻金氏教之甚嚴。履跟稍有摺痕，則以鐵杖擊雙彎。《聊齋志異》

賀裳詩：「攀花悄褪鞋跟。」《紅牙集》

宣和末，婦人鞋底尖以二色合成，名「錯到底」。《老學庵筆記》

紫竹約方喬暫會，因於墻陰之下，閑履蒼苔，鞋底盡濕，而方不至。俄聞人語，遂歸繡闥。《瑯嬛記》

烈女浦氏字陳毓華。毓華死，女剪鞋樣授妹，書一「火」字於底，意火字爲烈也。至晚，投河死。《啓禎野乘》

子死腹中，取本婦鞋底燒灰熨腹即下。《集元方》

毛熙震詞：「緩移弓底繡羅鞋。」《花間集》

高底鞋如重臺履。《事物紺珠》

女鞋用高底，可謂制之盡善。《閑情偶寄》

高底之制，前古未聞，於今獨絶。吴下婦人有以異香爲底，圍以青綾者；有鑿花玲瓏，囊以香麝，行步霏霏，印香在地者。余懷《鞋韈辨》

女子弓鞋，於鞋之後跟鏇木圓小墊高，名曰「高底」。令足尖自高而下著地，愈顯瘦小。《在園雜志》

貂皮鞋必用高底，使趾尖向下，得其暖而不受緊束之累。《珮環餘韻》

謝觀詩：「來索纖纖高底鞋。」《通雅》

吴偉業詞：「半裝高屧玉臺蓮。」《梅村集》

女子弓鞋多用高底，亦有用平底者，自矜足小，不屑乞靈於高底也。《學稼餘譚》

女子睡鞋軟底。《在園雜志》

沈爾燝《閨夜》詞：「軟底鞋兒還扣緊。」《月團詞》

向子諲詞：「並肩小語更兜鞋。」《酒邊詞》

鄭雲娘《兜上鞋兒曲》云：「報道情郎且住，待奴兜上鞋兒。」《林下詞選》

孀婦再嫁，不憑媒妁，投鞋報帖爲訂。《留素堂集》

孫子楚想慕琇寶，魂附鸚鵡，飛至女室。女束雙彎，脱鞋床上。鸚鵡驟下，銜鞋飛回。後爲夫婦。《懿林》

歐陽玄有《舞姬脱鞋吟》。《圭齋集》

楊廉夫於坐間見妓纏足纖小者，則脱其鞋，置杯其中以行酒，名曰「鞋杯」。《雲林遺事》《輟耕録》作「金蓮杯」。

林雲鳳過朱校書攖寧館。校書酒間出雙錦鞋貯杯以進，曰：「此所謂鞋杯也。」林爲賦《鞋杯行》。《本事詩》

九疑山石壇上有仙女魯妙典履跡。《三洞珠囊》

仙女崖有仙女鞋跡，相傳仙女上昇處。《黄州府志》

方姓女未嫁而没，殯於荒丘。有朱生者，忽見美女夜入其室，遂相綢繆。父母察之，時雨雪

初霽，見其子户外有弓鞋印泥，循跡至女殯處而滅。遂告女父，啓棺視之，顔色如生。焚之而祟絶。《述異記》

舒信道《詠苔》詞：「留得佳人蓮步痕，宫様鞋兒小。」《詞的》

奁史卷六十八

東吴王初桐于陽纂述
長洲宋思仁汝和校刊

釵釧門一

首飾

舜時婦人始作首飾。《二儀實録》

冼氏討定嶺南，封譙國夫人，皇后賜以首飾。《嶺表録異》

皇后首飾，大小華十二樹，以象袞冕之旒。《唐書·車服志》

北漢英武帝後宫多内寵，鴻臚卿劉繼獻首飾數百副。《十國春秋》

后妃首飾花九株，小花同。《宋史·輿服志》

靖康初，婦人首飾皆備四時。如節物則春旛、燈球、競渡、艾虎、雲月之類，皆併爲一景，謂之「一年景」。而靖康紀元果止一年，蓋服妖也。《老學庵筆記》

楊誠齋夫人羅氏，平居首飾止於銀。《鶴林玉露》

命婦首飾，一品至三品許用金珠寶玉，四品、五品用金玉真珠，六品以下用金。《元典章》

后妃首飾用金玉、珠寶、翡翠，命婦首飾金玉、珠翠至金鍍銀以差，士庶妻首飾用銀鍍金。《明會典》

正統中，賜韃靼可汗妃金銀寶石首飾，叭刺母妃鍍金銀首飾六十副，副各九事。《弇山堂別集·賞賚考》

嘉靖中，朱寧有金首飾五百十一箱。《震澤長語》

張江陵母入京，上與仁聖太后、慈聖太后各賜金嵌寶首飾一副。《弇山堂別集》

趙選侍與客氏、逆賢不合，矯旨逼殺之。選侍以光廟所賜金珠首飾羅置案上，西向遥拜，從容投繯。《酌中志略》

翠鳥翅尾可作首飾。《正字通》

魚狗毛色翠碧，可飾女人首飾。《本草綱目》

金龜蟲色如赤金，乾之，可爲婦人首飾。《粵西偶記》

十二蟲，視之無定色，女人取以爲首飾。《博物志》

紅豆色勝珊瑚，粵中閨閣多雜珠翠以飾首。《觚賸》

潘樓街賣何婁頭面、冠梳領抹之類。《東京夢華録》

古者女人榛木爲笄，以約髮。居喪，以桑木爲笄。皆長尺有二寸。沿至夏后，以銅爲笄。《中

華古今注》

女子雖幼，嫁則必笄。《禮》曰：「笄而字。」譙周《法訓》

趙襄子欲取代，乃先善之。代君好色，請以其妹妻之，代君許諾。妹已往，襄子謁代君而觴之。先具大金斗，酒酣，反斗擊之，腦塗地。因以代君之車迎其妻，其妻道聞之，磨笄自刺。故至今有刺笄之山。《春秋後語》

女媧之女，以荆枝及竹爲笄，以貫髮。至堯時，以銅爲之，且横貫焉。此釵之始也。《二儀實録》

釵者，古笄之遺象也。《中華古今注》

燕昭王賜旋娟以金梁却月之釵。《女紅餘志》

半陽泉，世傳織女送董子經此，董子飲此水，曰寒，織女因祝水令暖；又曰熱，乃拔六英寶釵祝而畫之，於是半寒半熱，相和與飲。《三餘帖》

秦嘉與婦徐淑書曰：「今致寶釵一隻，價值千金，可以曜首。」徐答曰：「未奉光儀，則寶釵不設。」《太平御覽》

徐淑答秦嘉詩：「寶釵可耀首，明鏡可鑑形。」《玉臺新詠》

煬帝遊雷塘，宫人多從，故時耕出寶釵。《廣陵志》

南海女子以金銀爲大釵叩銅鼓，因名「銅鼓釵」。《廣州記》

程明道未能言時，叔母抱之遊戲，不覺墮釵。數日乃覺，尋不獲。明道以手指示，叔母抱隨所指尋之，即獲。《山堂肆考》

婦人釵夜墮履中者，外夫殺之。《神仙占》

劉後溪晨坐暖閣，夫人方梳沐，有士人來訪，公令夫人出閤迎。士人進。夫人遂挈沐具，偶遺金釵一。公適起入内，夫人從窗隙中見士人拾取遺釵，入懷未穩。公將出，夫人掣公衣袖止之。少頃，公乃出。客退，問其故，夫人曰：「偶遺小釵，彼方收拾未穩。貧士得之，可少濟，不欲遽恐之。」《瑞桂堂暇録》

蕭維斗出，遇一婦人失釵道旁，疑蕭拾之。謂曰：「殊無他人，獨公居後耳。」蕭令隨至門，取家釵以償。其婦後得所遺釵，愧謝之。《少墟集》

王元凱有《三姬弄釵圖》。《金臺集》

皇太子納妃，有金環釵。《東宫舊事》

婦人六品以上，得服金釵以蔽髻。《晉令》

石崇愛婢翾風、縈金爲鳳冠之釵。《拾遺記》

泰始三年，以皇后、六宫金釵千枝班賜將士。《宋書》

齊周盤龍伐魏有功，高帝造金釵鑷十二枚與其愛妾杜氏。手敕云：「餉周公阿杜。」《南史》

陳後主遺宫女造《金釵兩臂垂曲》。《隋書·樂志》

玄宗敕楊氏爲貴妃，是夕，授金釵鈿合。《太真外傳》

玄宗追念貴妃不已，適有道士自言能致其神，遂令竭其術以索之，不至。又能遊神馭氣，出天没地以求之，又不見。又旁求四虚上下，乃跨蓬壺，見最高仙山，上多樓閣。洎至西廂下，有洞户東向，闔署曰「玉妃太真院」。方士抽簪扣扉，有碧衣侍女詰所從來，方士告之，碧衣延入，見一人冠金蓮、帔紫綃、珮紅玉、曳鳳舄，左右侍者七八人。揖方士，問皇帝安否？遂指碧衣，取金釵鈿合各折其半，授使者曰：「爲謝太上皇，謹獻是物，尋舊好也。」方士復前跪致詞：「乞當時一事不聞於他人者，驗之太上皇。」玉妃若有所思，徐而言曰：「昔天寶十年，侍輦避暑驪山宮。秋七月，牽牛織女相見之夕，夜半獨侍上，上憑肩而立，因感牛女事，密相誓心，願世世爲夫婦。言畢，執手各嗚咽。此獨君王知之耳。」使者還奏，玄宗嗟悼久之。陳鴻《長恨歌傳》

歐文忠爲推官，親一妓。一日，先文僖宴客，歐與妓俱不至，移時方來。公責妓，妓曰：「睡覺失金釵，猶未見。」公曰：「若得歐推官一詞，當償汝。」歐即席賦詞云：「涼波不動簟紋平，水精雙枕，傍有墜釵横。」坐皆稱善。遂命妓滿酌賞歐，而令公庫償釵。《錢氏私志》

李及知泰州，有禁卒白晝攫婦人金釵於市，亟命斬之。《宋史》

費季客賈去家，臨行，就婦求金釵，婦與之，季置之户楣上，忘向婦説。後其妻夢見季死，前金釵在户上。妻取得，發哀。一年，季却還。《聞奇録》

昔有遠行者，欲觀其妻於己厚薄，取金釵藏之壁中，忘以語之。既行，妻聞空中有聲，真其夫也。云：「吾已死，以爲不信，金釵在某處。」妻取得之，遂服喪。其後夫歸，妻乃反以爲鬼也。《仇池筆記》

韋夫人聞朱后死，以金釵令作佛事追薦。《竊憤録》

高宗南渡，江津舟人乘時射利，停橈水中，每渡一人，必須金一兩。時葉宗諤逃難至江滸，而實不攜一錢，彷徨無措。忽覩婦人，美而艷，語葉云：「妾亦欲渡江，有金釵二隻，各直一兩，宜濟二人。而涉水非女子所習，公幸負我以趨。」葉從之，且舉二釵以示。篙師首肯，令前。婦人伏於葉之背而行，甫扣船舷，失手，婦人墮水而没。葉獨得逃生，後直龍圖閣，其家影堂中設位云「揚子江頭無姓名婦人」。《揮麈後録》

皇后謁家廟後，以金釵散付親屬宅眷。《武林舊事》

戴厚甫之母寢起樓上，一夕，忽見紅光貫室，開幃視之，乃一美女，獨立榻前，援金釵以遺母，既而無所見。母以語戴，答曰：「此遁甲神也。」《壺史》

崑山縣東三十里，地名黄姑，有織女廟，今隸嘉定。昔織女、牽牛二星七夕降神其地，織女以金釵劃水，水溢，遂稱百沸河，立廟水上。《豐草庵集》《中吳紀聞》作「金篦」。

丹徒縣主簿以漕檄往湖州，差二吏徐璋、蔡禋備驅使。既至，休於郊外之觀音院僧室。室之隣有小房，扃鎖頗密。二吏竊窺之，有畫女子像甚美，張於壁下，設供養之屬。二人私自謂曰：

「吾曹逆旅，得有若彼者來爲一笑，何幸！」偶詢院中僧，云：「郡人張令爲象山令，此其長女，死殯房中地下。畫其像，歲時祀之也。」是夕，蔡禋寐未熟，忽見女子褰幃而入，謂禋曰：「若嘗有意屬我，故來奉子周旋。幸毋以語人，且勿疑懼。」禋欣然領其意，自此與瑋異榻。每夕即至，相與甚歡，如此者踰月。主簿以行囊罄竭，令禋先歸。是夜，婦人來語禋曰：「吾有金釵遺子，可貨之，足以少濟，幸無歸也。」言已，於髻間取以授之。禋詣鋪中售之，得錢萬六千以歸。紿謂瑋曰：「我適入城，遇鄉人，惠然見假，勿須言歸也。」瑋不信，且聞禋夜若女子與竊語。他時事露，恐相累，由此每夕伺之。一日，天欲曉，果見婦人下自禋榻，瑋急向前掩之，仆於地，若初死狀，衣冠儼然。二吏大驚，急以告。主簿屬寺僧謹視之，拘繫二吏於獄。詰問，並無異詞，遂移牒象山令，令其家人共發棺視之，已空矣。及往鋪中索其金釵驗之，誠張時所帶也。《投轄録》

孫鄘行次襄江，拾得金釵一雙，維舟待之。迨暮，一女奴號啕而至。鄘驗實，還之。女奴曰：「荷蒙保生，願失身以報。」鄘悍然躍去。《積善録》

桃墩吳充墓，有人發其石槨，見其兩夫人朱氏、戴氏金釵及纏臂之屬，光焰猶新。《觚賸》

趙姑及笄未字，餉父於田，渴而飲於溪，久不返。父呼覓不得，惟見飲處插金釵一股。夜見夢於父曰：「兒爲龍攝去，已成禮，不能生還矣。」《秋燈叢話》

出意挑鬟一尺長，金爲鈿鳥簇釵梁。《海録碎事》

元稹喪妻韋蕙叢，作《遣恨》詩，有云：「泥他沽酒拔金釵。」《元氏長慶集》

王建《宮詞》：「衆中遺却金釵子，拾得從他要贖麽。」

唐人詩多用金釵十二事。白香山《酬牛思黯》詩：「金釵十二行。」十二行，或言六鬟耳，齊肩比立，爲釵十二行。白詩自注：「思黯之伎頗多，故云。」似協或者之説。然梁武帝《河中之水歌》云：「洛陽女兒名莫愁，頭上金釵十二行。」是以一人帶十二釵也。《野客叢書》

古樂府詠莫愁云：「頭上金釵十二行。」後人多誤爲金釵者十二行，不知一人插十二行金釵也。《槁簡贅筆》

趙后抽紫玉九雛釵爲昭儀簪髻。《飛燕外傳》

漢獻帝爲李傕所敗，傷趾。伏后刮玉釵以覆之，創應手而愈。《拾遺記》

辛延年詠胡姬云：「頭上藍田玉」，謂玉釵也。《玉臺清照》

王涯居相位，有女適竇氏。女歸，請曰：「玉工貨一釵，直七十萬錢。」王曰：「釵直若此，乃妖物也。」女不敢復言。數月，女自婚姻會歸，告父曰：「前時釵爲外郎馮球妻首飾矣。」王曰：「馮爲郎吏，妻之首飾如是，其能久乎？」《柳玭家訓》

李益與霍小玉相從二歲，誓以偕老，後因赴任訣别，訂期相迎。到任後，求假還家。太夫人爲聘表妹盧氏，遂負玉前盟。玉自生逾期不至，廣爲賂遺，尋求消息，遂使資用屢空。私令侍婢浣沙將紫玉釵一隻，詣西市貨之。路逢内作老玉工，見而認之，曰：「此釵乃霍王小女將欲上鬟時，令我作也。」浣沙曰：「我小娘子即霍王女也。家事破散，失身於人。夫婿久向東都不回，令我賣此，賂遺於人，使求音信。」玉工悽然下泣，遂引浣沙至延先公主宅，具言前事。公主亦悲嘆良久，給錢十二萬焉。《霍小玉傳》

李宸妃莊重寡言，真宗以爲司寢。既有娠，從帝臨砌臺，玉釵墜，妃惡之。帝心卜：釵完，當爲男子。左右取以進，釵果不毀，帝甚喜。已而生仁宗。《宋史》

馬湘蘭理鬢，墜一寶釵，徐語侍兒曰：「久不聞碎玉聲矣。」《彈指詞》注

司馬相如《美人賦》：「玉釵掛臣冠，羅袖拂臣衣。」《文園集》

吳均《楚妃曲》：「玉釵照繡領，金薄厠紅羅。」《吳朝請集》

李元膺《憶粧》云：「釵梁水玉刻蛟螭。」《墨莊漫録》

薛夜來入宮，極被寵，愛外國獻火珠龍鸞之釵，帝曰：「明珠翡翠尚不能勝，况乎龍鸞之重？」《拾遺記》

崔瑗著《三珠釵箴》。《北堂書抄》

舜作玳瑁釵。《物原》

舜加女人首飾，作釵，雜以牙瑇瑁爲之。《粧臺記》

周敬王令宮人以玳瑁爲釵。《中華古今注》

貴人助蠶，戴瑇瑁釵。《續漢書·輿服志》

魏文帝遣使於吴，求玳瑁三點釵。《江表傳》

后服有瑇瑁釵三十隻。《晉山陵故事》

繁欽《定情詩》：「何以慰別離，耳後瑇瑁釵。」《詩紀》

東昏侯嘗爲潘妃市琥珀釵，直百七十萬。《小名録》

隋宫人插翡翠釵子。《古今注》

竟陵掾劉諷夜投空館，有三女郎至，歌曰：「明月清風，良宵會同。星河易翻，歡娱不終。緑尊翠杓，爲君斟酌。今夕不飲，何時歡樂？」忽有黄衣人曰：「婆提王屈娘子速來。」女郎皆起。明日，拾得翠釵數隻。《幽怪録》

宋玉《諷賦》：「主人女以其翡翠之釵，掛臣冠纓。」《古文苑》

溫庭筠有《瑟瑟釵》詩。《溫飛卿詩集》

蔣濳見一屍，頭上着通天犀纛，拔取之。後落豫章王處。王薨後，内人江夫人遂斷以爲釵。每夜，輒見一小兒繞床啼叫，云：「何爲見屠割，必訴天，當相報。」江夫人惡之，月餘乃亡。

梁元帝妾弘夜姝有合心花釵。《續補侍兒小名録》

黄香《九宫賦》：「刻駭雞以爲釵。」《太平御覽》

太宗賜高昌妻宇文氏花釵一具，宇文氏貢玉盤。《唐書》

皇妃冠有花釵九樹，小花數如之。《明會典》

命婦冠，一品花釵九樹，二品八樹，三品七樹，四品六樹，五品五樹，六品四樹，七品三樹。《明史》

始皇時，婦人鳳釵以金銀爲鳳頭，玳瑁爲脚。《古今注》

漢武帝宫人貫髻以鳳頭釵，瑇瑁爲之。《粧臺記》

晏幾道詞：「碾玉釵頭雙鳳小。」《小山詞》

同昌公主有九玉釵，上刻九鸞，皆九色，上有字曰「玉兒」。工巧妙麗，殆非人工所製。有金陵得者以獻公主，酬之百萬。一日晝寢，夢絳衣女奴授語云：「爲齊潘淑妃取九鸞釵。」洎主薨，而釵亦不知其處。玉兒，潘妃小字也。《杜陽雜編》

蟠龍釵，梁冀婦所製。崔豹《古今注》

大歷中，日林國獻龍角釵。釵類玉而紺色，上刻蛟龍之形，精巧奇麗，非人所製。上因賜獨孤妃。與上同遊龍池，有紫雲自釵上而生，俄頃滿於舟楫。上命置之掌内，以水噴之，遂化爲二龍騰空而去。《杜陽雜編》

曹植《美女篇》：「頭上金爵釵。」爵釵者，釵頭施爵。《靚粧録》

婦人三品以上得服爵釵。《晉令》

鄭夫人拜右婕妤。按儀注，應服雀釵袿襈。《晉起居注》

元帝將拜貴人，有司請市雀釵，帝以煩費不許。《晉書》

俞安期《昭凉變》詞：「銜珠金爵釵。」《翏翏集》

招靈閣有神女留一玉釵，帝以賜趙婕妤。元鳳中，此釵光瑩甚異，宫人謀欲碎之。視釵匣，惟見白燕升天，宫人因作玉燕釵。《洞冥記》

李郢詩：「薄雪燕蓊紫燕釵，釵垂簏簌抱香懷。」《唐詩鏡》

涪陽大龜，其緣可作釵，世號「靈釵」。《華陽國志》

尋陽參軍夢一婦人，言：「葬處近水，淪没，望見救。」參軍曰：「何以爲誌？」婦人曰：「君見渚邊有魚釵，即我也。」明旦覓之，果見毁墳，其上有釵，乃移置高燥處。《幽明録》

朱彝尊詠釵詞：「小鳳垂珠，小魚銜玉。」《茶煙閣體物集》

隋煬帝宫人插鈿頭釵子。《中華古今注》

趙飛燕爲皇后，其女弟上襚，有同心七寶釵。《西京雜記》

憑虚子贈婦書曰：「合服同心釵。」《玉臺清照》

秦穆公以象牙爲女釵。《中華古今注》

楊道思夫婦相愛。婦梳頭，道思戲以銀釵著户閤頭，大索乃出。《幽明録》

李瑫遭事在都，其婦過徐君廟乞恩，拔銀釵爲願。尋有白魚跳婦前，剖腹得所願釵，夫事尋解。《異苑》

女奴不得服銀釵。《晉令》

姍姍，黄夫人侍兒也。數歲，戲於庭，適夫人敕銀工製釵，曰：「如一封書式。」姍姍應聲曰：「一封書到便興師。」夫人爲之發粲。《艾庵存稿》

苗女銀釵垂耳。《滇行紀程》

東晉時童謡言：「織女死，婦女皆插白骨釵子，爲織女作孝。」《中華古今注》

梁鴻妻荆釵。《列女傳》

唐氏年百三十歲，里人有以釵簪易其荆釵珍藏，以爲壽兆者。《廣西通志》

楛可揉爲釵，故《上黨調》：「問：婦人欲買赭不？曰：竈下自有土。問：買釵不？曰：山中自有楛。」《詩草木鳥獸蟲魚疏》

夔州婦人人日於八陣磧上拾小石之可穿者，貫以綵索，係於釵頭，以爲一歲之祥。《圖經》

《美女篇》：「頭帶合歡釵。」《古詩鏡》

王融詩：「桂釵當自陳。」《王寧朔集》

溫庭筠詩：「蘭釵委墜垂雲髮。」《溫飛卿集》

王建詩：「貧女銅釵惜於玉。」《王司馬集》

韓偓詩：「水精鸚鵡釵頭顫，舉袂佯羞忍笑時。」《韓内翰外集》

張先詞：「衣上交枝鬭色，釵頭比翼相雙。」《安陸集》

張元幹詞：「翡翠釵兒綴玉蟲。」《蘆川詞》

樓槃詞：「釵頭綴玉蠶。」《絶妙好詞》

溫庭筠詞：「翠釵金作股，釵上蝶雙舞。」《金荃集》

王彥泓詩：「一生長羨金泥蝶，顫向釵邊與鏡邊。」《疑雨集》

彭孫遹詩：「天街墜却金釵股，可惜釵頭靺鞨紅。」《金粟閨詞》

曹溶《宋宋詞》：「綴玉百子釵。」《靜惕堂集》

朱昆田詩：「小股平分九子釵。」《笛漁小稿》

佛氏以隔墻聞釵釧聲爲破戒。《乙卯避暑録》

王達妻衛氏爲鮮卑所掠，留書並釵釧訪其家。《晉記》

師子國獻玉像，東昏侯毀像爲潘妃作釵釧。《齊春秋》

行都人家妻女皆敝衣洗足而帶金銀釵釧，夜則賃被，其俗薄如此。《白獺髓》

賴氏女及笄，將歸羅生，而羅卒。女告父母，請反其所聘釵釧以助其喪。已而自經死。《寧都先賢傳》

薛氏《蘇臺竹枝詞》：「約伴燒香寺中去，自將釵釧施山僧。」《本事詩》

魏明帝時，昆明國獻嗽金鳥，常吐金屑如粟，宮人爭以金爲釵珥，謂之「辟寒金」。宮人相嘲弄曰：「不服辟寒金，那得帝王心！不服辟寒鈿，那得帝王憐！」《酉陽雜俎》

天后時，女國貢玉釵環杯盤。《明皇雜録》
文安后爲太子妃，無寵。太子爲宫人製新麗衣裳首飾，而后惟舊釵鈴十餘枚。鈴，小釵也。蕭子顯《齊書》
王粲《七釋》：「戴明中之羽雀，雜華鈴之葳蕤。」《王侍中集》
孔煒《七引》：「紫鈴承鬟而聘輝。」《藝文類聚》
女蝸爲簪以貫髪，此簪之始也。《事物紀原》
舜時婦人象牙簪。《二儀實録》
孔子遊少原之野，有婦人中澤而哭。孔子使弟子問焉，婦人曰：「向者刈蓍薪，亡我簪，是以哀。」弟子曰：「亡簪有何悲焉？」婦人曰：「非傷亡簪也，不忘故也。」《韓詩外傳》
公卿列侯中，二千石夫人，紺繒幗，黄金龍首銜白珠，魚須擿長一尺，爲簪。《漢輿服志》
檀夫人拔簪插於籬下，次年生筍。《夷堅續志》
康陵南征，與劉良女有約，期以中途召之，劉氏贈一簪以爲信。過盧溝橋，馳馬失之，大索數日不得。至臨清，使使召劉，劉以不見簪不往。上乃乘單舸疾歸，至張家灣，與劉俱載而南。《巡幸考》《武宗實録》曰：「劉氏，晉王樂妓，武宗悦之，載歸。」
苗婦人髻簪盈尺。《峒谿纖志》
劉禎賦：「插曜日之簪。」《劉公幹集》

桀媚妺喜，於膝上，以金簪貫玉蟕腹爲戲弄。《洞冥記》

魏文帝陳巧笑挽髻，别無首飾，惟用圓頂金簪一隻插之。文帝目曰：「玄雲黯黯兮金星出。」《女紅餘志》

趙文韶在青溪步月，忽有女郎至，留連晏寢。將旦别去，以金簪遺文韶，文韶亦贈以銀碗及瑠璃匕。明日，於青溪廟中得之。乃知昨所見，青溪神女也。《續齊諧記》

皇后、皇太子妃常服，皆金簪一對。《明會典》

徐富九道上見一蚯蚓，甚長，色如血。忽有一婦人拾之，問而知其金簪也。富九嘆曰：「精金變幻如此，見而不我得，而歸於婦人，我時去矣。」《烏衣佳話》

朱彝尊《風懷》詩：「簪挑金了鳥。」《曝書亭集》

季女贈賢夫以白玉不落之簪，製極精巧，當世希覯之物。《鄉嬛記》

女子吴淑姬，未嫁夫亡。未亡時，晨興靧面，玉簪墜地而折，已而夫亡。其父以其少年，欲嫁之。誓曰：「玉簪重合則嫁。」居久之，見士子楊子治詩，諷而悦之。使侍兒用計覓得一卷，欲與之合。啓奩視之，簪已合矣。遂以寄子治，結爲夫婦焉。《誠齋雜記》

趙孟頫所收白玉方頂女簪一枝，其玉白瑩，絶品也。此必文真后妃故物。《雲煙過眼録》

沈約女綰髮以瑪瑙簪，長五六寸。《耳談》

漢《鐃歌》：「雙珠瑇瑁簪。」《古樂府》

咸淳五年，詔禁珠翠。宮中簪琉璃花，都下人爭效之。時有詩云：「京城禁珠翠，天下盡琉璃。」識者以爲「流離」之兆。《宋季三朝政要》

辟塵犀爲婦人簪梳，塵埃不着髮。《嶺表録異記》

舊院盛時，競尚密犀簪。《白門集》

命婦首飾，一品金簪，五品鍍金銀簪，六品銀簪，八品銀間鍍金簪。《明會典》

德清女子沈回奴，際元末兵亂，匿蘆港中。賊獲之，求合，從容曰：「我閨女也，必擇日乃可。」賊信之，攜至營。是夜，拔頭上銀簪刺喉死。《静志居詩話》

陳霆有《銀簪詞·爲德清女子作》。《水南集》

有楊姓者，見婦人過，墜一銀簪於街上，鏗然一聲。伺其去遠而視之，乃蚯蚓耳。俄爲一女子拾去，依然簪也。《見聞紀訓》

漢陽公主嘗用鐵簪畫壁，自記田租出入。《山堂肆考》

吴越王妃孫太真，嘗以一物施龍興寺，形如朽木筯。僧不以爲珍，偶出示舶上波斯人，曰：「此日本國龍蕊簪也。」增價至萬二千緡易去。《吴越備史遺事》

李賀詩：「髮冷青蟲簪。」《昌谷集》

琉球女子不剃胎髮，嫁後，將頂髮削去，惟留四餘，挽一髻於額傍，簪小如意。如意亦分貴賤品級。《使琉球紀》

蔡伸詞：「碾花如意枕冠輕。」《友古詞》

簪頭取象於物，如龍頭、鳳頭、如意頭、蘭花頭之類，但宜與髪相依附，不得昂首作跳躍之形。《閑情偶寄》

元康中，婦人以金銀、犀角、瑇瑁之屬爲斧鉞戈戟，以當簪。《宋書・五行志》

元康末，婦人戴五兵簪。《兼名苑》

五兵簪，至今有之。《玉臺清照》

太公以玄鉞斬妲己，故婦人以爲戒。《中華古今注》

近時婦女首飾有摎根簪。《堯峰文鈔》

了事，穵耳也。婦女以銀爲之，號「爬耳簪」。《琴言》注

繆俊明往外，見桑林中一絶色少女，向地若有所覓。生問之，女云：「失金穵耳簪。」生爲覓得之，女笑謂生曰：「與郎有緣，願即以是簪贈。」遂攜生手入其家，合鏡焉。自此生每夜一往。其父遣僕潛尾生後，見入一墳林中。隨訪墳隣，云：「此前村郭家有女名月英，未嫁而歿，新壙即所厝也。」《蚓庵瑣語》

料簪，貧家所用，或如意頭，或蘭花頭。《珮環餘韻》

灣甸州婦人，以象牙作筒貫於髻。《郡志》

牛罵番婦，頭貫骨簪。《番境補遺》

箭桿猺女簪竹箭二根，長二尺許，覆以錦。穿林入莽，頻側其首，翩翩若蝶。《廣西通志》

王懌《段七孃》詩云：「石竹篸芳髻。」《本事詩》

燕尾猺女以豪猪鬃爲簪。《廣西通志》

費昶詩：「日照茱萸領，風搖翡翠簪。」《古詩鏡》

彭孫遹詩：「秦珠百琲解頭簪。」《金粟閨詞》

皇太后簪，以瑇瑁爲擿，長一尺。其擿有等級。《漢輿服志》

周宣王嘗臥而晏起，姜后脱簪珥待罪於永巷，使其傅母通言於王，王曰：「非夫人之過也。」《列女傳》

吳敗楚師，迎故太子建母於鄭。鄭君送建母珠玉簪珥，欲以解殺建之故。《吳越春秋》

上從館陶公主飲，上曰：「願謁主人翁。」主乃下殿，去簪珥，徒跣頓首謝，自引董君隨主前伏殿下。《漢書》

涼安徐寡婦悉簪珥之屬，得銀二十兩，畀老僕阿寄販漆十年，而寡婦財雄一邑。《阿寄傳》

劉太后侍者見仁宗左右簪珥珍麗，欲效之。太后曰：「彼皇帝嬪御飾也，汝安得學？」《宋史》

詩妓齊景雲與傅春定情。春坐事繫獄，景雲爲脱簪珥以供橐饘。春謫遠戍，景雲欲從行不得，賦別云：「一呷春醪萬里情，斷腸芳草斷腸鶯。願將雙淚彈爲雨，明日留君不出城。」春去

後，雲以想念没。《青泥蓮花記》

樂清李應官之妻吳氏，避亂過芙蓉江，被掠，欲自沉，乃探簪珥散擲，兵爭攫之，遂躍入水死。《台蕩遊草》

紂作金鈿。《物原》

建和元年納后，后八雀、九華、十二鐏。《漢雜事秘辛》

皇太子納妃，有同心雀鈿一具，函盛。《東宮舊事》

太和五年，上邽鎮將於水中得玉車鈿三枚，二青一赤，制狀甚精。《魏書》

貴人太平髻七鏌，公主、夫人五鏌，世婦三鏌。《晉書·輿服志》

内外命婦鬢飾寶鈿花釵。《唐書》

玄宗幸華清，楊妃與三姨皆從。遺鈿墜舄，瑟瑟璣琲，狼籍於道，香聞數十里。《項氏六帖》

金城多美妓，賀蘭劍遇晏飲則奪妓鈿，退以記。《金城記》

段何臥病，二青衣一雲髻、一半髻，皆絶色，以紅牋題詩而去。詩云：「樂廣清羸經幾年，妊娘相托不論錢。輕盈妙質歸何處，惆悵碧樓紅玉鈿。」《補侍兒小名録》

李聽姬紫雲有金花寶粟之鈿。《女紅餘志》

貴妃首飾用花釵金鈿。《宋會要》

皇后禮服有珠寶鈿花十二，翠鈿如其數；常服有金寶鈿花九，飾以珠金鳳二，口銜珠結金寶鈿二十四，邊垂珠滴。皇太子妃禮服珠寶鈿花九，翠鈿如其數；常服金寶鈿花九，上飾珠金鳳一，口銜珠結金寶鈿十八，邊垂珠滴。《明史》

襄陽出玉石，碧色謂之碧鈿，婦女取以飾首飾。《襄陽志》

螺鈿，婦人首飾，用翡翠丹粉爲之。《正字通》

徐陵《玉臺新詠序》：「反插金鈿，橫抽寶樹。」《徐僕射集》

盧承丘《題花鈿》云：「黛煙濃處貼鉛華。」《芙蓉集》

紂作翠翹。《物原》

周時，宫人高髻上有翡翠翹。《炙轂子》

周文王於髻上加珠翠翹花。《靚粧録》

隋文帝宫人插翠翹。《粧臺記》

許州嚴氏女曰阿珊，端麗妍瑩，年十五矣。時清明節，嚴公令盡室登陘山。山有鄭大王祠，乃令女於祠内縱觀，日晚方歸。旋風忽起，阿珊仆地，色變，不能言，鬟上失雙金翹，乃扶持而歸。召巫者視之，譯神言曰：「我鄭大王也，今聘爾女爲子婦。」其家至祠祈之，得金翹於神坐上。明日阿珊殞。《三水小牘》

蜀妓女有花翹之飾，名曰「翹兒花」。《詞品》

後唐莊宗詞：「笑迎移步小蘭叢，嚲金翹玉鳳。」《北夢瑣言》

《汴梁宫詞》云：「翠翹珠掛背。」楊焕《汴故宫記》

楊維禎《西湖竹枝詞》：「記得解儂金絡索，繫郎腰下玉連環。」

楊基《寒食美人圖》云：「照水再簪珠絡索。」《眉庵集》

張元幹詞：「翠穿珠絡索。」《蘆川詞》

紂作步摇。《物原》

步摇者，上有垂珠，步則摇也。《釋名》

周文王作雲髻，步步而摇，故曰「步摇」。《靚粧録》

人謂步摇爲女髻，非也。蓋以銀絲宛轉屈曲作花枝，插髻後，隨步輒摇，以增媌婧，故曰「步摇」。《採蘭雜志》

皇后謁廟，步摇以黄金爲山題，貫白珠爲桂枝相繆，一爵九華，熊、虎、赤羆、天鹿、辟邪、南山豐大特六獸，《詩》所謂「副笄六珈」者。諸爵獸皆翡翠爲毛羽。金題，白珠璫繞，以翡翠爲華。《續漢書·輿服志》

和熹鄧后賜馮貴人步摇、環珮各一具。《後漢書》

建和元年納后，后假髻步摇。《漢雜事秘辛》

靈帝葬馬貴人，贈步摇赤綴青羽蓋駟馬。《山陵雜記》

孫皓使尚方以金作華燧、步摇、假髻以千數，令宫人着以相撲。朝成夕敗，輒命更作。《江

表傳》

漢魏故事：皇后親蠶，著十二笄步摇。《初學記》

慕容氏莫護跋，始建國於棘城之北，時燕之后妃多冠步摇冠，莫護跋見而好之，乃斂髮襲冠，諸部因呼之爲「步摇」，其後音訛，遂爲「慕容」焉。《前燕録》

皇太子納妃，有步摇一具，九鈿函盛之。《東宫舊事》

范靜妻沈滿願富才情，詠《步摇花》詩云：「珠花縈翡翠，寶葉間金瓊。剪荷不似製，爲花自如生。低枝拂衣領，微步動瑶英。但令雲髻插，蛾眉本易成。」《南北朝詩話》

開元中，婦見舅姑，戴步摇，插翠釵。《事物紀原》

天寶初，貴族婦人皆簪步摇釵。《事文玉屑》

殷后服盤龍步摇。《中華古今注》

趙飛燕爲皇后，其女弟上襚，有黄金步摇。《西京雜記》

明皇以紫磨金琢成步摇，親爲貴妃插鬢。《太真外傳》

拂林國婦人皆戴金花步摇，綴以木難青珠。《番國志》

周文矩有《金步摇士女圖》，有《玉步摇士女圖》。《宣和畫譜》

和凝詞：「鳳凰雙颭步摇金。」《紅葉稿》

謝逸詞：「攏鬢步摇青玉碾。」《溪堂詞》

皇后步搖謂之「珠松」。《隋書·禮儀志》

婦人珠吊子曰「步搖」。《書敘指南》

永嘉民有弟質珠步搖於兄者，贖焉，兄妻愛之，紿以亡於盜。《元史》

宋玉《諷賦》：「主人之女，垂珠步搖。」《古文苑》

漢武帝宮人貫髻以孔雀搔頭，璹瑁爲之。《粧臺記》

武帝過，李夫人就取玉簪搔頭。自後宮人搔頭皆用玉，玉價倍貴焉。《西京雜記》《杜詩發微》：「玉搔頭，今之抓頭也。」

隋文帝宮人插桃蕊搔頭。《粧臺記》

趙綸妻死，遺雪竹搔頭於堦下，不數日，化爲楊梅，花朵如撒，時人異之。《姑藏前後記》

繁欽《定情詩》：「何以結相於，金薄畫搔頭。」《玉臺新詠》

王建《宮詞》：「蜂鬚蝶翅薄鬆鬆，浮動搔頭似有風。」《王司馬集》

宋豐之詞：「窺人佯整玉搔頭。」《草堂詩餘》

睿宗先天二年，元夜張燈，簡長安年少婦女千餘人，衣冠花釵媚子，於燈下踏歌。《朝野僉載》

庾信賦：「懸媚子於搔頭。」《庾子山集》

淳化中，京師婦裝飾魚鰓中骨，號「魚媚子」。《宋史·五行志》

近時婦女首飾有金掠鬢。《堯峰文鈔》

貴妃施二博鬢。《宋會要》

洪武三年，定皇后冠服兩博鬢十二鈿，皇妃九鈿。永樂三年，定皇后冠服三博鬢，飾以金龍翠雲，皆垂珠滴，翠口圈一副，上飾珠寶。《明會典》

命婦兩博鬢，一品九鈿，二品八鈿，三品七鈿，四品六鈿，五品五鈿，六品四鈿，七品三鈿。《明史》

婦人兩博鬢，即今之掩鬢。《奚囊手鏡》

戴君恩過含山，見二美人，一衣黃一衣素，笑迎於前，曰：「郎君才人也，請垂一顧，可乎？」君恩從之。歷重門，登崇堦，乃至中堂，敘禮延坐。羅以佳果，飲以醇醪，情意頗濃。君恩覩四壁間挂黃白菊二幅，顧謂美人曰：「壁間畫菊甚工，各吟短律何如？」於是黃衣美人吟《黃菊》詩，白衣美人吟《白菊》詩，君恩和之。是夕，二美人與君恩共薦枕席。翌日辭歸，黃衣美人出金掩鬢以贈別，白衣美人出銀掩鬢以贈別，僉曰：「好賞二物，聊見此衷。乞覩物思人，不忘妾於旦暮也。」含淚而別。君恩歸後，時切眷注。再訪之，則不知所在。急取金銀掩鬢視之，皆菊之黃白瓣也。《花史》

命婦常服，一品有金壓鬢雙頭釵，八、九品有銀間鍍金壓鬢雙頭釵。《明會典》

蜀中女子未嫁者，率爲同心髻，高二尺，插銀釵至六隻，後插大象牙梳，如手大。《入蜀記》

麗行婆入鹿門寺設齋，維那請意旨，婆拈梳子插向髻後，曰：「回問了也。」便出去。《五燈會元》

唐方坐法死，妻丁氏，名錦孥，没爲官婢。監護者見丁色美，借髻上梳掠髮。丁以梳擲地，其人取掠之，持還丁，丁罵不受。肩輿過陰澤，躍出赴水。《明史》

彭氏築庵山中，命僕守之。暮有女子自稱小水人，徑入臥室。僕固拒之，女尋登僕榻。僕懼，取佛經執之，女笑云：「經從佛出，佛豈在經耶？」天將旦，僕起擊庵鍾，女取髻上牙梳掠鬢，走入松林不見。《静志居詩話》

梳猺女戴梳於頂，狀如扇面。《廣西通志》

蠻女髻上紥大梳，或銀、或木、或牙。《蠻書》

獞俗，婦人髻綰木梳。《廣西通志》

陽洞羅漢苗婦人，髮鬟散綰，額前插木梳。《峒谿纖志》

高允詩：「頭作墜馬髻，倒插象牙梳。」《高令公集》

王建《宫詞》：「空戴紅梳不作粧。」《王司馬集》

秦少章詞：「斜插犀梳雲半吐。」《雲齋廣録》

《漢書》有「比疏」，注以爲辮髮之飾，則今女子首飾所著金翠珍異之梳耳。《因話録》

太僕《書張貞女死事》中，有「金梳」字。金梳恐非櫛具，或是首飾。《鈍翁類稿》

崇禎五年皇后千秋，宮女粧飾皆有珠鬟梳。《春明夢餘録》

命婦首飾，一品有珠翠梳，五品有小珠簾梳，六品有珠緣翠簾梳。《明會典》

命婦首飾，禮服有珠簾梭，常服有小珠翠梭。《明史》

命婦首飾，一品有金腦梳，八品、九品有銀間鍍金腦梳。《明會典》

鎞，釵也，掠器。坡詩：「佳人摇翠鎞。」《韻學事類》

木西瑛與妻對飯，妻以小金鎞刺臠肉，將入口，門外有客至，西瑛出肅客，妻不及啖，且置器中，起去治茶。比回，無覓金鎞處。時一小婢在側執作，意其竊取。榜問萬端，終無認辭，竟至損命。歲餘，召匠者整屋掃瓦瓴積垢，忽一物落石上有聲。取視之，乃向所失金鎞也，與朽骨一塊同墜。原其所以，必是猫來偷肉，故帶而去，婢偶不及見耳。《輟耕録》

李耀卿一日與家人飲酒，妻以所插金篦揭肉而食。偶有客至，耀卿出迎客，妻速入厨具茶飲。客去，尋向之金篦，無有也。疑爲一女奴所盗，杖之，偶致死。久之，家人與里巷會茶，中有一老婦人者插金篦。熟視之，乃向之所失物也。詢之，是買於一坧者。及問坧者之所來，云於某家整屋瓦合漏中得之。蓋是時有肉在篦上，爲貍奴銜去，墜於彼也。《農田餘話》

溫庭筠詞：「小鳳戰篦金颭艷」，又「戰篦金鳳斜」。《金荃集》

李珣詩：「倚屏無語撚雲篦。」《瓊瑶集》

葉澐詩：「方鬢明璫插鳳鎞。」《桐餘集》

皇后首飾，有黃金鑷。《續漢書・輿服志》

袁術姬馮方女有千金寶鑷，插之增媚。《女紅餘志》

嘉定朱松齡刻竹爲女簪，後人以金銀倣其制，即名朱松齡。《練川竹枝詞》注　《江南通志》誤作「吴縣人」。

西王母戴華勝。《西王母傳》

花勝，草花也。言人形容正等，著之則勝。《釋名》

勝，婦人首飾也。《漢書》注

皇后入廟，戴花勝。《續漢書・輿服志》

華勝，像瑞圖金勝之形，又像西王母戴勝也。《李夫人典戒》

賈充妻李夫人造花勝，名「瑞綵圖」。《事原》

華勝，起自晉代賈充妻李夫人。《歲華紀麗》

西荒母戴金勝。《神異經》《援神契》曰：「百珍寶中有金勝。」

劉皇后母桓氏夢吞玉勝而生后。蕭子顯《齊書》

江淮南北，五日釵頭綵勝之製，備極奇巧。凡以繒綃剪製艾葉，或攢繡仙佛、禽鳥、蟲魚、百獸之形，八寶群花之類，縐紗蜘蛛、綺縠麟鳳，繭虎絨蛇，通草蜥蜴，螳螂蟬蝎，葫蘆瓜果，色色逼真。加以幡幢、寶蓋、繡毬、繁纓、鍾鈴，或貫爲串，名曰「豆娘」，不可勝紀。《唐宋

遺紀》

寧獻王《宮詞》：「綵勝雙雙鬬鳳釵，薄羅金縷燕花牌。」

晏幾道詞：「釵頭羅勝寫宜冬。」《小山詞》

賀鑄詞：「巧剪合歡羅勝子，釵頭春意翩翩。」《東山寓聲樂府》

㔩綵，婦人頭花髻飾也。《玉篇》

杜甫《麗人行》：「頭上何所有？翠微㔩葉垂鬢脣。」注：「翠微㔩葉，言翡翠爲㔩綵之葉也。鬢脣，鬢邊也。」《杜詩詳注》

皇太子納妃，有鬢花六五支、登花二五支、團樹花十株。《東宮舊事》

弋陽陳秀才元夕觀燈於市，有人家女子，年十三四歲，坐僕肩右，墜髻花一枝，正落陳巾上。陳甚喜，攜歸示妻。妻愀然不樂，曰：「我死不久矣。」後竟卒。陳別娶，復因燈夕遊觀，戲舉前事，蓋墜花者也。《夷堅志》

元宵，大白蝶花，婦女無貴賤悉戴之。《晏殊類要》

禾中女子，有以纖蛤簇蝶綴鬢花者。《曝書亭集》

費昶詩：「鬢插九枝花。」《古詩鏡》

《孟珠歌》：「龍頭銜九花，玉釵明月璫。」《録古集》

王元之詩：「幾多紅袖迎門笑，爭乞釵頭利市花。」《漁隱叢話》

徐參政《贈建寧妓唐玉》詩：「上國新行巧樣花，一枝聊插鬢雲斜。」《豹隱談紀》

宋徽宗《宮詞》：「頭上宮花粧翡翠，寶蟬珍蝶勢如飛。」

張先詞：「舞徹梁州，頭上宮花顫未休。」《安陸集》

濟王夫人吳氏，恭聖太后之姪孫也，性極妒忌。王有寵姬數人，殊不能容。每入禁中，必訴之楊后，具言王之短。一日内晏，后以水精雙蓮花一枝，命王親爲夫人簪之，且戒其夫婦和睦。未幾，王與吳復有小競，王乘怒誤碎其花。及吳再入禁中，遂譖言碎花之事。於是后意甚怒，有廢儲之心。《癸辛雜識》

吐谷渾王妻戴金花。《隋書》

宋元祐太后爲金人所追，至曲江，投金花祈風，改名「金花潭」。《香祖筆記》

錢糧有曰「金花銀」者，所以供后妃金花及宮人賞賚。《崇禎遺事》

淳熙五年，上邀兩殿賞牡丹。隨駕宮人、内官，並賜兩面翠葉滴金牡丹一枝。《乾淳起居注》

周光禄諸妓，月終，人賞金鳳凰一雙。《傳芳略記》

命婦首飾，一品有金雲頭連，五品銀鍍金雲頭連，六品銀雲頭連，八品、九品銀間鍍金雲頭連。《明會典》

秦始皇令三妃九嬪插五色通草蘇朵子。晉時，令宮人插五色花朵子。隋煬帝於江都宮水晶殿令宮人插瑟瑟細朵，皆垂珠翠。《中華古今注》

王岐公在翰苑時，中秋賜酒小殿，上令宫嬪各取領巾、裙帶，或團扇、手帕求詩，悉以進呈。上曰：「須與學士潤筆。」遂各取頭上珠花一朵，裝公幞頭，簪不盡者，置公服袖中。宫人旋取針綫，縫聯袖口。月將西沉，命撤金蓮燭，令内侍扶掖歸。《錢氏私志》

皇后謁家廟後，散付親屬物件有翠花。《武林舊事》

庶人婦首飾，用翠花、金釵篦各一事。《元史》

皇后禮冠，有大珠花十二樹，小珠花數如之；常服之冠，前後珠牡丹二花二蕊，翠葉三十六。皇太子妃禮冠，有大珠花九樹，小珠花數如之；常服之冠，前後珠牡丹二花八蕊，翠葉三十六。《明史·輿服志》

皇后、皇太子妃俱有珠翠穰花鬢二，皇妃冠有翠牡丹花穰花各二。《明會典》

命婦首飾：一品，特髻上珠翠花四朵、珠翠雲喜花三朵；常服鬢邊珠翠花三朵。五品，特髻上小珠鋪翠雲喜花三朵；常服鬢邊小珠花二朵。六品，特髻上小珠翠花四朵。《明會典》

命婦首飾，後鬢珠梭毬。《明會典》

利州有金蟲，婦女取作釵環之飾。宋祈《益部記》

吳均詩：「蓮花銜青雀，寶粟鈿金蟲。」李賀詩：「坡陀簪碧鳳，腰裊帶金蟲。」或曰：「金蟲，簪飾也。」《李義山詩注》

穆宗時，宫中種千葉牡丹。花開，每夜有黄白蛺蝶萬數飛集花間，輝光照耀，達曉方去。宫人競以羅巾撲之，無有獲者。上令張羅於空中，遂得數百。於殿內縱嬪御追捉，以爲娛樂。遲明視之，則皆金玉也，其狀工巧無比。內人爭用絳縷縷其脚，以爲首飾，夜則光起粧奩中。其後開寶厨，視金錢玉屑之內，有蠕蠕者，有爲蝶者，宮人方覺焉。《杜陽雜編》

黄金蟬，首飾也。《李義山詩集箋注》

陳允平《香奩詩》：「鬟攏金蟬矗。」《西麓詩稿》

都人士女作宜男蟬，爲上元插帶吉兆。《天中記》

王建《宮詞》：「玉蟬金雀三層插。」《王司馬集》

朱敦儒詞：「翠蟬金雀，别後新梳掠。」《樵歌》

後唐宮人或網獲蜻蜓，愛其翠薄，遂以描金筆塗翅，作小折枝花子，金綫籠貯養之。爾後上元賣者，皆取象爲之，售於遊女，謂之「塗金折枝蜻蜓」。《清異録》

張泌詞：「緑雲高髻，金簇小蜻蜓。」《花間集》

申天師進紅梔子花，蜀主愛重之，令宮人以絨索鵝毛做作首飾，仍謂之「紅梔子花」。《野人閑話》

新野君剪花爲業，刷絨爲海棠，染絹爲芙蓉，捻蠟爲菱藕，賣供婦女插戴。《堯山堂外記》

絨絹花，白門所製最精雅。《修潔齋閑筆》

吕后制五采通草花。《物原》

晋惠帝令宫人剪五色通草花插髻。《二儀實録》

後周宫人供奉者，插通草朵子。《中華古今注》

宫中凡令節，宫人以插帶相餉。偶田貴妃宫婢戴新樣花，他宫皆無有。中宫宫婢向上叩頭乞賜，上使中官出採辦，不能得。上以問妃，妃曰：「此象生花，出嘉興。有吳吏部家人攜來京，而妾買之。」上不悦。《彤史拾遺記》

吳門所製通草花，窮精極巧。《閑情偶寄》

立春日，剪綵爲小幡，綴於首飾，曰「春幡」。《後漢志》

立春，民間婦女各以春幡、春勝鏤金簇綵，爲燕蝶之屬，問遺親戚，綴之釵頭。《熙朝樂事》

《荆楚歲時記》云：「立春日，悉剪綵爲燕子以戴之。」故歐陽永叔詩云：「不驚樹裏禽初度，共喜釵頭燕已來。」鄭毅夫詩云：「漢殿鬬簪雙綵燕，併知春色上釵頭。」皆立春日帖子詩也。《苕溪漁隱叢話》

端午，以綵綫繒篆符相問遺，即綴釵端。《續漢書》注

端午，賜后妃諸閣真珠百索釵符。《乾淳歲時記》

高啓《詠釵符》云：「從今能鎮膽，不怯睡空房。」《缶鳴集》

端午，以艾爲虎形，至有如黑豆大者，或剪綵爲小虎，粘艾葉以戴之。《金門記》

王沂公詩云：「釵頭艾虎辟群邪。」《合璧事類》

陳維崧《重五》詞：「虎釵新破繭兒黄。」《烏絲詞》

朱昆田詩：「燕釵新綴小於菟，五色絲纏八角符。」

又《田婦》詩：「自從四月收蠶後，頭上惟簪繭子花。」《笛漁小稿》

洛陽婦女端午以花絲樓閣插鬢。《金門歲節》

段成式詩：「詐嫌嚼具磨衣鈍，私帶男錢壓鬢低。」《海録雜事》

插花

庾信《鏡賦》：「量髻鬢之長短，度安花之相去。」注：「言美女對鏡插花，量度其髻鬢之長短也。」《庾子山集箋注》

杜后將崩，三吴女子相與簪白花，望之如素柰。傳言：「天公織女死，爲之著服。」《晉書》

秋水，南唐後主宫人也。喜簪異花，芳香拂鬢，常有蝶繞其上，撲之不去。《十國春秋》

紹興間，郡獄有誣孝婦殺姑，婦不能自明，屬行刑者取髻上花插於石罅，曰：「生則可以驗吾冤。」行刑者如其言，後果蔚茂成林。《宋志》

吴士召覘仙，署曰黄花女兒。問其氏族，曰：「金閶王氏。生時與黄生歡好，一生愛插黄花，人呼黄花女兒。」問：「卿是天逝耶？」曰：「年十五而殞。」問：「黄生安在？」曰：「相繼亡矣。今與同寢處，若人間伉儷也。」衆乞詩，遂題數語云：「忘不了對攏雙袖，忘不了

佳期月下偷，忘不了柳遮花映黄昏後，忘不了羅帳綢繆，忘不了紗窗風雨清明候，忘不了多病心情懶下樓。」《經鋤堂雜志》

五月朔日至旬杪，女兒艷服，帶花滿頭。《北京歲華記》

康熙間，蘇州名妓張憶娘，色藝冠時。蔣繡谷爲寫《簪花圖》，戴烏紗髻，着天青羅裙，眉目秀媚，以左手簪花而笑。《隨園詩話》

《張憶娘簪花圖》，一時名士題詠幾遍。《別裁集》

楊維禎《西湖竹枝詞》：「滿頭都插鬧粧花。」

晏幾道詞：「粉圓雙蕊髻中開。」《小山詞》

王彦泓詩：「梅蕊膽瓶看漸減，每朝分插到釵叢。」《疑雨集》

晏幾道詞：「嬌蟬鬢畔，插一枝淡蕊疎梅。」《小山詞》

素心蠟梅，插鬢最宜。《珮環餘韻》

阮文姬插鬢用杏花，陶溥公呼曰「二花」。《河東備録》

趙忭見一營妓，首插杏花，戲之曰：「髻上杏花真有幸。」妓應聲曰：「枝頭梅子豈無媒。」《蕙畆拾英集》

柳永《詠海棠》詞：「插在釵頭和鳳顫。」《樂章集》

御苑有千葉桃花，帝親折一枝插於妃子寶冠上，曰：「此花尤能助嬌態也。」《開元天寶遺事》

明桃花女子《美人插花詩》：「梳成鬆髻出簾遲，折得桃花三兩枝。欲插上頭還住手，偏從人問可相宜。」《愚書》

李宜緑鬟。《承平舊纂》

楊基詞：「鬬草亭邊，自拘梨花戴。」《眉庵集》

曾子固詩：「記得集英深殿裏，舞人齊插玉籠鬆。」玉籠鬆，亦作玉瓏鬆，一名睡梅。《風月堂雜識》

南越女子，茉莉花開，以綵絲穿花心爲首飾。梁張隱詩：「細花穿弱縷，盤向緑雲鬟。」《花麈》

末利花，一名鬘華。《金光明經》

《晉書》：「都人簪柰花，爲織女帶孝。」即茉莉花也。《丹鉛總録》

茉莉初出之時，其價甚穹。婦人簇帶多至七插，所值數十券，不過供一餉之娛耳。《乾淳歲時記》

裙屐少年，油頭半臂，至日亭午，則提籃挈榼，高聲唱賣茉莉花，嬌婢捲簾，攤錢爭買。頃之烏雲堆雪，竟體芳香矣。蓋此花苞於日中開於枕上，真媚夜之淫葩，殢人之妖草也。《板橋雜記》

姚綬《題折花仕女》云：「愛濯薔薇露，凌晨試折來。低鬟猶未插，含笑傍粧臺。」《郁氏書

畫題跋記》

南漢宮人素馨，以殊色進。性喜插白花，遂名其花曰「素馨花」。《劉氏興亡録》

南中百花，惟素馨香特酷烈。彼中女子以綵絲穿花心，繞髻爲飾。《南中行記》

素馨花，藤本叢生，花白如粟，舊産花田，今移海幢寺南，地名沙園村。鬻花人先一夜摘其蓓蕾，貫以竹絲，傍晚入城鬻於市。閨閣晚粧，用以圍髻。花在髻上始盛開，芳香竟夜。《皇華紀聞》《漁洋集》：「夜半髮香人夢醒，銀絲開遍素馨花。」

玉簪花狀似玉簪，插入婦人髻中，孰真孰假，幾不能辨，乃閨閣中必需之物。《閑情偶寄》

玫瑰，花之最香者也，而色太艷。止宜壓在髻下，暗受其香，勿使花形全露，全露則類村粧。《一家言》

《酒肆女》詩：「鳳釵斜亞瑞香枝。」《詩話類編》

錦帶花，亦名鬢邊嬌。《成都古今記》

蘭花，婦人戴之髻，香聞甚遠。《群芳譜》

觀堂主，可供婦女時粧。《金漳蘭譜》

閩素足女多簪全枝蘭，煙鬟掩映，衆蕊爭芳。響屧一鳴，全莖振媚。繼在京師見唐人《美人圖》，亦簪全枝蘭，乃知閩女正堪入畫。《閩小紀》

珠蘭，插鬢妙於茉莉。《閑情偶寄》

朱彝尊詞：「丫蘭斜插暈粧新。」《江湖載酒集》

蜀中有花名賽蘭香，花如金粟，香特馥烈。戴之髮髻，香聞十步，經月不散。《升庵外集》

張鎡以牡丹宴客，有名姬數十，首插牡丹，衣領皆繡如其色，歌昔人所作《牡丹詞》，進酌而退。《女世説》

五日，家家妍飾小閨女，簪以榴花，曰「女兒節」。《帝京景物略》

《楊后宫詞》：「一朵榴花插鬢鴉。」《詩詞雜俎》

郭登《西屯女》云：「西屯女兒年十八，六幅紅裙脚不襪。面上脂鉛隨手抹，百合山丹滿頭插。」《聯珠集》

沈端節詞：「手香記得人簪菊。」《克齋詞》

《寧獻王宫詞》：「玉蘭干外木犀開，應是西風昨夜來。宫女不知清露重，折花偷插鳳凰釵。」《明詩珠玉》

七里香，寘髮中久而益香。《廣群芳譜》

滄浪洲有金莖花，其花如蝶，每微風至，則摇蕩如飛。婦人競採之，以爲首飾。且有語曰：「不戴金莖花，不得在仙家。」《杜陽雜編》

夾竹桃配白茉莉，婦人簪髻，妖裊可挹。《六街花事》

張昱曲：「金蓮處處有花開，斜插雲鬟笑滿腮。」《可閑老人集》

塞外有長十八，紫色蓓蕾。元迺賢《塞上曲》云：「雙鬟小女玉娟娟，自捲氈簾出帳前。忽見一枝長十八，折來簪在帽檐邊。」注云：「長十八，草名。」《松亭行記》

林投花時，番婦皆摘以插髻。《諸羅志》

元好問《題美人圖》云：「斜插一枝蘐草鳳釵頭。」《遺山集》

王珪《宮詞》：「堦前折得宜男草，笑插黃金十二釵。」《王岐公集》

吳文英詞：「艾枝應壓愁鬟亂。」《夢窗丙稿》

二月二日，士女皆戴蓬葉。諺云：「蓬開先日草，帶了春不老。」《熙朝樂事》

三月三日，士女皆戴薺花及柳葉。《熙朝樂事》

夏至，婦女戴草麻葉，食長命菜，即馬齒莧也。《燕史》

晏幾道詞：「旋尋雙葉插雲鬟。」《小山詞》

立秋，都城滿街叫賣楸葉。婦女剪如花樣，插於鬢邊，以應時序。《夢粱録》《竹屋癡語》有《秋葉詞》。

晏殊詞：「折得櫻桃插髻紅。」《珠玉詞》

韓偓《荔枝》詩：「翠釵先取一枝懸。」《群芳譜》

晁冲之詞：「笑拈雙杏子，連枝戴。」《具茨集》

脂粉流愛重酴醾，盛開時置書册中，冬間取以插鬢，蓋「花腊」耳。《清異録》

奩史卷六十九

東吴王初桐于陽纂述
檇李吴文溥澹川校刊

釵釧門二

耳環

耳珠曰璫。《風俗通》

璫，婦人首飾也。《詩》曰：「明璫間翠釵。」《女紅餘志》

趙昭儀爲皇后，其女弟在昭陽殿，上遺三十五條，內有合歡圓璫。《西京雜記》

卞太后性約儉，不尚華麗。太祖嘗得名璫數具，命后自選一具，后取其中者。太祖問其故，對曰：「取其上者爲貪，取其下者爲僞，故取其中者。」《魏書》

袁博女於壞墻中得璫珥百枚。《吴録》

百工之妻不得服真珠璫。《晉令》

婦人旃檀寺求男者，解密珠璫。《僧園逸録》

崇禎中，山東大荒，流民咸就食南都。時書鋪廊下臥一秀士，傍有少婦，耳垂銀璫，端莊嫻雅，見往來者，輙伸扇乞錢。或問其從來，曰：「吾山東巨族女，嫁夫纔五日，即相攜行乞到此。今夫染病不起，坐守待盡耳。」或勸以「何不別適人，可得數十金，調理夫愈，則兩命俱活矣」。婦曰：「與失節生，寧守義死。況夫病已深，奈何徒喪廉耻乎？」或更詰曰：「何不以銀璫易米？」曰：「此夫家聘物，不忍棄也。」聞者咸嘆服，競相施助，驟得數金。婦乃購一棺，藏於寺。浹旬夫斃，乞貲倩工殮埋訖。舉衣裓兜土塚，未成而遽暈倒。按之，氣絶矣。路人高其義，共貿棺，與夫同穴殯焉。耳上銀璫尚在。《啓禎野乘》

焦仲卿妻，耳著明月璫。《玉臺集》

曹植《洛神賦》：「獻江南之明璫。」《陳思王集》

傅玄《七謀》：「珥南海之名璫。」《傅鶉觚集》

王粲《七釋》：「垂照夜之明璫。」《王侍中集》

謝常詩：「吴姬如花白玉璫。」《桂軒集》

紂有天知玉珥，入火不銷。《蟫史》

齊威王夫人死，有十孺子。薛公爲十玉珥，而美其一，獻於王，以付十孺子。明日，視美珥所在，乃勸王立以爲夫人。《韓子》　《戰國策》作「七孺子」「七珥」。

夢得珠珥，得子也。《夢書》

趙飛燕爲皇后，其女弟上遺合浦圓珠珥。《西京雜記》

杜季稚《上巳篇》云：「窈窕淑女美勝艷，妃簪翡翠珥明珠。」《詩林廣記》

高啓詩：「珥懸磦砢珠。」《缶鳴集》

南詔婦人，耳綴珠貝、瑟瑟、虎魄等環。《唐書》

命婦耳環用珠玉，庶人婦用金珠、碧甸、銀。《元典章》

士庶妻耳環用金珠。《明會典》

洪尹仁妻張氏，名靖真，年十八而寡。舅姑欲嫁之，張兩手執耳環曰：「舅姑聘我惟此物耳！」遂裂耳還之，血流滿衣。自是無敢復言。《浮梁縣志》

苗婦人耳環盈寸。《峒谿纖志》

皇后謁家廟後，散付親屬物件有金環。《武林舊事》

懿節刑后所帶金耳環子，上有雙飛小蝴蝶，俗名「鬬高飛」。《北狩見聞録》

羅倫暮宿邸舍，其家奉盥盤中，有金環一隻，羅僕取之。明日早行，僕言夜來盆中獲一耳環，倫索而還之。比至，則其婦爲夫所逼，欲捐生，感慨不已。《容滕居雜録》

賊犯武緣，擄梁氏女子去，且欲奪女耳金環。女潛取置握中，賊笑曰：「爾身已屬我，何止環也？」女曰：「死即死。」不從賊，賊刃之。數日面如生，手執金環如故。《廣西通志》

王秀文幼許字項準，後項氏家中落，秀文母潛納朱宦之幣，而以釵釧授秀文。秀文驚問故，涕泣不止，念惟死可免。遂摘金耳環噍之，腹痛七日，昏絶者數矣。王氏有老姊，以奇藥至。家人抉其齒灌之，金環得出，秀文復甦。項乃親迎以歸。《西堂雜俎》

林清玉許字鍾廷楷，楷病亡，清玉痛哭，竟往夫家拜靈，解金耳環吞之而絶。《池北偶談》

僰人婦人金環綴耳，不一而足。《外國竹枝詞》注

一少年俟舟飛雲渡，見丫鬟女子徘徊悲戚，若將赴水。少年亟止之，問曰：「何爲輕生如此？」答曰：「我本人家小婢，主人有姻事，暫借親眷珠子耳環一雙，直鈔三十餘，定今日送還，竟於中途失去。寧死耳，焉敢歸？」少年曰：「我適拾得。」遂付之。既而此婢遺嫁，所居去渡咫尺。少年與同行二十八人將過渡，道遇一婦人，拜且謝。視之，乃失環女也。因告於夫，屈留午飯。餘人先登舟，俄風濤大作，皆葬魚腹，而少年獨免。《輟耕録》

慈聖太后賜張江陵母珍珠環一雙。《弇山堂别集》

皇后、皇太子妃禮服皆珠排環，皇妃禮服四珠環，命婦禮服珠梳環。《明會典》

宫人垂珠飾耳。《春明夢餘録》

羅敷耳中明月珠。《樂苑》

胡姬耳後大秦珠。《樂府詩集》

繁欽《定情詩》：「何以致區區，耳中雙明珠。」《玉臺新詠》

趙孟頫所收，有雙荔枝女環一對，長三寸，並脚通碾皆白玉也，甚精。此必文真后妃故物。

《雲煙過眼録》

皇妃常服梅花環，命婦常服金脚珠翠佛面環、銀脚珠翠佛面環。《明會典》

江左呼婦人耳璫爲「丁香」。《迦陵文集》

飾耳之環，愈小愈佳，或珠一粒，或金銀一點。此家常佩戴之物，俗名「丁香」。若配盛粧艷服，不得不略大其形，但勿過丁香之一二倍。《閑情偶寄》

絡索，環制之最不善者也。時非元夕，何須耳上懸燈？又飾以珠翠，則是福建之珠燈，丹陽之料絲燈矣。其爲燈也猶可厭，况肖其形以爲耳環乎？《閑情偶寄》

明宫中小葫蘆耳墜，乃真葫蘆結就者，取其輕也。内監於葫蘆初有形時，即用金銀打成兩半邊小葫蘆形，將葫蘆夾住縛好，不許長大。俟其結老，取其端正者，以珠翠飾之，上奉嬪妃。然百不得一二焉，因其難得，所以貴也。《在園雜志》

阿丹國婦人耳戴金厢寶環。《瀛涯勝覽》

土人女子耳戴大環垂玉肩。《貴州通志》

西藏婦女耳帶金銀鑲緑松石墜，下連珍珠、珊瑚串，長六七寸，垂兩肩。《衛藏圖識》

大邦婦人耳戴大金圈。《郡大記》

巴塘番婦耳貫哪嚨大圈，繫紅珠於下，復以綫縛於耳。《衛藏圖識》

蠻女耳帶大環，環下間垂小珥。《廣西通志》

南平獠婦人美髮髻，垂於後。竹筒三寸，斜穿其耳。貴者飾以珠璫。《宋史》

犵狫妻女以竹圍五寸、長三寸裹鐲，穿之兩耳，名「筒環」。《溪蠻叢笑》

奩史卷七十

東吳王初桐于陽纂述
姚江孫　玥寓泉校刊

釵釧門三

臂環

臂環謂之釧。《通俗文》

桀作金玉釧。《物原》

太子納妃，有金釧二雙。《東宮舊事》

李除死，其婦守尸，至三更崛然起坐，搏婦臂上金釧執之，還死。婦伺察之，至曉更活。云：「爲吏將去，多見行賄得脱者。許以金釧，吏令歸取，吏得釧便放還。」後數日，見釧猶在，婦不敢復著，依事咒埋。《搜神後記》

章沉病死，將殯而蘇，云：被録到天，曹主者是外兄，斷理得免。初到時，有少年女子同被録。女子見沉事散，知有力助，因脱金釧一雙，托沉與主者求救。沉即爲請之，並進釧物。良久出，語沉已論，秋英亦同遣去。秋英即此女之名也。於是俱去，脚痛疲頓，殊不堪行。會日暮，止道側小舍，而不見主人。沉共宿嬿接，更相問次，女曰：「我姓徐，家在烏門，臨瀆爲居，門前倒棗樹即是也。」明晨各去，遂並活。沉至烏門，依此尋索徐氏。因問徐翁：「秋英何在？」翁云：「君何知小女名？」沉因説昔年魂相見之由，而秋英已先説之。徐翁試令侍婢數人遞出示沉，沉曰：「非也。」乃令秋英見之，則如舊識。徐氏謂爲天意，遂以妻沉。《甄異記》

王昭少好學，嘗有鬻書於市者，其母將爲買之。搜索家財，不足其價，惟篋中有金釧數枚。既而嘆曰：「何愛此物，令吾子不有異聞乎？」促令貨易此書。《唐書》

何柱八歲，觀何澄畫《陶母剪髮圖》，柱指陶母手中金釧，詰之曰：「金釧可易酒，何用剪髮？」澄大驚。《元史》

波斯王以金釧聘斯調王女。《交州記》

日本製首飾有烏金手釧，極精。《陳小厓外紀》

秦觀詞：「棗花金釧約柔荑。」《淮海詞》

王元象好發冢。有一冢，每日初升，一女子立冢上，近視則無。發之，女子言曰：「我東海王家女，應生，資財相奉，慎勿見害。」女臂有玉釧，斷臂取之，女復死。《南史》

東昏侯爲潘妃造琥珀釧，直七十萬。《南齊書》

霞姑腕釧，以條金貫火齊，銜雙明珠。燭滅，光照一室。《聊齋志異》

安南國進皇后方物狀，有粧金真珠釧一雙，金重一兩，珠一千顆。《天南行記》

西藏婦女，左手帶銀釧，右手帶硨磲圈。《衛藏圖識》

柰女樓居，萍沙王登樓就之。明晨當去，柰女曰：「若其有子，當何所與？」王脱手上金環之印以付柰女。《柰女耆域因緣經》

劉寵喪母，時亂，墳墓盡發。寵乃矯母命，爲家貧無財，惟有手上金環，賣造墓，遂免發掘。《益部耆舊傳》

高公始與母麥氏别，母泣曰：「與汝分别，再見無時。汝常弄吾臂上金環，吾當留着，汝勿忘也！」後三十年，知母在瀧州。使人迎到，子母不相識，母出金環示之，一時號泣。上聞，召見，封越國夫人。《高力士傳》

太和中，宫人沈阿翹爲上歌《何滿子》詞，聲態宛轉。上以金臂環賜之，因問其從來？阿翹曰：「妾本吴元濟女，自陷掖庭，易姓沈氏。」《碧雞漫志》《麗情集》作「翹翹」。

眉娘聰慧奇巧，憲宗賜金鳳環，以束其腕。《杜陽雜編》

繁欽《定情詩》：「何以致拳拳，綰臂雙金環。」《玉臺新詠》

曹植《美女篇》：「攘袖見素手，皓腕約金環。」《陳思王集》

楊太真生而有玉環在其左臂，環上有墳起「太真」二字，故小名玉環。馬嵬變後，明皇朝夕思維。有道士以少君之術求見，上極寵之。道士出袖中筆墨，索細黄絹，誦咒呵筆，畫一女人，使上齋戒懷之，凝神定意，想其平日，三日夜不懈。道士曰：「得之矣。」上出像觀之，乃真貴妃面貌也。上喜甚，道士曰：「未也。」請具五色帳，結壇壁而拱之，索十五六聰慧端正之女二十四人，齊聲歌《步虛詞》。道士復焚符誦咒，吸煙呵像上，次命諸女一二如方呵之。至定昏時，請上自秉燭入帳中。上既入，道士命侍者出，反閉金扉鎖之。於是太真在帳中，見上，泣曰：「以天下之主，不能庇一弱女，何顏面復見妾乎？」上亦淚下，言馬嵬之變，出於不意。其言甚多，太真意少釋。與上曲盡綢繆，勝於平日，脱臂上玉環納上臂。天未明，道士啓扉曰：「宜别矣。」上出帳，回視不復見，惟玉環宛在臂耳。《玄虛子仙志》

玄宗初幸蜀時，貴妃侍女紅桃晨興理粧，玉環墜地而響。帝聞，問曰：「響者何也？」對曰：「玉環碎矣。」帝默然不悦。至馬嵬，貴妃果遇害。《客退紀談》

孫恪娶袁氏女，後從南海辟，挈家過端州。袁欲遊峽山寺，云「舊老門徒」。既至，若熟其道徑，持碧玉環獻僧。及齋罷，野猿聯臂而下，袁氏惻然題云：「不如逐伴歸山去，長嘯一聲煙霧深。」擲筆，化爲猿而去。恪驚怛，詢僧，僧言：「沙彌所養。開元中，力士過此，憐其慧，以束帛易之，歸獻天子。後聞馴擾於上陽宫内。碧玉環，本胡人所施，亦當時隨猿者。」《續世説》　顧敻作《袁氏傳》。

女伶謝阿蠻善舞《凌波曲》，爲貴妃所鍾念。嘗命侍兒紅桃取紅粟玉臂支賜之。及妃死後，上皇追悼不已。一日，詔令阿蠻舞罷，阿蠻乃進金粟裝臂環，曰：「此貴妃所賜。」上持之，凄

然垂涕曰：「此我祖破高麗時所獲紅玉支也，朕以賜妃子。今覩之，但興悲念。」《太真外傳》

周后疾革，取平時約臂玉環爲後主别。《十國春秋》

姚娟娟生時，母夢玉環一枝，上有龍鳳篆，入手而碎，化爲青蓮花，因名玉，字守貞。娟娟，其小字也。《西堂雜俎》

九華安真妃白珠約臂。《真誥》

傅玄《有女篇》：「珠環約素腕。」《傅鶉觚集》

蘇軾《寒具》詩：「壓褊佳人纏臂金。」《釋名》：「纏臂金，今之手釧。」《苕溪漁隱叢話》

金陵人發六朝后妃陵寢，得玉臂支。兩頭施轉，可屈伸令圓，近於無縫。爲九龍繞之，功侔鬼神。《夢溪筆談》

鐶手謂之鐶。《集韻》

高文惠《與婦書》曰：「今致金鐶一雙。」《詞叢類採》

建安中，河間太守劉照夫人卒於府。後太守至，夢有一好婦人，就爲室家，持一雙金鐶與之。後太守不能名，婦人曰：「此名鍾鐶，狀如紐珠，大如指，屈伸在人。」後太守得，置枕中。前太守迎喪，後太守言有鍾鐶。開棺視夫人臂，果無復有鍾鐶焉。祖台之《志怪》

臂環曰纏臑，亦曰鐲子。《事物異名》

釧，俗名鐲，亦曰鐶。《看雲草堂集》

南宋宮人有柳金簡翠腕闌，似今之手鐲，乃景陽宮胭脂井物，疑是麗華所墜。《玉芝堂談薈》

后妃釧鐲，用金玉、珠寶、翡翠；命婦釧鐲，一品用金，五品用銀鍍金，六品及士庶妻皆用銀。《明會典》

宗子相生一女，十餘歲，巧慧識字，絶愛憐之。以病卒，囑曰：「勿去腕上金鐲。」從之。後爲吏部郎，春日郊遊，憩一廢廟。見一女神貌類其女，視其腕，金鐲在焉。大怒，摅泥取鐲，並焚其祠。自是頻夢其女索鐲、索居，宗竟以悶死。《耳談》

阿丹國婦人手金寶鐲釧。《瀛涯勝覽》

大傑番婦臂東洋起花鐲。《臺海采風圖考》

灣甸州婦人手帶牙鐲。《郡志》

蕭壠番婦手帶鐵鐲環。《諸羅志》

木邦婦人手貫象牙鐲。《郡大記》

義熙三年，山陰徐琦每出門，見一女子，貌極艷麗。琦便解臂上銀鈴贈之，女曰：「感君佳貺。」以青銅鏡與琦，便結爲伉儷。《幽明録》

有人於曲阿見塘上一女子，貌端正，呼之即來，便留宿，乃解金鈴繫其臂。至明日，更求女，却無人。忽過母猪牢邊，見猪臂上有金鈴。祖台之《志怪》

釧，古謂之挑脱，金條旋匝，浮貫臂間，女飾用之。《字彙》

萼緑華夜降羊權家，贈權金、玉跳脱各一枚。《真誥》

武帝登樊城樓，見漢濱五彩如龍，有女子臂跳脱，則丁貴嬪也。帝贈以金環，遂納之，時年十四。《梁書》

古詩云：「輕彩襯跳脱。」跳脱，即今之腕釧也。《真誥》言：「安妃有斲粟金跳脱。」是臂飾。《唐詩紀事》

張氏子以財雄長京師。未娶時，過其行錢孫家。孫有女方笄，容色絶世。張目之曰：「我欲娶爲婦。」孫惶恐，張言益確，即取臂上所帶古玉條脱，俾與其女帶之。且曰：「擇日納幣去。」後張爲人誘，别議親，就昏他族。而孫之女不肯嫁，其母密諭之曰：「張已别娶妻矣。」女去房内，以被蒙頭，少刻遂死。父母哀慟，呼其隣鄭三，使治喪具。鄭見其臂古玉條脱價值數十萬錢，心利之，乃曰：「某有一園在城西。」孫謝之，鄭蓋利其瘞已園也。夜半月明，鄭發棺欲取條脱，女蹷然而起，顧鄭曰：「我何故在此？」鄭畏事彰，乃曰：「汝父母怒汝不肯嫁，使我生埋汝於此。我實不忍，乃私發棺，而汝果生。」女曰：「送我還父母家。」鄭曰：「若送汝歸家，汝定死，我亦得罪矣。」女久之曰：「惟汝所聽。」鄭乃匿之他處，以爲妻。積數年，女每言張氏，輙恨怒忿恚，如欲往叩問者，鄭每勸，且防閑之。後往永安，孫氏女出，僦馬直詣張氏門。望見張，跳踉而前，曳其衣。張以爲鬼，驚避退走，而持之益急，乃擘其手，手且破血流，推去，仆地而死。僦馬者往報鄭家，鄭母曰：「我子婦也。」訴之有司，追鄭對獄具狀。鄭

之發冢，罪止於流；張殺而傷之，竟死獄中。《清尊録》

宫中選大婚，一后以二貴人陪。中選，則皇太后幕以青紗帕，取金玉跳脱繫其臂；不中，即以年月帖子納淑女袖，侑以銀幣，遣還。《明史》

沈韶舟次九江，登琵琶亭。月下彷彿聞歌聲，有麗人來呼韶並茵坐。韶問姓氏，麗人曰：「妾僞漢陳主婕妤鄭婉娥也。年二十而死，殯於亭側。侍女二人，一曰鈿蟬，一曰金雁，亦當時殉葬者。」因口占一律贈韶，且命鈿蟬取酒共飲。韶與談元末群雄興廢及僞漢宫中事，歷歷如目覩。遂留韶同宿，留連半載，不啻膠漆。一夕，麗人語韶曰：「與郎冥契盡在來朝。」以金跳脱爲贈。既曉，失其所在。《本事詩》

彭九霄之母有玉跳脱一隻，中有一蟻，歷歷分明，自能蠕動。《香祖筆記》

繁欽《定情詩》：「何以致契闊，繞腕雙跳脱。」《玉臺新詠》

俞安期《昭凉變》詞：「紫磨金跳脱，宛轉蛟龍蟠。」《本事詩》

金條脱爲臂飾，即今釧也。《般芸小説》

條脱，臂飾也，見《真誥》。周處《風土記》作「條達」。繁欽《定情》篇又作「跳脱」。一物而三名，傳寫之誤也。《宛委餘編》

端午，婦人以條達相贈。詩云：「繞臂雙條達。」《風土記》

古詩云：「繞臂雙條達。」則條達之爲釧必矣。《能改齋漫録》

樂府《雙行纏》云：「朱絲繫腕繩，真如白雪凝。」梁昭明《烏棲曲》云：「江南稚女朱腕繩。」《丹鉛總録》

仲夏，婦女造百索繫臂。《風土記》

沈攸之詩：「臂繩雙入結。」《萬寶詩山》

皇后謁家廟後，散付親屬物件有金錠。《武林舊事》

番婦手、足、腕俱束以銅圈，或穿瑪瑙爲圈。《臺海采風圖考》

指環

紂刑鬼侯女，取其指環五。《春秋繁露》

紂嬖妲己，作寶幹指環。《竹書紀年》

漢宫人御幸，賜銀指環，令數環以計月。《漢舊儀》

鐶，指環也，以金鍍之曰「鍍鐶」。《廣雅》

九華安真妃指著金環。《真誥》

婦人指上金環，有月事者所以指觸。《言鯖》

晉哀帝王皇后有一紫磨金指環，至小，止可第五指帶。《俗説》

元樹奔梁，後北歸。其愛姝玉兒以金指環與别，表必還之意，樹常帶之。《北史》

王諿亡後，妻子困於衣食。諿見形，詔婦曰：「我若得財物，當以相寄。」後月，小女得金指環一雙。《集靈記》

潘英奴美如仙姝，父母擇配未諧，同苗德純販苧，主潘家，生美姿容，已娶二年，嫌妻貌醜，詐言未配。英奴窺之，時露半面，或全身。一日擢紙方寸，外包油紙，置飯中。苗得之，開視，有詩云：「天生一對兩嬌然，司馬文君宿世緣。欲遣中書傳好信，幾回未易到君邊。」是夜潛至臥邸，告以宜遂琴瑟。苗魂飛神蕩，以求歡合。英奴堅拒曰：「聘幣未將，不可苟就。」以金指環與生，囑曰：「幸勿爽約，憑此爲信。」禮拜而退。苗還出妻，欲聘英奴，無媒，未果。遷延半載，父命發布鳳陽。時值擾亂，苗四載不得歸。景泰三年，道路始通。苗歸抵潘家，英奴已嫁林氏矣。苗以貨絲爲由，訪宿林家。英奴潛書《鷓鴣天》貽生，云：「欲侍鴛幃奉枕衾，誰知薄倖苦相侵。移花却向他人主，狂蝶無情莫再尋。君負信，妾傷心，魚沉雁杳悄無音。如今追憶前時話，剩得潸然淚滿襟。」苗見之，鬱鬱而歸。及再娶姚氏，容貌更不如前妻。友人爲作《指環篇》以諷之。《學林餘譚》

周氏婢入山取樵，忽夢見一女子，曰：「吾目中有刺，煩爲拔之，當有厚報。」此婢乃見朽棺髑髏草生眼中，便爲拔草，即於某處得一雙金指環。《述異記》

俞安期《昭涼變》詞：「上有雙忍字，竹節金屈環。」《翏翏集》

定安公主嫁回鶻，來歸，詔使勞問，以黠戛斯所獻玉指環賜之。《唐書》

崔娘寄張生信，有「玉指環」，云「環者，還也」。《麗情集》

崔羅什夜經長白山西，忽見朱門粉壁，樓臺相望。俄有青衣出，語什曰：「女郎須見崔郎。」什悦然下馬，入兩重門，內一青衣，通問曰：「女郎平陵劉府君之妻，侍中吳質之女。府君先行，故欲相見。」什遂前入，就床坐。其女在東户立，與什溫涼。室內二婢秉燭，呼一婢，令以玉夾膝置什前。什遂問曰：「貴夫劉氏，願告其名？」女曰：「狂夫劉孔才第二子，名瑤，字仲璋。比有罪被攝，仍去不返。」什乃下床辭出，女曰：「從此十年，當更相逢。」什遂以玳瑁簪留之，女以指上玉環贈。什上馬行數十步，回顧，乃見一大塚。後十年什卒。《酉陽雜俎》

韋臯少遊江夏，止於姜使君之館。姜氏孺子曰荆寶，有小青衣曰玉簫，年纔十歲，常令祗侍韋，玉簫亦勤於應奉。後二年，姜使君入關求官。韋乃居止頭陀寺，荆寶時遣玉簫往役給奉。玉簫年稍長大，因而有情。韋後歸覲，與玉簫約云：「少則五載，多則七年來取。」因留玉指環一枚，並詩一首遺之。暨五年不至，玉簫乃禱於鸚鵡洲。又逾二年，玉簫乃嘆曰：「韋家郎君一别七年，是不來矣！」遂絶食而殞。姜氏愍其節操，以玉環著於中指，而同殯焉。後韋鎮蜀，值荆寶以事繫獄，韋出之。因問玉簫何在？姜曰：「以僕射愆期，乃絶食而終。」因吟留贈玉環詩云：「黄雀啣來已數春，别時留解贈佳人。長江不見魚書至，爲遣相思夢入秦。」韋聞之，益增凄嘆，廣修經像，以報夙心。且想念之懷，無由再會。時有祖山人者，有少翁之術，能令逝者相親，但令府公齋戒七日。清夜，玉簫乃至，謝曰：「承僕射寫經造緣之功，旬日便當托生。却後十三年，再爲侍妾，以謝鴻恩。」後韋以隴右之功，理蜀不替，累遷中書令。因作生日，節鎮皆貢珍奇。獨東川盧八座送一歌妓，未當破瓜之年，亦以「玉簫」爲號。觀之，乃真姜氏之玉簫也。中指有肉環隱出，不異留别之玉環。韋嘆曰：「吾乃知存没之分，一往一來。玉簫之言，斯可驗矣。」《雲溪友議》

蘇昌遠居吳中，有女郎素衣紅臉，容質絶麗，遂與相狎，贈以玉環。一日，見檻前白蓮花，俯而玩之。見花蕊中有物，乃所贈玉環也。折之，遂絶。《北夢瑣言》

張文定得獻藥一粒，烹水銀成金一兩許，公令作四指環與其夫人。《續明道雜志》

滕穆僑居臨安，夜遊聚景園，遇一美人，自言衛芳華，故宋理宗朝宫人。即命侍女翹翹設茵席酒果，歌《木蘭花》一闋侑觴。自是白晝亦見，生遂攜歸寓所。下第後，美人留翹翹使守舊宅，而身隨生歸里，凡三載。生後赴浙試，美人請與生往訪翹翹。至則翹翹迎拜於路左矣，美人忽淚下，云：「緣盡，當奉辭。」是夜鍾鳴，急起與生分袂，贈玉指環一枚而别。《西湖遊覽志餘》

有客夏日遊岨崍山寺，忽逢白衣美女，年十五六，姿貌絶俗。因誘致密室，情款甚密。及去，以白玉指環遺之。即上寺樓隱身，目送白衣行。計百步許，奄然不見。乃識其處，尋見百合花一枝，白花絶偉。劚之，根本如拱。既盡，得白玉指環。《岨崍山志》

平原張環樞至腰站，日暮迷路，入一城郭，見儀衛甚盛，曰：「王也。」見張，命左右送賓館。有峨冠博帶者肅入，供帳華整。歌妓八人侑酒，皆殊色。内一紫衣者年最少，光彩動人。張屢目之，其人曰：「客且休矣，紫雲可侍寢。」一拂袖，諸妓悉散，其人亦辭去。紫衣者導入內室，解衣共寢，繾綣殊甚。贈張一指環，色如碧玉，明如水晶，云可療心痛。朦朧熟睡，聞耳畔呼曰：「可起矣！」張驚起，紫衣人已不知所之，館舍、城市，俱失所在，惟所贈指環尚在。遇心痛者，煎水飲之，立效。《秋燈叢話》

閻公與夫人玩玉環，墜地忽碎，遂有悼亡之戚。《萬青閣集》

秦樹至曲阿，日暮失道。遥望火光，往投之宿，乃女子獨居室者。爲樹設食，遂與寢止。向晨，樹去，女泣曰：「與君一覩，後面無期。」以指環一雙贈之。結置衣帶，相送出門。樹行數十步，顧其宿處，乃是塚墓。居數日，亡，其指環結帶如故。《甄異記》

有士人買得鮮卑女，名懷順。自說其姑女被魅，家人伺侯，惟見一株赤莧，女手指環挂其莧上。《異苑》

諸胡始結婚姻，相然許者，更下金同心指環。《胡俗傳》

大宛國人娶婦，以金同心指環爲聘。《西戎傳》

丁六娘《十索》詩：「欲呈纖纖手，從郎索指環。」《玉臺集》

曹溶《宋宋詞》：「指環隱鳳凰。」《静惕堂集》

吳主潘夫人以火齊指環掛石榴枝上，因其處起臺，名「環榴臺」。《拾遺記》

何充妓於後閣以翡翠指環換刺繡筆。充知，嘆曰：「此物洞仙與吾欲保長年之好。」乃命蒼

頭急以蜻蜓帽贖之。《粧樓記》

瞿佑有《詠碧甸指環》詩。《存齋樂全集》

牛罵番婚姻，男以銀錫約指贈女爲定。《番境補遺》

繁欽《定情詩》：「何以致慇勤，約指一雙銀。」《玉臺新詠》

顧貞觀詞：「盤螭約指雙花隱。」《彈指詞》

趙昭儀爲皇后，其女弟上襚有馬腦彄。《西京雜記》

后始加大號，婕妤上精金彄環四指。《飛燕外傳》

戚姬以百鍊金爲彄環，照見指骨。上惡之，以賜侍兒鳴玉、耀光等各四枚。《西京雜記》

今世俗用金銀爲環，置於婦人指間，謂之戒指。按《詩》箋注：「古者后妃群妾，以禮進御於君。女史書其日月，授之以環，以進退之。當御者以銀環進之，著於左手；既御者著於右手；娠則以金環退之。」則世俗之名戒指有來矣。《三餘贅筆》

婦人以金銀爲介指，見於《五經要義》，即指環也。又相傳，古者婦人月經與娠則帶，否則去之。今人常帶在手，爲飾手之物，殊昧「戒止」之義。《柳南隨筆》

孫繼皋美丰姿，館於某家。主母窺而悦之，遣婢送茶，杯中一金戒指也。孫佯不知，令收去。是夕，叩門曰：「主母來矣。」公不納。明遂歸。《厚德録》

嫁女，簪掠、戒指數不過十。《婚姻約》

西藏婦女帶銀鑲珊瑚戒指。《衛藏圖識》
宮中有娠，賜物内有銀記。《武林舊事》
沈萬山貧時，得瓦盆，持歸爲盥水具。萬山妻於盆中灌濯，遺一銀記於其中，已而盆中銀記盈滿。以金銀試之，亦如是，由是財雄天下，蓋聚寶盆也。《挑燈集異》
指環，俗名手記。《看雲草堂集》
真蠟婦人臂中帶金鐲，指中帶金指展。《真臘風土記》
阿丹國婦人足指亦有環。《瀛涯勝覧》

奩史卷七十一

東吳王初桐于陽纂述
北平劉翰周東屏校刊

梳粧門一

梳

田氏妓容色姝麗。晁無咎晨過之，田氏遽起，對鑑理髮，且盼且語：「草草粧掠，以與客對。」無咎賦詞美之。《復齋漫録》 李清曰：「此所謂亂頭粗服皆佳。」

江珪三子，年皆十餘歲，早起，見婦人羅衫粉裳，就其母粧梳處理髮，訝而白其父。珪急起視之，尚見其背，入西舍而滅。《異聞總録》

韓玉父攜女奴尋夫，有《理髮漢口鋪》詩。《彤管遺編》

韶女井，昔有仙女坐井間石上理髮，故名。《敘州府志》

日本《美人理髮圖》，筆法精工，細如毛縷。《鐵網珊瑚》

晉永嘉間，婦人束髮，其緩彌甚，紒之堅不能自立，髮被於額，目出而已。《搜神記》

吳婦盛裝者，急束其髮，而劘角過於耳。《脂粉簿》

宋元嘉中，民間婦女結髮者，三分髮，抽其鬟直向上，謂之「飛天紒」。始自東府，流被民庶。《粧臺記》

李靖與妻張氏，行次靈石旅邸。張以髮長委地，立梳床前。靖方刷馬，忽有一人髯而虬，乘蹇驢來。投草囊爐前，取枕欹臥，看張梳頭。靖怒，張氏熟視其面，一手映身搖示靖，令勿怒。急梳頭畢，斂衽前問其姓，云：「姓張。」張氏曰：「妾亦姓張，合是妹。」遂呼：「李郎且來見兄。」靖遂禮之。《虬髯客傳》從《女世説》摘本。

橫溪山舊傳武后梳洗處，有照鏡崖、脂粉石。《汝寧府志》

劉禹錫贈妓詩：「浮渲梳頭宮樣粧。」「浮渲」二字妙。畫家以墨飾美人鬟髮，謂之「渲染」。《升庵詩話》

大内芙蓉閣，宮人梳洗處。《湖山勝概》

士女張妙淨善詩，居春夢樓。《和鐵崖西湖竹枝詞》云：「憶把明珠買妾時，妾起梳頭郎畫眉。郎今何處妾獨在，怕見花間雙蝶飛。」《本事詩》

孫克咸訪葛嫩，闌入臥室，值嫩梳頭。長髮委地，雙腕如藕，眉如遠山，瞳如點漆。遂於是夕定情。《板橋雜記》

王生買一妾，美而賢。每晨起，必梳沐帷中。近侍二婢，亦不令見之。一日，晨起頗遲，

二婢立榻前，風動帳開，見一無頭人持髑髏置膝上，粧飾猶未竟。倉皇不及加頸，身首俱仆。婢驚，視之，則一具枯骨也。《濟寧志》

至正未亂之前，婦人皆紅丹臉、朱唇，惟居喪者素面素服。自壬辰後，婦人素面不施朱丹，釵飾之類皆不用綰髻，名「懶梳頭」。《農田餘話》

近日婦人梳頭，括束甚緊，名「懶梳粧」。《青溪漫筆》

古人呼髮爲「烏雲」，呼髻爲「蟠龍」。近世有牡丹頭、荷花頭、鉢盂頭，窮新極異。《閑情偶寄》

蘇州婦人梳頭，有牡丹頭之號。《看雲草堂集》

董以寧《碧玉歌》：「牡丹新髻八盤回。」《本事詩》

梳頭有烏龍蟠尾法，最能順髮之性。《珮環餘韻》

庾信詩：「畫眉千度拭，梳頭百遍撩。」

元稹詩：「水晶簾下看梳頭。」《元氏長慶集》

王建《宮詞》：「昨日教坊新進入，並房宮女與梳頭。」

陸游詞：「梳髮金盆剩一窩。」《渭南集》

李禎《至正妓人行》：「鬢髮常煩阿姊梳。」《運甓漫稿》

楊夫人《詠美人》云：「阿母梳雲髻，檀郎整翠翹。」《草堂詩餘》

張子野詞：「垂螺近額，走上紅裀初趁拍。」晏小山詞：「垂螺拂黛青樓女。」又云：「雙螺未學同心綰，已占歌名。」又云：「紅窗碧玉新名舊，尤綰雙螺。」垂螺、雙螺，蓋當時角妓未破瓜時髮飾之名，今秦中妓及搬演旦色猶有此制。《詞品》

《歡好曲》：「淑女總角時，喚作小姑子。」《詩紀》

皇女十餘齡留髮，打扒角。至選婚，始擇吉上頭。《酌中志》

女子及笄曰「上頭」。花蕊夫人《宫詞》：「初年十五最風流，新賜雲鬟始上頭。」《輟耕録》

上頭，今俗謂之「梳攏」。《緑窗紀事》《委巷叢談》：「娼女初薦寢於人，亦曰上頭。」

晉女子未字者，鬟後垂瓣。解瓣則破瓜矣。《百末詞》注

天上女子金翹翠寶，三鬟雙角。《雲笈七籤》

漢武帝令宫人梳十二鬟髻。《中華古今注》

黄庭堅詞：「曉鏡新粧十二鬟。」《山谷集》

端溪陳氏所藏《宫人圖》，皆作高髻，而丫鬟乃作兩大鬟，垂肩項間，雖醜而有真態。《續書畫題跋記》

東女國女王爲小鬟髻，飾之以金。《唐書》

《羽林郎》云：「兩鬟何窈窕，一世良所無。一鬟五百萬，兩髪千萬餘。」謂胡姬年十五時也。《藝圃萃盤録》

徐陵《閨中晚望》詩：「拭粉留花稱，除釵作小鬟。」

李紳《鶯鶯歌》：「金雀婭鬟年十七。」《追昔遊集》

李賀《美人梳頭歌》：「十八鬟多無氣力。」《昌谷集》

段成式詩：「四枝鬟上插通犀。」《海録碎事》

李商隱詩：「高鬟立共桃鬟齊。」

魏文帝宮人絶所愛者，有莫瓊樹。始製爲蟬鬢，望之縹緲如蟬翼，故曰「蟬鬢」。《中華古今注》

白居易詞：「蟬鬢鬅鬙雲滿衣。」《花庵絶妙詞選》

永嘉中，以髮爲步搖之狀，名曰鬟。《事始》

元雍姬艷姿，以金箔點鬢，謂之「飛黄鬢」。《女紅餘志》

盛飾其鬢，曰「盛鬋」。《書敘指南》

蘇州婦人梳頭，有蘭葉鬢、丁香鬢之號。《迦陵詞注》

神女石，常有緋衣女子徘徊石下。正德中，暴雷擊石，墮其鬟，幾二尺餘。《西樵志》

李賀《詠司馬長卿》云：「彈琴看文君，春風吹鬢影。」《昌谷集》

燧人氏時，婦人始束髮爲髻，但以髮相纏而無物繫縛。《二儀實録》

周文王令宮人作鳳髻，其髻高。《粧臺記》

歐陽修詞：「鳳髻泥金帶。」《六一居士詞》

周文王又令宫人作雲髻，步步而摇，曰「步摇髻」。《粧臺記》

白居易《蘇家女子簡簡吟》：「玲瓏雲髻生菜樣。」《海録碎事》

《福娘詩》：「雲髻慵邀阿母梳。」《北里志》

周昭王宫人制平頭髻，又制小鬟雙裙髻。《髻鬟品》〔一〕

秦始皇宫中悉好神仙之術，乃梳神仙髻。《粧臺記》

始皇宫中有凌雲髻、參鸞髻、望仙九鬟髻。《炙轂子》

始皇詔后梳凌雲髻，三妃梳望仙九鬟髻，九嬪梳參鸞髻。《中華古今注》

漢高祖令宫人梳奉聖髻。《二儀實録》

王母降武帝宫，從者有飛仙髻、九環髻。《髻鬟品》

漢武帝時，王母降，諸仙髻皆異人間。帝令宫中效之，號「飛仙髻」。《炙轂子》

漢武帝令宫人梳墮馬髻。《中華古今注》

桓帝元嘉中，京師婦人作墮馬髻。墮馬髻者，側在一邊，自梁冀家所爲，京師皆效。天戒若曰：「冀婦女將收捕，吏卒頓曳，令髻傾邪。」《續漢書·五行志》

〔一〕　本條《説郛》本《髻鬟品》未見，然晉崔豹所著《古今注》載：「周文王又制平頭髻，昭帝又制小鬟雙裙髻。」

墮馬髻無復作者，或云倭墮髻即墮馬髻之遺狀也。崔豹《古今注》　朱謀㙔《駢雅》曰：「倭婧、婑婧、䰀𩭽、倭墮、阿墮，音義並同，謂髮美貌。」

《陌上桑》詠羅敷云：「頭上倭墮髻。」《樂府詩集》

長安婦人好爲盤桓髻，到於今其法不絕。《古今注》

漢宮中有迎春髻、垂雲髻，一時相尚。《粧臺記》

漢元帝令宮人梳百合髻、分髾髻、同心髻。《髻鬟品》

《龜茲曲》有「舞席同心髻」。《樂苑》

趙合德作欣愁髻。《髻鬟品》

合德新沐，膏九迴沉水香爲卷髮，號「新興髻」。《飛燕外傳》

馬廖疏云：「城中好高髻，四方高一尺。」《後漢書》

蜀州郡閣有紅梅數本，方盛開時，有兩婦人，高髻大袖，凭欄而觀。題詩於壁曰：「南枝向暖北枝寒，一種春風有兩般。憑仗高樓莫吹笛，大家留取倚欄看。」《摭遺》

驃國婦人當頂爲高髻。《南夷志》

張耒《贈營妓劉淑女》曰：「門前一尺春風髻。」《野客叢書》

漢靈帝令宮人梳瑤臺髻。《中華古今注》

梁冀未誅時，婦人作不聊生髻。《梁冀別傳》

魏武帝令宮人梳百花髻、芙蓉歸雲髻。《中華古今注》

魏宮人梳反綰髻，插雲頭篦。又梳百花髻。《粧臺記》

唐高祖宮中有反綰髻。《髻鬟品》

魏明帝宮人有函煙髻。《粧臺記》

魏宮人好作蛾眉驚鶴髻。《古今注》段成式《髻鬟品》作「驚鵠髻」。

甄后既入魏宮，宮庭有一緑蛇，口有赤珠，不傷人。每日，后梳粧，則盤結一髻，形於后前。后異之，因效而爲髻，巧奪天工。故后髻每日不同，號「靈蛇髻」。宮人擬之，十不得其一二。《採蘭雜志》

晉惠帝令宮人梳芙蓉髻，插通草、五色花。《靚粧録》

《讀曲歌》：「花釵芙蓉髻。」《樂府雜録》

賈后作頡子髻，太子見頡之象。王隱《晉書》

元康中，婦人結髻者，以繒束其鬢，名「頡子紒」。始自中宮，天下翕然化之。末年遂有愍懷之事。干寶《晉紀》

太元中，公主、婦女必緩鬢欣髻。《髻鬟品》

梁天監中，武帝詔宮人梳迴心髻、歸真髻。又詔宮人梳鬱葱髻。《中華古今注》

梁宮人有羅光髻。《髻鬟品》

北齊後宫之服制，女官八品偏髾髻。注：「髾，髮覆目也。」蓋夷中少女之飾。其四垂短髮，僅覆眉目，而頂心長髮繞爲臥髻。宋詞所謂「鬢亸偏荷葉」也。今世猶有之。《升庵外集》韓玉詞：「髻綰偏荷葉。」

陳宫中梳隨雲髻。《粧臺記》

隋有九真髻、凌虚髻、祥雲髻。《炙轂子》

隋文帝宫人梳九真髻。《髻鬟品》

煬帝宫人有迎唐八鬟髻，又梳翻荷髻、坐愁髻。《靚粧録》

煬帝令宫人梳迎唐八鬟髻，插翡翠釵子，作日粧；又令梳翻荷髻，作啼粧；坐愁髻，作紅粧。《粧臺記》

大業中，令宫人梳朝雲近香髻、歸秦髻、奉仙髻。《古今注》

唐武德中，宫中梳半翻髻，又梳樂遊髻。《粧臺記》

明皇令宫人梳雙鬟望仙髻、迴鶻髻。《靚粧録》《髻鬟品》作「雙鬟」。

楊貴妃作愁來髻。《髻鬟品》

太真作飛髻。《中華古今注》

玄宗晝寢，夢一女子，容艷異常。梳交心髻，大袖寬衣。帝曰：「汝何人？」曰：「妾凌波池中龍女也。陛下洞曉鈞天之樂，願賜一曲，以光族類。」帝爲鼓胡琴，倚歌爲凌波池之曲，龍女拜謝而去。及寤，盡記之，因宴於凌波宮，臨池奏新聲。忽池波湧起，有神女出於波心，乃夢中所見交心髻女也。望拜御坐，良久方沒。《唐逸史》

吳郡士人見鈿車中女子梳滿髻，蓋劍仙也。《劍俠傳》

宮妓梳九仙髻，衣孔翠羽衣、七寶纓珞，爲「霓裳羽衣」之舞。舞罷，珠翠可掃。《津陽門詩注》

唐有平蕃髻、歸順髻、長樂髻、百合髻，又作偏髻子。《說儲》

貞元中，婦人梳歸順髻，帖五色花子。《粧臺記》

貞元中，有鬧掃粧髻。《髻鬟品》

唐末宮中，髻號鬧掃粧，形如焱風散鬌。《三夢記》

鬧掃，髻名，亦猶盤鴉、墮馬之類也。唐詩：「還梳鬧掃學宮妝。」《升庵外集》

唐僖宗內人束髮甚急，爲囚髻。《說儲》

長安城中有拋家髻。《粧臺記》

唐末婦人梳髮，以兩鬢抱面，爲拋家髻。《續博物志》

歐陽詹遊太原，於樂籍中有所歡。及歸，與之盟曰：「至都，當相迎。」灑泣贈詩而別。詹尋除國子助教。所歡思念經年，得疾且甚，乃危粧引髻，刃而匣之。顧謂女弟曰：「吾其死矣，苟歐陽生至，可以是爲信。」又遺之詩曰：「自從別後減容光，半是思郎半恨郎。欲識舊時雲髻

樣，爲奴開取縷金箱。」絶筆而逝。及詹使至，女弟如言白之。詹啓函，慟哭，涉旬亦歿。《全唐詩話》

王憲令姬人作解散髻、斜插髻。《三餘帖》

輕雲鬟髮甚長，每梳頭，立於榻上，猶拂地。已綰髻，左右餘髮各粗一指，結束作同心帶，垂於兩肩，以珠翠飾之，謂之「流蘇髻」。於是富家女子多以青絲效其制，亦自可觀。《謝氏詩源》

王士禎詩：「桃蘇髻子新梳掠。」《漁洋詩集》《蠶尾集》：「新粧不愛桃蘇髻。」

蜀孟昶末年，婦女治髮爲高髻，號「朝天髻」。《五國故事》

理宗朝，宮妃梳高髻於頂，曰「不走落」。《粧臺記》

杜牧見里姥引鬡髻女，年十餘歲，真國色。《麗情集》

賈直言流嶺徼，妻一志事姑，鬡髻不膏沐，二三年後如枯蓬之燥。迨十五載，直言遇放歸，妻始一沐。其髻自斷絶，墮於泔盆，竟成禿婦。《定命録》

松外諸蠻女子頭髻，一盤而成，形如鬡。《南史》

公鼐《都城元宵曲》：「白袷裁衫玉滿頭，短檐鬡髻學蘇州。」《小東園詩集》

蠻女髮密而黑，好綰大髻，多前向，亦有横如卷軸者，有疊作三盤者。《廣西通志》

嘉靖中，禾妓杜韋作實心髻，低小尖巧，至晚常如曉粧時。吴中婦女皆效之，號「韋娘

髻」，後更謂爲「茴香髻」。《項皋謨筆記》

四方風俗皆本於京師，自古然矣，故有廣眉高髻之謠。三十年前，吾鄉婦女皆尖髻。余始至京師，見皆髻卑而平頂，甚訝其制之異也。還鄉又皆然矣。《碧里雜存》

天竺國婦人皆爲螺髻於頂，餘髮剪之使拳。《西域記》

巴陵鴉不畏人。除夕，婦女各取一鴉飼之。元旦梳頭，先以櫛理其毛羽，祝曰：「願我婦女，鬒髮髟髟。惟百斯年，似其羽毛。」故楚人謂女髻爲「鴉髻」。《潛居録》

九華安真妃雲髮鬒鬢，整頓絶倫。作髻乃在頂中，餘髮垂至腰。《墉城集仙録》

麻姑是好女子，年可十八九許。於頂心作髻，餘髮垂兩肩至腰。《續虞初志》

猺獞婦人高髻，置於頂之前畔，上覆大笠。即《史記》所謂「尉魋結」者也。《粵述》

赤土國婦人作髻於頂後。《隋書》《宋史》：「占城國婦人腦後撮髻。」又《瀛涯勝覽》：「滿刺加女子撮髻於腦後。」《雲南通志》：「順寧府婦人綰髻於腦後。」

上元夫人頭作三角髻，餘髮散垂至腰。《漢武帝內傳》

女真未笄者皆作三環角結，或飛雲編結。《真誥》

曼殊才攏頭，作十種名。最上以髮弗綰作連環百結蟠頂前，名「百環髻」。《西河合集》

望蠻婦女，有夫者兩髻，無夫者頂後爲一髻。《蠻書》

施蠻婦人，從頂横分其髮，前後各爲一髻。《南夷志》

狗耳龍家婦人作髻，狀如狗耳。《峒谿纖志》
枚乘賦：「採桑之婦，摩陁長髻。」《賦彙》
李賀詩：「金翹峨髻愁暮雲。」《昌谷集》
元稹《夢遊春》詩：「叢梳百葉髻。」《會真記》
李群玉《贈美人》詩：「髻挽巫山一段雲。」《文山集》
牛嶠詞：「釵重髻盤珊，一枝紅牡丹。」《花間集》
薛田詩：「九包綰就佳人髻。」《升庵外集》
蘇軾詞：「紺綰雙蟠髻，雲欹偃小巾。」《東坡居士詞》
柳永詞：「與合垂楊煙髻。」《樂章集》
周邦彦《贈舞鬟》詞：「寶髻玲瓏欹玉燕。」《浩然齋雅談》
吕渭老詞：「起來重綰雙羅髻。」《聖求詞》
龍輔詩：「請看隔宿髻，常是不勞粧。」《女紅餘志》
湯傳楹《艷情詩》：「戲把小鬟梳鬏髻。」《湘中草》
沈爾燝《閨夜詞》：「盤頭髻子恰平纏。」《月團詞》
髮髻，《少牢》謂之「纚笄」，《周禮》謂之「副」、「編」、「次」，《釋文》引《少牢》：「禮，古者或剔刑人之髮，以被婦人之紒。」按注文本作「被裼」，孔穎達讀「被裼」爲

「髮髢」。《升庵經説》

鬄髲，以被髻爲髲髮。《周禮》：王后夫人之服，有以髮髢爲首飾者。《左傳》：衛莊公見己氏之妻髮美，使髡之，以爲吕姜髲。《詩》云：「鬒髮如雲，不屑髢也。」《本草綱目》

揚雄《反離騷》：「資娵娃之珍髢。」注：「娵娃，古美女也。」《漢雋》

陶侃母湛氏，頭髮委地。值范逵投宿，家貧無措。湛氏乃截下髮爲二髲，賣以設食。《陶侃别傳》

費縣民家常患失物，後見籬穿一穴，可容人臂，滑澤有踪跡。乃作繩彄掩之，得一髲，長三尺許。《異苑》

田妃善粧攏，每以新飾變宫中儀法。燕見，却首服，别作副髲藏髮間。《彤史拾遺記》

髢，俗名髲子。《看雲草堂集》《閑情偶寄》作「髭子」。

劉緩詩：「釵長逐鬟髲。」《古詩鏡》

李賀詩：「登樓潠馬鬉。」馬鬉，或潠爲婦人髲。《李長吉歌詩彙解》

苗婦斂馬鬉爲髲，大如斗。《滇行紀程》《咸春堂遺稿》：「黔女挽髻，雜以馬鬃。」

狒狒髮可爲髲。《酉陽雜俎》

皇太子納妃，有大紅纏鬢繩十匣。《東宫舊事》

楊子器《元宫詞》：「練槌髽髻紫頭繩。」《藝觳》

王彦泓詩：「一縷朱繩約髻心，退紅嫌淺絳嫌深。」《疑雨集》

馬從政娶一艷妾，每櫛髮，見公必避。叩之，乃曰：「父死於任，骸骨難歸，故鬻妾耳。妾未經卒哭，約髮以素，是以相避。」公惻然還之，不索原錢。《何之子》

琉球國婦人，皆紵繩纏髮，從頂後盤繞至額。《寰宇記》

百濟國女，辮髮垂後。已嫁，則盤其辮於頭上。《北史》

狗西番婦女，頭髮俱作細辮，額間分開，左右垂下，如瓔珞然。富者以貝爲墜子。《述異記》

木魯烏素番婦辮髮，以硨磲珠石並大小銅環紐結，戴髮間，垂至足踝。行則鏘鏘有聲。《衛藏圖識》

天方婦女，編髮蓋頭，不露其面。《明史》

梳具

婦女夢梳篦，爲解憂也。《夢書》

舜以瑇瑁、象牙爲梳。《髻鬟品》

太子納妃，有瑇瑁梳三枚、象牙梳三枚。《東宫舊事》

后梓宫有瑇瑁梳六枚、象牙梳六枚。《修復山陵故事》

高文惠《與婦書》曰：「今致瑇瑁梳一枚。」《事文玉屑》

李固遊蜀，遇一老姥，言：「郎君明年及第。」明年，果及第。後李公登庸，其姥來謁。李贈以金皂襦幗，並不受，惟取李妻牙梳一枚，題字記之。忽不見。《酉陽雜俎》

崔瑜卿嘗爲倡女玉潤子造緑象牙五色梳，費錢近二十萬。《清異録》

張祜《贈李端端》云：「愛把象牙梳掠髪。」《雲溪友議》

薛氏《蘇臺竹枝詞》：「八字牙梳白似銀。」《本事詩》

金宣宗皇后王氏，明惠皇后妹也。其母嘗夢二梳化爲月，而生二后。《續文獻通考》

宋宫人有交加百齒梳。《樵人直説》

代王之母，邳人也。先是，太祖戰敗，奔投王母家，王母留之宿。及旦，辭去，王母曰：「吾後有娠，何如？」帝乃貽梳爲質，王母以匣中裝贈行。及太祖即位，子且長矣。王母攜子及梳上謁，遂封代王，使終養其母。《翦勝野聞》

寡婦木梳，治噎塞不通。《生生編》

歐陽修詞：「龍紋玉掌梳。」《六一居士詞》

李元膺《憶粧》云：「宫樣梳兒金縷犀。」《墨莊漫録》

倭國婦人織竹聚爲梳。《北史》

吕望作梳匣。《物原》

小青死後，家人於梳匣内得殘箋數字，云：「數盡懨懨深夜雨，無多，也只得一半工夫。」

《小青傳》

聶政入韓，逢其妻，從買櫛。《琴操》

蔡邕《女誡》曰：「用櫛則思其心之理。」《太平御覽》

吳主亮夫人洛珍有櫛名「玉雲」。《女紅餘志》

晉舊儀，典櫛三人，掌巾櫛膏沐。《北史·后妃傳》

於潛婦女皆插大銀櫛，長尺許，謂之「蓬沓」。《東坡集》

郎當淨，櫛器也。《女紅餘志》

漢宫中有雲頭篦，以瑇瑁爲之。《粧臺記》

麗居，孫亮愛姬也。鬟髮香淨，一生不用洛成，疑其有辟塵犀釵子也。洛成，即今篦梳，似「落塵」字誤。《奚囊橘柚》

宫中有娠，賜銀絹，内有篦及鈴錠等物。《武林舊事》

篦誠瑣縷物也，然婦人整鬢、作眉，捨此無以代之。余名之曰「鬢師眉匠」。《清異録》

王仁裕家遠祖母約二百餘歲，每月餘忽不見，數日復至，亦不知其往來之跡。床頭有柳箱，可尺餘，封鎖甚密。嘗戒諸孫輩曰：「如我出，慎勿開此箱，開即我不歸也。」諸孫中無賴開之，其中惟有一小鐵篦子。自此祖母竟不歸矣。《談淵》

隋煬帝朱貴兒，插崑山潤毛之玉撥，不用蘭膏而鬢鬟鮮潤。《南部煙花記》

梁簡文詩：「同安鬟裏撥，異作額間黃。」撥者，捩開也。婦女理鬢用撥，以木爲之，形如棗核，兩頭尖尖，可二寸長，以漆光澤，用以鬆鬢，名曰「鬢棗」。競作万妥鬢，如古之蟬翼鬢也。《粧臺記》

婦女梳具有導，所以櫟鬢髮，使入巾櫛之裏也。《天禄識餘》

伊尹作油刷。《物原》

皇太子納妃，有漆畫猪氂刷大小三枚。《東宫舊事》

豪犀，刷鬢器也。唐詩：「側釵移袖拂豪犀。」《女紅餘志》

婦人澤髮鬢刷曰「筤」。《禮》云「拂髦」，《詩》云「象揥」。《正字通》

奩史卷七十二

東吳王初桐于陽纂述
蓬萊黄　巖翼堂校刊

梳粧門二

沐

靈帝宮人以茵墀香煮湯沐髮。《拾遺記》

梁時有一婦，以雞卵白和沐，使髮光黑。每沐，輒破二三十枚。臨終，但聞髮中有數雞雛之聲。《夜燈管測》

任詡從軍歸，妻先與人通情，謀共殺之，以濕髮爲識。婦宵則勸詡令沐，詡不聽。婦慚怍，乃自沐焉，散髮同寢。通者夜來，不知婦人也，斬首而去。《異苑》

子瞻守錢塘，湖中宴會，群妓畢至，惟秀蘭晚來，云：「以髮結沐浴，不覺困睡」。《古今詞話》

脂麻葉，湯浸涎出，婦人用梳頭沐髮，去虱。《家塾事親》

沐髮令香：雞酥，煮汁或燒灰，淋汁沐之。《普濟方》

蔡伸詠髮云：「蘭膏微潤知新沐。」《友古詞》

楊維禎有《金盆沐髮詞》。《復古香奩集》

林雲鳳有《陰澄湖舟中觀衆女郎沐髮歌》。《本事詩》

吳文照，吳江吳溢女也。詠沐詞云：「解鬟輕貼地，蘭沐香縈臂。莫便棄殘膏，還將潤玉搔。」《小瀟湘集》

子日沐髮令人愛。《論衡》

六月六日，婦女以是日沐髮，則不膩不垢。《野獲編》

婦人髮有時爲膏澤所黏，必沐乃解者，謂之「膭」。《表異録》

有陳生之妻，頭膭不可梳，問道嫗王妙堅禳解之法。妙堅命市真麻油半斤，燒竹瀝投之。俾之沐髮，應梳而解。是時楊后方誅韓，而心有所疑，髮膭不解，意有物祟，遍求禳治。會陳妻以油進，用之良驗。后頗神之，遂召妙堅入宮，賜予甚厚。《西湖遊覽志》

江南婦女采蘭葉置髮中，令頭不膭。《經驗方》

婦女頭髮垢膭，雞子白塗之，少頃洗去。《瀕湖集效方》

弘正間一婦人詩云：「洗面盆爲鏡，梳頭水作油。」《河上楮談》

藤帽山有神曰石盆洗臉仙姑。《廣西通志》

王建《宮詞》：「歸到院中重洗面，金盆水裏潑銀泥。」
明妃姊歸人，臨水而居。恒於溪中盥手，溪水盡香。今名「香溪」。《粧樓記》
阮部畫《賢妃盥手圖》，佳絶。《畫鑒》

沐具

明星玉女居華山。今玉女祠前有玉女洗頭盆。《集仙録》
王敦尚主，主家厠，婢擎金澡盆盛水，琉璃碗盛澡豆。《世説新語》
唐宫中有玳瑁盆，嬪御貯水令滿，持金銀杓酌水相沃以爲戲，終不竭焉。《杜陽雜編》
宫中有娠，賜鍍金盆一面、大銀盆一面、雜用盆十五個。《武林舊事》
皇后謁家廟後，散付親屬物件有金盆。《武林舊事》
陳增妻病，召巫。巫於水盆中沉白紙，使增妻視之，見紙上一婦人被二鬼驅拽。增妻皇懼。《睽車志》
皇后儀仗有金水盆。《明史》
崇禎帝每晨盥漱，四宫女捧紫金盆四，鑲以八寶。一以初盥手，一漱口，一浴面，一再洗手。《看花行者談往》
虞櫻桃有暖金盆，注湯於中，經宿不冷。《瑣窗纖志》

皇太子納妃，有金澡罐二枚。《東宫舊事》

皇后儀仗，有金水罐、金水盞。《明史》

皇后謁家廟後，散付親屬物件有金水盞。《武林舊事》

張仲宗詞：「雙魚洗，冰澌初結。」雙魚洗，盥手器。《丹鉛總録》

陸暢娶董溪女，每旦婢進澡豆。《全唐詩話》

周漢國公主房奩，有玉齒刷十、金齒刷十。《南渡宫禁典儀》

王莽斥逐王閎，閎伏泣，元后親以手巾拭之。於是始見「手巾」之目。《事物紀原》

秦嘉婦與嘉書曰：「今奉越布手巾二枚。」《北堂書鈔》

萼緑華降羊權家，贈權詩，並致火浣布手巾。《真誥》

劉廣見一女子，云是何參軍女，年十四而夭，爲西王母所養，使與下土人交。廣與之纏綿，女以手巾裹雞舌香贈廣。廣母取巾燒之，乃是火浣布。《搜神後記》

羊侃姬孫荆玉，拂履皆用輕絲合璧錦巾。《女紅餘志》

吳詳夜行至溪，見一女溪邊洗脚，呼詳至家共宿。明旦别去，女贈詳以紫布手巾，詳答以白布手巾。至曉回視，但一塚耳。《志怪》

張衙將先娶孔氏，生五子，卒。復娶李氏，虐遇五子。五子不堪其苦，往哭母墓。母忽自塚中出，撫其子，悲慟久之。因以白布手巾題詩贈夫，有云：「匣裏殘粧粉，留將與後人。黄泉無

用處，恨作塚中塵。」又云：「有意懷男女，無情亦任君。欲知腸斷處，明月照孤墳。」《本事詩》

同昌公主有紋布巾，即手巾也。潔白如雪，光軟特異，拂水不濡。用之彌年，未嘗生垢膩。《杜陽雜編》

王建《宮詞》曰：「叢叢洗手繞金盆，旋拭紅巾入殿門。」知唐禁中用紅手巾。《野客叢語》

婦人拭面用左撚巾，倍有光彩。《白慶集》

周后殂，後主書靈筵手巾云：「浮生苦憔悴，壯歲失嬋娟。污手遺香漬，痕眉染黛煙。」馬令《南唐書》

周邦彥《贈舞鬟詞》：「繡巾柔膩掩香羅。」《浩然齋雅談》

吳文英詞：「一握柔蔥，香染榴巾汗。」《夢窗丙稿》

馮班《美人手巾》云：「龍腦熏多入縷香。」《鈍吟集》

柴貞儀，字如光，杭州人。詠《羅巾》云：「拭去盈盈淚，攜來冉冉香。殷勤纏素手，縷縷似愁腸。」《婦人集》

后始加大號，婕妤賀物有香文羅手籍三幅。《飛燕外傳》

張譏幼喪母，有錯綵輕帕，是母之遺製。每歲時，輒對帕哽噎。《梁書》

賈知微遇居洞庭，見蓮舟，有三女郎鼓瑟而下。生目送之，舟人通賈云：「是曾城夫人京兆君宅。」生趍堂，見設酒饌，有三女郎，一稱曾城夫人，一稱祇君，一稱湘夫人。酒行，各請吟詩。詩畢，二人別去，京兆君留生，生止宿。明日，以秋羅帕裹定年丹五十粒貺生。生既受命，吟詩謝曰：「丹是曾城定年藥，貺我織女秋雲羅。殷勤爲贈東行客，聊表相思恩愛多。」乃拜別去。離岸百步，回視夫人宅，已失矣。《麗情集》

曾城夫人杜若蘭，以秋雲羅帕裹丹與賈知微，曰：「此羅是織女採玉繭織成。」後大雷雨，失帕所在。《誠齋雜記》

王建《宮詞》：「緶得紅羅手帕子，當心香畫一雙蟬。」知唐禁中用紅羅帕子。《野客叢書》

孝宗內宴，酒酣，內人以帕子從曾覿乞詞。《齊東野語》

李易安結褵未久，明誠即負笈遠遊，易安殊不忍別，覓錦帕書《一剪梅》詞以送之。《瑯嬛記》

大臣家賜與帝后衣，謂之御退衣服。予妻舍有御退羅帕，四角皆金龍小印。《癸辛雜識》

張芸窗有繡養娘者，命蒼頭遞一羅帕與館人劉啓之童。偶遺之於地，芸窗見而遣劉。《山房隨筆》

皇太后令曹勛奏上，詔誥丁寧，且泣且囑曰：「無忘吾北行之苦。」又以拭淚白紗手帕子付之，曰：「見上，深致我思念淚下之痛。」《北狩見聞録》

胡天俊月夜彈琴梅下，忽一美女至，自謂知音，與俊敘而別，約後夜月明時赴約。適天俊飲城中，遂失期。及歸，於梅下得一白羅帕，題詩云：「蕭蕭風起月痕斜，露重雲鬟壓玉珈。望斷行雲凝立久，手彈珠淚湔梅花。」天俊悵然。明日，以帕示人，趙冰壺駭曰：「吾妾喬氏望仙，去年暴亡，殯梅樹下，此正其筆蹟也。」《異聞總録》

成宗卜魯罕皇后，見萬壽寺中秘密佛像，其形醜怪，后以手帕蒙其面。《元史》

潘用中凭欄吹笛，隔牆樓上，一女子影簾窺聽。久之，潘取核擲去，女用帕裹桃擲來。帕上有《感懷》詩云：「闌干閑倚日偏長，短笛無情苦斷腸。安得身輕如燕子，隨風容易到君旁。」後潘病垂死，以實告父。父爲議婚，竟諧伉儷焉。《詩話類編》

楊玉山性愛小妓，其丹帕積至數十，以爲帳，號「百喜帳」。《稗史彙編》

沈荃遊吳中，一日至元墓幽僻處，見老嫗倚門，中有麗人。沈入求飲，遂留宿。自此每夕往焉。後沈歸金陵，忽有人投書於沈。拆視之，綾帕一方，繡詩其上。沈得詩，悲不自勝。往蘇訪故處，但見荒墳二塚，乃吳中十七歲才女死葬於此，旁一塚乳娘也。《談纂》

《野有死麕》之詩曰：「無感我帨兮。」按《内則》注：「帨，婦人拭物之巾。居則設於門右，佩則分之於左。常以自潔之用也。古者女子嫁則母結帨而戒之。」《池北偶談》

張貞女之姑汪嫗，嘗令貞女織帨，以遺所私奴。貞女曰：「奴耳，吾豈爲奴織帨耶？」《歸太僕集》

王月，字微波。母胞生三女，並有殊色，月尤慧妍。孫武公暱之，嘗大集諸姬於水閣，駢演梨園，環列舟航。品藻花案，設立層臺，以坐狀元。二十餘中，考微波第一。登臺奏樂，進金屈卮。南曲諸姬皆色沮，漸逸去。余詩所云：「月中仙子花中王，第一嫦娥第一香」者是也。微波繡之於帨中，不去手。《板橋雜記》

南陽公主夜見流光入巾箱，化爲雙珠，圓明可愛。《宋書》

莊獻太后崩，於巾箱中得復辟詔書。《彈園雜志》

奩史卷七十三

東吳王初桐于陽纂述
岳陽張國泰石橋校刊

梳粧門三

粧

秦始皇宮人悉紅粧翠眉，此粧之始也。《事物紀原》

合德施小朱，號「慵來粧」。《飛燕外傳》

夜來初入魏宮，一夕，文帝在燈下詠，以水晶七尺屏風障之。夜來至，不覺，面觸屏上，傷處如曉霞將散。自是宮人俱用臙脂倣畫，名「曉霞粧」。《嫏嬛記》

晉惠帝令宮人作暈紅粧。陳宮中有，即暈粧。〔一〕《粧臺記》

隋文宮中紅粧，謂之「桃花面」。《事物紺珠》

〔一〕此條有誤。《粧臺記》原文作「晉惠帝令宮人梳芙蓉髻，插通草五色花。陳宮中梳隨雲髻，即暈粧」。

宋武帝女壽陽公主，人日，臥於含章殿檐下，梅花落額上，成五出花，拂之不去。經三日，洗之乃落。自後宮女競效之，稱「梅花粧」。《雜五行志》

土人女子銀梅花貼額。《貴州志》

牛嶠詞：「鳳釵低裊翠鬟上，落梅粧。」《花間集》

齊宮人聞景陽樓鍾聲，並起粧飾。《宮苑記》

嘉泰中，女粧尚假玉。《群碎録》

令嫻答徐悱詩有云：「落日照靚粧，開簾對春樹。」一日薄暮，令嫻忽作新粧，夫戲曰：「照靚粧不若更新粧佳也。」令嫻大笑，爲之罷粧。《女紅餘志》

斜紅繞臉，蓋古粧也。《粧樓記》

梁簡文詩：「分粧開淺靨，繞臉傅斜紅。」《靚粧録》

梁天監中，詔宮中作白粧、青黛眉。《中華古今注》

元帝眇一目，徐妃每知帝將至，爲半面粧以待。《梁書》

語云：「白頭花鈿滿面，不如徐妃半粧。」《釵小志》

余家有《墨粧圖》，不知所出。後見周天元帝禁天下婦女不得施粉黛，自非宮人，皆黃眉墨粧。《雲煙過眼録》

婦女匀面，古惟施朱傅粉而已，至六朝乃兼尚黃。《幽怪録》：「神女智瓊額黃。」梁簡文帝詩：「同安鬟裏撥，異作額間黃。」唐溫庭筠詩：「額黃無限夕陽山」。又「黃印額山輕爲塵。」此額粧也。北周靜帝令宮人黃眉墨粧。溫詩：「柳風吹動眉間黃。」張泌詩：「依約殘眉理舊黃。」此眉粧也。《酉陽雜俎》所載，有「黃星靨」。遼時燕俗，婦人有顏色者，目爲細娘，面塗黃，謂之「佛粧」。溫詞：「臉上金霞細。」又「粉心黃蕊花靨。」宋彭汝礪詩：「有女夭夭稱細娘，真珠絡髻面塗黃。」此則面粧也。《西神脞説》

古人閨閣之飾可考者，有鵶黃。虞世南詠袁寶兒云：「學畫鵶黃半未成。」盧照隣詩：「纖纖初月上鵶黃。」又「鵶黃粉面車中出。」梁簡文帝《美女篇》：「約黃能效月，裁金巧作星。」駱賓王詩：「寫月圖黃罷，凌波拾翠通。」王翰詩：「中有一人金作面。」裴慶餘詩：「滿額鵝黃金縷衣，玉搔頭裊鳳雙飛。」崔液詩：「鴛鴦裁錦袖，翡翠帖花黃。」王荆公詩：「枝粉粧成半額黃。」劉瑗賦：「訝宿粧之猶調，笑殘黃之不正。」庾子山賦：「靨上星稀黃，中月落詳味。」前人題詠文義，黃施於額，與眉全別。惟溫飛卿詩：「豹尾車中趙飛燕，柳風吹散蛾間黃。」張泌詩：「依約殘眉理舊黃。」黃子常詞：「黛眉淡黃生喜。」彷佛似眉粧也。《談薈》

後周靜帝令宮人黃眉墨粧，至唐猶然。唐人詩詞如「寫月圖黃罷」等語可證。然黃魯直云：「漢宮嬌額半塗黃」，則額黃又自漢始矣。《丹鉛録》

《丹鉛録》稱「後周靜帝令宮人黃眉墨粧」，所引唐人詩詞，乃是「額間小黃靨」耳，非黃眉也。若周天元帝「禁天下婦人不得施粉黛，自非宮人，皆黄眉墨粧」。蓋眉不用黛而止用黄，不欲其飾之美上等宮掖耳。亦非靜帝。《宛委餘編》

溫庭筠詞：「小山重疊金明滅。」又「蕊黄無限當山額。」又「撲蕊添黄子，呵花滿翠鬟。」又「粉心黄蕊花靨，黛眉山兩點。」又「臉上金霞細眉間，翠鈿深。」牛嶠詞：「額黄侵膩髮，臂釧透紅紗。」張泌詞：「蕊黄香畫貼金蟬。」宋陳去非《蠟梅》詩：「智瓊額黄且勿誇，眼明見此風前葩。」智瓊，晉代魚山神女也。額黄事不見所出，當時必有傳記。而黄粧實自智瓊始乎？今黄粧久廢，汴蜀妓女以金箔飛額上，亦其遺意。《詞品》

元微之《鶯鶯詩》：「取次梳頭闇淡粧。」《元氏長慶集》

周邦彦贈舞鬟詞：「淺淡梳粧疑是畫。」《浩然齋雅談》

元嘉中，京都婦女作啼粧。所謂啼粧者，薄拭目下若啼處。始自梁冀家所爲，京都歙然，諸夏放效。《風俗通》

太真偏梳朵子，作啼粧。《中華古今注》

明皇宮中，嬪妃輩施素粉於兩頰，相號爲「淚粧」。識者以爲不祥，後禄山之亂起。《開元天寶遺事》

理宗時，宮中以粉點眼角，名曰「淚粧」，一時皆效之。其掩泣北行之讖。《西湖遊覽志》

膏神曰雁孃，黛神曰天軼，粉神曰子占，脂神曰與贅，首飾神曰妙好，衣服神曰厭多。昔楊

太真粧束，每件呼之，人謂之「神粧」。《採蘭雜志》

王衍宴怡神亭，嬪妃、伎妾皆衣道服、戴蓮花冠、髽髻爲樂。夾臉連額，渥以朱粉，曰「醉粧」。國人皆效之。《幸蜀記》

金陵子能作醉來粧。《粧樓記》

美人粧，面既傅粉，復以臙脂調勻掌中，施之兩頰。濃者爲「酒暈粧」；淺者爲「桃花粧」；薄薄施朱，以粉罩之，爲「飛霞粧」。《留青日札》

《草堂詩餘》載張仲宗詞：「蝶粉、蠭黃都褪却。」注：「蝶粉、蠭黃，唐人宮粧。」僕觀李商隱詩，有曰：「何處拂胸資蝶粉，幾時塗額藉蠭黃。」知《詩餘》所注爲不妄。《野客叢書》

儀部郎尤良，縱侍兒悉效宮粧，有「蝶粉蜂黃，花羞玉讓」之號。《巳瘧編》

帝至晉州，作地道攻之。城將陷，召淑妃共觀之。淑妃粧點，不獲時至。周人以木桓塞城，遂不下。《北史》

郭子儀王夫人、趙氏、愛女，方梳粧對鏡，公麾將下吏皆汲水持帨。《譚賓録》

杜甫每朋友至，引見妻子。韋侍御見而退，使其婦送夜飛蟬，以助粧飾。《粧樓記》

房孺復妻崔氏性忌。有一婢新買，粧稍佳，崔怒曰：「汝好粧耶？我爲汝粧。」乃令刻其眉，以青填之，灼其兩眼角皮，以朱傅之。及痂脱，瘢如粧。《酉陽雜俎》

邢鳳夢一美人，爲古粧，高鬟長眉，衣方領繡帶，被廣袖之襦。《博異志》

崔樞夫人治家整肅，不許群妾作時世粧。《因話録》

司馬溫公家法，不許閨閒作時世粧。《言鯖》

婦人禁高髻險粧，去眉開額。《唐書》

後主昭惠后周氏，寵嬖專房，創爲高髻纖裳及首翹鬢朵之粧，人皆效之。陸游《南唐書》

汴京閨閣粧抹凡數變。崇寧間，作大鬢方額。政宣之際，又尚急把垂肩。宣和已後，多梳雲尖巧額，鬢撑金鳳，小家至爲剪紙襯髮。膏沐芳香，花鞾弓履，窮極金翠。一襪一領，費至千錢。今聞虜中閨飾復爾，如瘦金蓮方、瑩面丸、遍體香，皆自北傳南者。《楓窗小牘》

尤侗《詠滿粧美人》云：「黄貂套斜，白狐罩遮。」《百末詞餘》

《脂粉簿》，載古今粧飾殊制。《清異録》

高㢘有《趙飛燕姊妹凝粧圖》。《歷代題畫詩類》

張率詩：「雖資自然色，誰能棄薄粧。」《古詩鏡》

楊炯姪女容華，作《臨鏡曉粧》詩曰：「啼鳥驚眠罷，房櫳曙色開。鳳釵金作縷，鸞鏡玉爲臺。粧似臨池出，人疑向月來。自憐方未已，欲去復徘徊。」《林下詩談》

月華夢月輪墜於粧臺，覺忽大悟。自幼聰慧，組織餴饎，不習而能，獨未嘗誦書。自此搦管便有所得，其所爲古文詞，妙絶當時。《嫏嬛記》

婦女不得刀鑷工剃面。《鄭氏家範》

貴妃勻面，口脂在手，偶印於牡丹花上，來歲花開，瓣上有指印紅跡，帝名爲「一捻紅」。《全芳備祖》

元稹《贈劉采春》詩：「正面偷勻光滑笏。」《元氏長慶集》

李賀詩：「勻臉安斜雁。」《昌谷集》

楊維禎《月奩勻面》詩：「好風與我開羅幙，一朵芙蓉正面看。」《少室山房詩藪》

七月七日，取烏雞血，和三月三日桃花末，靧面及遍身，二三日，肌白如玉。此太平公主法。《韋氏月録》

秦始皇令宮人帖五色花子，畫爲雲龍虎飛昇。至東晉，有童謠云：「織女死，時人帖草油花子，爲織女作孝。」至後周，又詔宮人帖五色雲母花子，作碎粧，以侍晏。如供奉者，帖勝花子，作桃花粧。《中華古今注》

隋文帝宮人貼五色花子。花子之作，疑起於落梅粧。《事物紀原》

余訪花子事，如面光、眉翠、月黃、星靨，其來尚矣。然事有相類者，見《拾遺》引鄧夫人獺髓滅痕，要寵者以丹青點額，而後進幸。《北户録》

天后召對宰臣，上官昭容竊窺之，上覺，取小刀劄於面上，不許拔。昭容遽爲《乞拔刀子詩》。後爲花子，以掩痕也。《靚粧録》

今婦人畫飾用花子，起自上官昭容所制，以掩黥迹也。一説仿於壽陽公主。宋淳化間，京師

婦女競剪黑光紙團靨，又裝縷魚腮骨，號「魚媚子」，以飾面。皆花子之類耳。《粧臺記》

婦人面飾有花子，即今之面花。《玉臺清照》

契丹牛魚鰾，婦人以綴面花。《江鄰幾雜志》

皇后、皇妃、皇太子妃，皆有珠翠面花。《明史・輿服志》

婦人以丹注面，曰「丹的」。古者天子諸侯群妾以次進御，有月事者止不御，重以口説，故第以丹注面，的的爲識。令女史見之，則不書其名於簿録也。王粲《神女賦》「施玄的，結羽釵」，即謂此也。玄的，《藝文類聚》作「華的」。又繁欽《弭愁賦》：「點圜的之熒熒，映雙輔而相望。」字一作「馰」。《廣雅》：「婦人面飾曰龍馰。」蓋以龍女況之。《藝林伐山》

古之丹的，後人以爲兩腮之飾。傅玄《鏡賦》：「弭明璫之雙炤，點雙的以發姿。」張景陽《扇賦》：「皎質服鮮，玄的點絳。」《玉芝堂談薈》　《靚粧録》：「玄的，又曰星的。」

《説文》：「靨，頰輔也。」《洛神賦》：「明眸善睞，靨輔承權。」自吳宮有「獺髓補痕」之事，女粧遂有靨飾。《花間集》詞：「繡衫遮笑靨。」又「粉心黃蕊花靨。」又「淺笑含雙靨。」又「翠靨眉心小。」又「膩粉半黏金靨子。」又「一雙笑靨嚬香蕊。」又「濃蛾淡靨不勝情。」又「笑靨嫩，疑花折。」宋詞：「杏靨夭斜。」又「小唇秀靨。」則知此飾五代宋初爲盛。《容齋隨筆》

唐韋固妻少時爲盜刃所刺，以翠掩之，女粧遂有「靨飾」。其字二音，一音掞，一音葉。溫

飛卿詞：「繡衫遮笑靨，煙草雙飛蝶。」此音葉。又云：「粉心黄蕊花靨，黛眉山兩點。」此音掞。《詞品》

近代粧尚靨如射月，曰「黄星靨」。靨，鈿之名。蓋自吴孫和鄧夫人也。《酉陽雜俎》

遠世婦人之粧，喜作粉靨，如月形，如錢樣，又或以朱若燕脂點者，唐人亦尚之。《事物紀原》

古者女粧有靨飾。《花間集》：「寶幌有人紅兩靨。」又「小唇秀靨，團鳳眉心倩郎貼。」陳後主詩：「靨飾隨星去，髻影雜雲來。」張正見詩：「裁金作小靨，散麝起微黄。」李賀詩：「花合靨朱融。」又「曉奩精秀靨。」古美人粧面，以脂勾兩頰，有酒暈粧、桃花粧、飛霞粧，即徐陵《玉臺序》所謂「南都石黛最發雙蛾，北地燕支偏開雙靨」是也。元微之《會真記》：「鶯鶯初見張生，不加新飾，垂鬟接黛，雙臉斷紅而已。」《花間集》：「翠蛾雙臉正含情。」又「花如雙臉柳如腰。」又「嫩紅雙臉似花明。」又「淚凝雙臉渚蓮光。」正詠靨飾耳。《玉芝堂談薈》

蛾黄，嫠靨。《靚粧録》

鶴子草，蔓花也。南人云是媚藥，采之曝乾，以代面靨。形如飛鶴狀，翅羽嘴距，無不畢備。《北户録》

東坡詩：「檀暈粧成雪色明。」王十朋集諸家注，皆不解「檀暈」之義，今爲著之。宇文氏《粧臺記》：婦女畫眉有「倒暈粧」。古樂府有「暈眉攏髮」之説。元微之《與樂天書》：

「近昵婦人，暈澹眉目，綰約頭鬟。」《畫譜》七十二色有檀色、淺赭，所合婦女暈眉色似之。或云唐宋婦女閨粧面注檀痕，猶漢魏婦女之注玄的也。唐人詩詞多用之，試舉其略。徐凝《宮中曲》云：「檀粧惟約數條霞。」《花間集》云：「背人勻檀注。」又云：「鈿昏檀粉淚縱橫。」又「斜分八字淺檀蛾。」又「背留檀印齒痕香。」又「檀畫荔枝紅。」又「香檀細畫侵桃臉。」又「淺眉微斂注檀輕。」又「何處惱佳人，檀痕衣上新。」又「新蛾慢臉，不語檀心一點。」又「歌聲慢發開檀點笑，拈金靨。」又「錦檀偏翹髻，重翠雲欹。」又「翠鈿檀注助容光。」又「粉檀珠淚和伊。」《藝林伐山》

古人閨閣之飾可考者，有檀暈。按《畫譜》有正暈牡丹、倒暈牡丹。東坡詩：「斜看新粧眉倒暈。」又「倒暈連眉綉領浮。」李後主：「沉檀輕注些兒個。」羅虬《比紅兒》詩：「臉檀眉黛一時新。」唐末點唇，有檀心暈品，大約注頰膏唇之飾，亦以粧眉。薛昭蘊詞：「檀眉半斂愁低。」《談薈》

秦始皇宮中悉紅粧翠眉，此婦人畫眉之始也。《事物紀原》

趙王好大眉，民間闊半額。《風俗通》

馬廖疏云：「城中好廣眉，四方且半額。」《後漢書》

漢武帝令宮人掃八字眉。《二儀實録》

一畫連心細長，謂之「連頭眉」，又曰「仙蛾」。《漢武故事》

魏武帝令宫人掃青黛眉，齊梁間多效之。《宛委餘編》

文君姣好，眉色如望遠山。時人效之，畫「遠山眉」。《西京雜記》

張敞爲京兆尹，爲婦畫眉，長安傳「京兆眉憮」。《韻學事類》

梁冀婦改鴛翠眉爲愁眉。《粧樓記》

元嘉中，京都婦女作愁眉。所謂愁眉者，細而曲折，始自梁冀家所爲，京都歙然，諸夏皆放效。《後漢書》

魏宫人好畫長眉。《粧臺記》

煬帝愛殿脚女吴絳仙，擢爲龍舟首檝，號曰「崆峒夫人」。絳仙善畫長蛾眉，由是殿脚女爭效爲長眉。《隋遺録》

周宣帝令外婦人以墨畫眉。《天中記》

庾信賦：「眉平猶剃。」注：「剃眉者，謂滅去眉毛，以畫代之也。」《庾子山集注》

唐時婦女畫眉尚闊。老杜云：「狼籍畫眉闊。」或云：「言女幼不能畫眉，故狼籍而闊耳。」余記張司業《倡女詞》有「輕鬢叢梳闊掃眉」之句，蓋當時所尚如此。《霏雪録》

唐明皇令畫工畫《十眉圖》，一曰鴛鴦眉，又曰八字眉；二曰小山眉，又曰遠山眉；三曰五岳眉；四曰三峰眉；五曰垂珠眉；六曰月棱眉，又曰却月眉；七曰分梢眉；八曰涵煙眉；九曰拂雲眉，又曰横煙眉；十曰倒暈眉。《海録碎事》

五代宫中畫開元御愛眉、小山眉、五岳眉、垂珠眉、月棱眉、分梢眉、涵煙眉。國初，小山尚行。《清異録》

明皇御容院有宋藝畫美人侍明皇翠眉十種，世多傳寫，以爲贈玩。《成都古今集記》

川畫《十眉圖序》：「蛾眉、翠黛、臥蠶、捧心、偃月、復月、筯點、柳葉、遠山、八字，是爲十眉。」《東坡詩注》

瑩姐，平康妓也。玉淨花明，尤善梳掠。畫眉，日作一樣。唐斯立戲之曰：「西蜀有《十眉圖》，汝眉癖若是，可作《百眉圖》。更假以歲年，當率同志爲修《眉史》矣。」有細宅眷而不喜瑩者，謗之爲「膠煤變相」。自昭、哀來，不用青黛掃拂，皆以善墨火煨染指，號「薰墨變相」。《清異録》

范陽鳳池院尼童子，年未二十，穠艷明俊，頗通賓遊。創作新眉，輕纖不類時俗。人以其佛弟子，謂之「淺文殊眉」。《清異録》

李賀詩：「添眉桂葉濃。」《昌谷集》

朱慶餘詩：「粧罷低聲問夫婿，畫眉深淺入時無。」《全唐詩話》

溫庭筠詞：「連娟細掃眉。」《金荃集》

蘇軾詞：「學畫鴉兒猶未就，眉尖已作傷春皺。」《東坡集》

劉過眉詞：「最多情，生怕外人猜，拭香津微揾。」《龍洲詞》

周密詞：「粧眉媚粉，料無奈弄顰佯妒。」《蘋洲漁笛譜》
蔣捷詞：「待把宮眉横雲様，描上生綃畫幅。」《竹山詞》
尤侗《贈喬校書》詩：「眉裁柳葉生生翠。」《西堂小草》
孫夫人詞：「眉尖淡畫，春山不喜添。」《花庵絶妙詞選》
黄峻，字智生，黄維韞女，有《畫眉彎》詞。《初蓉集》
張翥有《眉間雁》詞。《蜕巖樂府》
僖、昭時，婦女競事粧脣。其點注之工，名字差繁。有臙脂暈品、石榴嬌、大紅春、嫩吴香、半邊嬌、萬金紅、聖檀心、露珠兒、内家圓、天宫巧、洛兒殷、淡紅心、猩猩暈、小朱龍、格雙、唐媚、花奴様子。《清異録》
梁元帝詩：「息吹治脣朱。」《詩紀》
江淹《美人春遊》詞：「明珠點絳脣。」《江文通集》
番女繞脣皆刺黑點。《諸羅志》

粧具

古器之名，有曰奩鑑者，鏡也。《輟耕録》
魯相臧氏之婦忽失鏡，經數日，從空中擲下，有人言曰：「還汝鏡。」《風俗通》

史良娣有身毒國寶鏡一枚，大如八銖錢，以合綵婉轉絲繩繫之，緘以織成斜文錦，盛以琥珀笥。相傳此鏡見妖魅，佩之者爲天神所福。《西京雜記》

秦嘉爲郡上掾，其妻徐淑寢疾還家，不獲面别。嘉遺之書，兼以明鏡、寶釵、芳香贈之，淑答書云：「昔詩人有飛蓬之感，班婕妤有誰榮之嘆。素琴之作，當須君歸；明鏡之鑑，當待君還。未奉光儀，則寶釵不列也；未侍帷帳，則芳香不發也。」《事文類聚》

秦嘉與婦徐淑書曰：「頃得此鏡，既明且好，世所希有。意甚愛之，故以相與。」淑答書曰：「君征未旋，鏡將何施？明鏡鑑形，當待君至。」《太平御覽》

石季龍內宮中，鏡有徑二三尺者，下有純金龍盤雕飾。《鄴中記》

罽賓王得鸞鳥，甚愛之。欲其鳴而不得。夫人懸鏡以照之，鸞鳥覩影而鳴，一奮而絶。范泰《鸞鳥詩序》

宋褘侍女數百，挂鏡皆用珊瑚枝。《女紅餘志》

梁武帝詠盧莫愁云：「珊瑚挂鏡爛生光。」《樂府詩集》

鬱林王何妃，名倩英。將拜時，鏡在床，無故墮地，後淫亂。《齊書》

倒鏡母初孕，夢懷明鏡。及産，光耀屋宇。《夢書大全》

潘佑容陋，其妻嚴氏有絶態。一日晨粧，佑潛窺於鏡臺。面落鏡中，妻怖，遽倒。佑怒其惡己，因棄之。《江南野録》

徐娘得一鏡，照面，只見一眼。《志奇》

太祖内人所用之鏡，鏡背有「乾德」二字，乃僞蜀年號也。《談苑》

徐氏二女，長嫁王氏，平時用一鏡，其妹嫁楊氏者，屢求之，不肯與。及病，謂家人曰：「我無活理，安能戀鏡？姨姨要此物，可持送之。」及死，妹來奔喪。姊家述亡者之言，付以鏡。妹悲哭捧咽，遂攜歸。取以照面，時日色已晚，忽施脂粉塗澤，開箱易新衣，氣貌怡悦。人問其故，曰：「姐姐見在鏡子裏，喚我去。」遂對之笑語，罔然如狂癡。粧梳才畢，就枕而亡。《夷堅志》

魯思鄆女生十七年，一日臨粧，鏡中忽見一婦人，披髪徒跣。女詰之，婦曰：「我建昌録事側室也。君爲正妻，投我於井，今當償命。」女驚怖，遂卒。《稽神録》

秦始皇有方鏡，照見心膽。女子有邪心者，即膽張心動，始皇輒殺之。後世鏡名有「守宫」，因此。《西京雜記》

后始加大號，婕妤上二十六物以賀，内有七出菱花鏡一奩。《飛燕外傳》

魏文帝以菱花鏡賜善歌者盧女。《玉唾壺》

中貴人、公主，純銀漆帶鏡一、純銀參帶鏡五、九寸鐵鏡四十枚。魏武帝上《雜物疏》

皇太子納妃，有著衣大鏡五尺八寸，銀花小鏡一尺二寸，並衣鈕百副，漆奩盛蓋銀花金薄鏡二枚，銀龍頭受福蓮花鈕鎖百副，翡翠銅鏡二枚。《東宫舊事》

北齊淑妃馮小憐，在軍中時，執粉鏡自照，顧影流睇，一如在宫。《瑯琊漫衍》

蜀王妻死，以石鏡二枚同葬。揚雄《蜀王本紀》

昔有人敘州西湖洞者，見二女櫛髮於洞邊，遺以石鏡，其人由此致富。《輿地紀勝》

益州縣令王志，考滿還鄉。有女未婚，在道身亡，殯於綿州某寺。寺中先有學生停一房内，夜見女來，粧飾華麗，具申禮意。生納之，相洽經月，女與銅鏡一面，並巾櫛等物。將上道，具展衷情，密共辭别。家人求覓此物不得，令遣巡求，於生房得之，指爲私盜。生具説其故，云：「非惟得娘子此物，兼留二衣爲别。」令遣開棺，果無此衣，兼見女身似人幸處。乃將生爲女夫，憐愛甚重。《法苑珠林》

獠俗，婚姻用婢，無婢則以銅鏡當婢。《南蠻傳》

《羽林郎》云：「貽我青銅鏡，結我紅羅襦。」《樂府詩集》

則天皇后遣使送珊瑚鏡一面於通玄寺。《吴地記》

長安城中，每月蝕，婦女皆擊鏡以救。《開元天寶遺事》

開運私寵馮夫人，賜夫人以玉平脱雙蒲萄鏡。《遵生八牋》

女道士魯妙典仙去，遺古鏡一，廣三尺。《三洞珠囊》

李月華大鏡名正衣，小鏡名約黄，中鏡名圓冰。《女紅餘志》

昔有夫婦分别，破鏡，各執半以爲信。其妻與人通，鏡化鵲飛去。後人鑄鏡，爲鵲安背上，

自此。《神異經》

王蘭士投宿古祠，忽見翁媪二人入祠，直據上坐，復有二翁媪扶服入跪。其前坐者，怒數其罪，顧從者鞭之。跪者乞憐，且曰：「業生此不孝子，不敢辭罪，祈見釋，當碎其鴛鴦鏡，事猶可及也。」坐者沉吟，釋之。王忽發嗽聲，遂無所覩。晨起將行，忽有年少持一鏡入，拜祠下。某怪而問之，曰：「此鴛鴦鏡，漢物也。」視之，背作鴛鴦二頭，益異之。謂少年曰：「肯見售乎？」少年不可。展轉間，鏡忽墜地而碎。少年方驚惋，某告之曰：「汝必有失德，壞人閨門事，不實相告，且有陰譴。」少年懼，吐實，乃與里中謝氏女約私奔，期會祠中，鏡即女所遺也。因語以夜來所見，少年大悔恨，再拜而去。王視其額，乃謝氏宗祠也。《池北偶談》

舞鏡有柄，《李氏録》曰：「漢武帝時，舞人所執鏡也。」後世閨人手鏡始此。《玉臺清照》

新羅女薛氏，父陽秋衰病，不堪戍。薛自以婦人，不得代，居常憤鬱。有嘉實願代，父許之。薛破鏡爲信，待戍還成禮。嘉實六年不還，父欲改嫁，薛不從。將逃，嘉實忽到。以破鏡驗之，遂爲夫婦。《女世説補》

莆田陳子卿隨父官京邸，有隣女見而悦焉。既而歸閩，女剖粧鏡半規爲贈。未幾，子卿鄉薦，再入都門，則女已移家他徙，踪跡永絶，不復合焉，常持破鏡嗚咽不已。陳幼儒爲作《破鏡行》。《榕陰新檢》

王氏女有鏡六，鼻常生雲煙。《纂異記》

鏡鼻，治女人血閉、癥瘕、伏陽、絶孕。《神農本草經》

産後餘疹，取鏡鼻七枚，投醋中熬，呷之。《藥性本草》

鏡繡，即鏡上緑也，俗名「楊妃垢」。《本草綱目》

古歌：「南窗北牖掛明光。」明光，鏡也。《脈望》

陳述《詠美人照鏡》云：「插花枝共動，含笑靨俱生。衫分兩處彩，釧響一邊聲。」《詩式》

王建《老婦嘆鏡》云：「嫁時明鏡老猶在，黄金鏤畫雙鳳背。憶昔咸陽初買來，燈前自繡芙蓉帶。」《王司馬集》

高啓有《美人磨鏡詞》。《缶鳴集》

張芸叟家舊蓄鏡，傳爲楊妃故物。徑尺許，厚七分，背文精古。有銘，其略曰：「粉壁交映，珠簾對看。潛窺聖淑，麗則常端。」「聖淑」字若少空，有並后之象。《湘煙録》

唐婦人所作《轉輪鈎枝八花鑑銘》：「花上八字，枝間八字。環旋讀之，四字爲句，遞相爲韻。其盤屈糾結爲八枝者，左旋讀之，自『篇』字起，至『詞』字止，當就支、脂韻；右旋讀之，自『詞』字起，至『篇』字止，當就先、仙韻。」《回文類聚》

王承休妻嚴氏有美色，蜀王衍愛幸之，賜以粧鏡。其銘曰：「鍊形神冶，瑩質良工。當眉寫翠，對臉傳紅。如珠出匣，似月停空。綺窗繡幌，俱涵影中。」《麗情集》

河東君藏一唐鏡，背銘云：「向日菱花出，臨池滿月生。官看巾帽整，妾照點粧成。」顧苓

《河東君傳》

崔生省一品者疾，一品命妓軸簾召入。及辭去，命美妓衣紅綃者送出院。生回顧，妓立三指，又反掌者三，然後指胸前小鏡子，云：「記取。」生歸，怳然凝思。有崑崙奴磨勒曰：「郎君有何心事，當爲釋之。」生具告之，勒曰：「立三指者，一品宅中有十院歌妓，此乃第三院耳。反掌三者，數十五指，以應十五日之數。胸前小鏡子，十五夜月圓如鏡，令郎來耳。」生大喜，磨勒遂於是夜三更，負生踰十重垣，至歌姬院。繡户不扃，金缸微明，惟聞妓長嘆而坐，若有所俟。生搴簾而入，姬執生手，問何能至此？生具告之。遂召磨勒入，姬曰：「賢爪牙既有神術，何妨爲脱狴牢。」磨勒請先爲姬負其囊橐粧奩，如此三復。然後負生與姬飛出峻垣十重。一品家之守禦，無有警者。《紅綃傳》

荆州某於後圃築墉，夜夢一美女子前拜，曰：「妾在地下數百載矣，修煉將成，明日大劫，惟君救之。妾胸前有古鏡一枚，君慎勿取，但爲妾掩其藏。」明日掘地，果得一棺。發之，中有女子，古粧靚服，顔色如生。胸前有鏡，方圓數寸，寒光射人毛髮。某憶夢中語，欲掩之。其僕曰：「鏡必有異，第取何害。」某遂取之，女子忽化爲灰燼。是夜復夢女子泣告曰：「吾煉形已成，爲汝所敗。然自劫數應爾，但珍護吾鏡，吾當福汝。」某遂寶鏡，虔奉之，鏡時時有聲。一旦，女子來曰：「楊相公開府江陵，思得奇才。試往軍門獻策，吾當助汝。」某遂往謁，楊與之語，某談兵料敵，高議縱横。楊奇之，延致幕下。一日，某以小過箠其僕死，不知所計。女子忽至，曰：「但請暫歸休沐，輿尸以出。吾能護汝。」如其言，至轅門，忽輿中血出如注。軍校視之，得僕尸，馳報府中。召某問之，某對以女子所教。復語以兵事，懵然無對。公怒，命取鏡，鏡忽作大聲飛去。自是女子不復至矣，某死獄中。《池北偶談》

天寶中，陳仲躬宅中一井甚大，有隣家取水女子每日來井上，則逾時不去，忽墮井中溺死。仲躬異而窺之，忽見水影中一女子，年狀少麗，時樣粧飾，紅袂掩笑，妖冶之姿，出於世表。後直炎旱，井竭。有女扣門，稱「敬元穎請謁」。仲躬命入，乃井中所見者。仲躬曰：「卿何以殺人？」元穎曰：「妾非殺人者，此井有毒龍，好食人血，使妾爲妖惑以誘人，用供龍食。實非所願。昨夜毒龍已朝太一井，内無水。君子能命匠淘之，則脱難矣。」仲躬如言，乃於井底獲古銅鏡一枚。仲躬令洗淨，安匣中。一更後，忽見元穎直造燭前，設拜曰：「妾本師曠所鑄十二鏡之第七也。貞觀中，爲許敬宗婢蘭苕所墮，遂爲毒龍所役。」言訖不見。其鏡背有科斗書，曰：「維晉新公二年七月七日午時，於首陽山前白龍潭鑄成此鏡。」又於鼻中題曰「夷則之鏡」。《博異記》

秦始皇作鏡臺。《物原》

鏡臺出魏宫中，有純銀參帶鏡臺一，貴人、公主純銀七出鏡臺四。《雜物疏》

皇太子納妃，有瑇瑁細鏤鏡臺十。《東宫舊事》

溫嶠喪婦，從姑劉氏家唯一女，甚有姿慧，屬嶠覓婿。嶠密有自婿意，答云：「佳婿難得，但如嶠比，云何？」姑曰：「何敢希汝比。」却後少日，報姑云：「已覓得婿處。門地官宦，盡不減嶠。」因下玉鏡臺一枚。姑大喜。既婚，交禮，女以手披紗扇，撫掌大笑曰：「我固疑是老奴，果如所卜。」《女世説》

胡太后使沙門靈昭造七寶鏡臺，合有三十六户，室別有一婦人，手各執鎖。纔下一關，三十六户一時自閉。若抽此關，諸門咸啓，婦人各在户前。《三國典略》

張燕公夫人有石緑鏡臺。《品物類聚記》

淑文所寶，有對鳳垂龍玉鏡臺。淑文名婉，姓李氏，晉賈充妻。《女紅餘志》

馬氏女於百丈山飛昇，巖上有鏡臺遺跡。《浙江通志》

徐敦立言：往時士大夫家婦女用梳洗床、火爐床，家家有之。今猶有高鏡臺，蓋施床則與人面適平也。或云禁中尚用之，特外間不復用耳。《老學庵筆記》

趙璘儀質麼陋，第名後，赴婚禮，儐相以詩嘲之曰：「火爐床上平驅立，便與夫人作鏡臺。」《南部新書》

謝朓《鏡臺》詩：「照粉拂紅粧，插花理雲髮。」《謝宣城集》

方喬得古鏡，以遺紫竹，紫竹以白玉盤螭匣貯而藏之。鏡背有篆書，云「火府百鍊純陽寶鏡」。《瑯嬛記》

毛珏龍《詠鏡》云：「繡囊鴛鳥並，珍重嫁時裁。」珏龍，劉守蒙妻。夫死，誓不踰閾。鄉

人稱曰「文貞夫人」。《明詩綜》

周有帛女奩。帛女，疑宮女之主繒帛者。《紹興古器評》

漢鳳奩、獸奩，粧鑑之具；蟠虬攜奩、連環攜奩，閨房脂澤之具。《宣和博古圖》

順治中，渭南漁父於渭水得秦時阿房宮銅奩一具，銅緑如鸜哥羽毛。《筠廊偶筆》王阮亭曰「未央宮」。

后始加大號，婕妤上物以賀，有碧玉膏奩一合。《飛燕外傳》

陰后時，燉煌獻空峒靈瓜，常山獻巨桃。及后崩，侍者見鏡奩中有瓜桃之核，視之涕零。《拾遺記》

魏宮中有純銀藻豆奩、純銀括樓奩。魏武上《雜物疏》

郭代公愛姬薛氏收粧具以染花奩。《品物類聚記》

李夫人每誦經，井中一蝦蟇躍出聽經，罷即還故處。一日，當去不去。李覷之，蝦蟇已坐亡。舉之輕若無物，惟目光如生，因藏於香奩中。半年，天大雷電，火光旋繞於奩。雷息，發奩，失之矣。《夷堅志》

孫仲寄妹書曰：「鏡奩香粉與若，欲令身如明鏡，純如粉，譬如香。」《書蕉》

項真爲閨人銘梳奩，曰：「人之有髮，旦旦思理。有身有心，奚不如是。」《静志居詩話》

杜牧《杜秋》詩：「鏡奩蟠蛟螭。」《樊川集》

陸游詞：「螭奩熏透麝臍香。」《放翁長短句》

呂炎《閨思》詞：「夜久香銷翡翠奩。」《詞林萬選》

黄簡詞：「密奩彩索看看午。」《絶妙好詞》

納蘭成德詞：「忽傍犀奩見翠翹。」《飲水詞》

戴良嫁女，以竹方笥爲嚴器。《汝南先賢傳》

秦嘉與婦書曰：「今奉嚴器，中物幾具。」《藝文類聚》

魏武誡令曰：「内中婦曾置方竹嚴器，甚華好。」《太平御覽》

魏宫中，有油漆畫嚴具一、純金參帶畫嚴器一。《雜物疏》

后梓宫有馬齒嚴器五具。《山陵故事》

姑熟人發桓溫女家，得金巾箱織金篋爲嚴器。《齊書》

舊儀司飾三人，掌簪珥花嚴。《北史·后妃傳》

張氏女年十六，有殊色。每晨盥面，水中有黄蓋影，而家人弗見也。一日，病死復蘇，云：「初合目時，儀從塞，目稱麻山神來迎夫人，因升輿而行。半道，忽憶失將梳具，從者言夫人須自往取，故暫歸耳。」命取嚴器置櫬中，尋氣絶。《説聽》

袁天綱女袁大娘有暖金合，乃廣利王宫中之寶。寒時，但出此合，則一室暄熱，不假爐炭。裴鉶《傳奇》

藍橋驛乞玉漿黑犀合子，下款「妙觀三十二年周旋多慶先音永寶」十四字。《修真録》

元公寵姬韓氏，號靜君。元公患疽一年，有道士將少膏藥來與靜君。道士忽不見，靜君取膏貼之瘡上，至暮而拔。盛膏小銀合子，韓氏收得。《劉賓客嘉話録》

李生娶盧氏。生自外歸，盧氏方鼓琴於床。忽見自門拋一班犀鈿花合子，方圓一寸餘，裹有輕綃，作同心結，墜於盧氏懷中。生開而視之，見相思子一、叩頭蟲一、發殺觜一、驢駒媚少許。生憤怒叫吼，引琴撞擊其妻。盧氏終不自明，竟遣之。《霍小玉傳》

某郡倅江行遇盜，殺之。其妻有色，盜脇之，妻曰：「汝能從我，則我亦從汝。」盜問故，曰：「吾夫僅有一兒，纔數月，吾欲浮之江中。」盜許之，乃以黑漆圓合盛此兒，藉以文褓，且置銀二片其旁，使隨流去。後十餘年，盜挾其妻入某寺設供。至一僧房庋間，黑合在焉。妻一見識之，驚絶幾倒。乘間密問僧：「何從得此合？」僧言：「某年收育嬰兒，今在此，年長矣！」呼視之，酷肖其父。乃爲僧言始末。僧爲報尉，一掩獲之，遂取其子以歸。《齊東野語》

皇后謁家廟後，散付親屬宅眷有金合。《武林舊事》

有詹姓者寓樂平西禪寺，一女子來就之，因留宿。此女只著乾紅衫，未嘗換。捧一水精合在手，會罷，必藏此合於袖而去。歷數月，詹尫羸死。「後有應寺丞之子到邑，頗聞其事。始言：十餘歲前一笄女暴亡，葭於廡下，正謀火化其遺骸耳。」啓棺，水精合、紅衫尚存。《夷堅志》

永樂十三年，賜寧國長公主金釁漆紅刻菊花香盒一個。《弇山堂別集》

明宮人粧具，有成窰九十九子瓷合。《琴雅》

瞿佑《美人畫眉歌》：「鏤金小合貯燈花，輕掃雙蛾映臉霞。」《存齋樂全集》

沈周《題仕女圖》：「手擎粧盒偷微笑，紅脚蛛絲在上頭。」《石田集》